本系列丛书为浙江大学CARD国家“985”三期工程“中国新农村建设与发展研究项目”之成果。丛书的调研、写作与出版得到了浙江省农村工作办公室以及相关地市部门的大力支持，在此致谢！

中国品牌新农村系列丛书

幸福乡村 江山

胡豹◎著

序　一

经过30多年的改革发展，我国已经站在全面建设小康社会和向现代化迈进的新的历史起点上，正处于以城带乡、以工促农的发展新阶段，正处于加快改造传统农业、走中国特色农业现代化道路的关键时刻，正处于突破城乡二元结构、开创城乡经济社会发展一体化新格局的重要时期。“十二五”时期是全面建设小康社会的战略攻坚时期，也是中国特色工业化、城镇化和农业现代化加速推进的战略机遇期，更是我国发展方式转变的重要转折期。统筹城乡发展、建设社会主义新农村是党中央根据我国“三农”发展依然落后于工业、城市发展的严峻现实而提出来的，是贯穿于社会主义现代化建设全过程的长期任务，也是解决新时期“三农”问题、缩小城乡差别的总抓手。

建设社会主义新农村是我国现代化进程中的重大历史任务，是确保我国顺利实现全面建设小康社会和现代化目标，从根本上解决好“三农”这个重中之重问题的大战略。2005年10月，中国共产党召开了十六届五中全会，通过了关于第十一个五年规划的建议，建议中的农业农村部分的标题就叫做“积极稳妥推进社会主义新农村建设”。自党的十六届五中全会作出了建设社会主义新农村的重大决策后，各地各部门认真贯彻中央决策部署，切实把新农村建设摆上重要位置，统筹谋划，创新思路，进行了创造性的实践。同时各地也从我国地域差异性大、发展明显不平衡的实际出发，坚持遵循新农村建设的普遍规律与从当地实际出发相结合，社会主义新农村建设取得了重大的阶段性成果，形成了众多各具地方特色的新农村建设模式。从“美丽乡村”、“幸福乡村”、“和美家园”等富有地域特色的新农村建设实践中，我们看到了社会主义新农村建设从点到面，由表及里，不断提高和升华的生动局面，有些成功的经验已经发挥出了示范和品牌效应。如浙江安吉把新农村建设与生态示范县建设紧密结合起来，建设中国美丽

乡村的创新经验已经在浙江全省推广，美丽乡村建设已成为浙江社会主义新农村建设的新目标和新标准，这也标志着浙江新农村建设已经进入到了一个新阶段。从全国来看，无论是东部、中部、西部，还是东北地区，都涌现出了一批富有自身特色的新农村建设的典型县和典型村。

当前，我国新农村建设正处于深入推进的关键时期。回眸来路，六年来的成就可圈可点，特别是那些在新农村建设中先行一步，求真务实，真抓实干的县和村，已经探索出了新农村建设的新路径、新机制，对这些实践经验加以总结提炼，对其特色加以评判发掘，对其成效加以集中展示，对进一步探索有效推进新农村建设的新途径和新机制，以新的举措开创新农村建设的新局面显得尤为迫切。

基于这样的背景，浙江大学中国农村发展研究院牵头组织相关专家学者，赴典型地区，深入开展调研，并与地方政府开展紧密合作，总结提炼出了一批各具地方特色的中国品牌新农村案例，以系列丛书的形式加以出版，是一件非常有意义的事情。这一系列丛书图文并茂、夹叙夹议、记者眼光、新闻视角、学者深度、深入浅出、可读性强。系列丛书以定时定量的实证分析为体，以新农村新村庄分析为纲，对典型地区新农村建设的成就、模式与品牌进行了全景式的深刻剖析。系列丛书体现了理论与实践相结合的特点，也使得这套丛书更具有实践工作指导和理论学术研究的价值。相信这套丛书的出版将会对我国新农村建设的实践和理论研究起到积极的促进作用。新农村建设不断深化的实践还会催生更多更好的经验值得我们去总结推广，希望有更多的关注"三农"问题的专家学者能够继续深入实践，深入基层，总结出更多更好新农村建设的新案例以供人们研究和借鉴。

陈锡文

2012 年 3 月

序　二

经过30多年改革开放和建设发展，我国已进入了科学发展的新时代。党的十六届五中全会提出了建设社会主义新农村的重大历史任务，是中央顺应城乡统筹发展"两个趋向"的大趋势，从我国总体上已进入以工促农，以城带乡发展新阶段的实际出发，着力于解决重中之重、难中之难、急中之急的"三农"问题，着力缩小城乡差距，顺利推进全面建设小康社会和现代化宏伟事业所作出的与时俱进的战略决策，这已成为全党全国和广大农民群众的自觉行动。

浙江省作为我国东部沿海的发达地区，农村改革发展走在全国前列。从2003年开始，浙江省就按照党中央提出的统筹城乡发展方略，大力实施"千村示范、万村整治"工程，按照"干在实处、走在前列"的要求，开展以村庄环境整治为重点的社会主义新农村建设的实践探索。为深入贯彻落实党的十六届五中全会精神，浙江省及时制定并实施全面推进社会主义新农村建设的《决定》。经过几年的努力，全省各地在社会主义新农村建设方面取得了令人瞩目的成就，特别是在建设现代农业，推进高效生态农业发展；促进农村劳动力转产转业，增加农民收入；改善农民生产生活条件，建设农村新社区；建设农村公共服务体系，解决农民"看病难、就学难、养老难"；推进农村民主政治建设，构建农村和谐社会；提升农民整体素质，培育新型农民；促进区域协调发展，加快欠达发地区新农村建设等方面取得了重大突破。与此同时，在深入进行社会主义新农村建设的实践中，湖州安吉、衢州江山、杭州桐庐、宁波北仑、丽水遂昌等县创造性地展开了"中国美丽乡村"、"中国幸福乡村"建设工作，取得了显著成效。一批县域新农村建设的创新实践为全省社会主义新农村建设作出了创新性、示范性的贡献，对于深入推进、整体提升社会主义新农村建设水平起到了明显的示范作用。

浙江大学中国农村发展研究院对浙江省社会主义新农村建设中涌现出来的

先进典型和全国的社会主义新农村建设先进县市进行了深入的调查研究和理论提炼，编写出这套中国品牌新农村丛书，对进一步探索和提升我国社会主义新农村建设水平具有重要的现实指导作用。浙江大学中国农村发展研究院作为国家教育部定点的"三农"研究重点基地，充分发挥其独特的优势，牵头组织了浙江省农科院农村发展所等有关专家和研究人员，开展专题调研，并与地方政府紧密合作，概括提炼出一批各具特色的中国品牌新农村案例，以独到的视角系统总结了我国社会主义新农村建设所取得的新成就、新经验，所面临的新情况、新问题，并对新农村建设中诸如体制机制创新、农民收入问题、新型农民培育、新社区建设、农业现代化道路等重大问题，提出具有创新性、针对性和前瞻性的理论观点、对策思路和政策建议。

钱江潮涌竞卓越，扎根于实践沃土的理论之树常青。浙江和全国各地"三农"的改革发展的生动实践为新时期"三农"研究提供了丰厚的土壤。中国品牌新农村系列丛书以社会主义新农村建设的生动实践为基础，进行科学的理论概括，是我国首部把视角聚焦于县域社会主义新农村建设实践的研究成果。该丛书的出版必将对我国社会主义新农村建设提升发展起到积极的推动作用，同时，也会给人们对新时期我国"三农"转型发展和制度变革有更加清晰的理解，对社会主义新农村建设向更高层次发展带来更加宽阔的视野和启示。

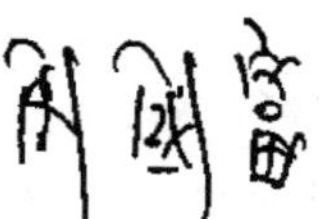

2012 年 3 月

书 记 心 声

——让幸福欢歌响彻江山大地

中共江山市委书记　陈锦标

幸福是什么？怎样才能实现幸福？一百个人可能会有一百种回答。但可以肯定的是，幸福，是每个人的梦想，是所有人一生都在孜孜以求的目标，更是各级党委、政府深入实践科学发展观、执政为民的根本目的。2009年以来，江山市委、市政府紧密结合实际，审时度势，创造性提出开展“中国幸福乡村”建设，并以此为载体扎实推进社会主义新农村建设，至今已有三个年头。作为市委书记，我与江山人民共同谱写幸福的乐章，对这项工作深有感触和体会。

建设幸福乡村，就是要让老百姓幸福。党的十六届五中全会提出了以“生产发展、生活宽裕、乡风文明、村容整洁、管理民主”为主要内容的社会主义新农村建设。按照这“二十字”方针，结合幸福观的解读，我们积极开展了农村居民主观幸福感的研究和讨论，并经反复论证，最终确定将富裕、满意、文明、美丽、和谐作为“中国幸福乡村”建设的本质内涵，在全市农村大力实施产业增收、公共服务、农民素质、环境整治和基层基础等五大提升工程，致力通过物质条件和非物质条件两大方面的工作，全面增强农民的创业增收成就感、民生保障安全感、精神文化愉悦感、居住环境舒适感、民主管理信任感，真正让老百姓感到幸福，活得有尊严，并让这种幸福感持续不断增加。

建设幸福乡村，关键要牵牢民富、村美、风气好三个“牛鼻子”。开展“中国幸福乡村”建设作为一个载体、一项系统工程，涉及面广、内容丰富，其归根到底是要解决农村、农业、农民等“三农”问题。为此，我们在推进过程中，始终做到了将土地流转与发展生态效益农业相结合，建立多元的土地流转机制，推动土地连片有序向粮食生产功能区和现代农业园区流转，向规模大户、经营能手集中，不断提高农业规模化、产业化经营水平；始终做到了将农房改造与村庄环境美化相结

合，围绕市域村庄布点规划，统筹推进农民下山搬迁、宅基地整理、村庄整治"十百"工程等实施，努力促进人口向中心镇、中心村集聚，不断改善农村人居环境；始终做到了将挖掘弘扬乡土文化与提升农民素质和能力相结合，着力加快城市公共服务向农村覆盖、城市文明向农村辐射，不断提高农民群众的思想道德修养和科学文化素质，积极培育时代新农民。

锦绣江山，幸福乡村。三年来，我们共投入建设资金 20 亿元，建成中国幸福乡村 65 个。今天，我们的乡村，似珍珠洒落在缱绻的自然景色之中，山水隐村落，村落连山水。从田园风光到秀山丽水，幸福乡村，恰似一幅幅风格迥异、精美绝伦的画作，令人流连。

为进一步增进民生幸福、提升百姓福祉，我们在总结"中国幸福乡村"建设的基础上，提出把打造惠及全市人民的"幸福江山"作为江山新一届市委、市政府奋斗的目标，真正让幸福欢歌响彻江山大地。

谨以此文衷心祝愿幸福乡村建设为"幸福江山"再谱新乐章，祝江山人民生活更加幸福。

2012 年 3 月

前　言

“东方红，太阳升，中国出了个毛泽东，他为人民谋幸福，呼儿嗨哟，他是人民大救星……”这首唱了几代的《东方红》响彻在世界自然遗产地江郎山脚下的“江南毛氏发祥地、毛泽东祖居地”——江山市石门镇清漾村的上空，村民们欢快地唱着歌，脸上洋溢的满是幸福的笑容。一首《东方红》，如金灿灿的阳光温暖胸膛，在江山，我们领悟了幸福的内涵，串联起“中国幸福乡村”的历史起源。幸福的歌儿唱起来，唱得红花朵朵开，唱得果树爬满坡，江山如此多娇，这是广袤村庄步入幸福时代的响亮号角，这是希望田野丰收农民致富的快乐和鸣，这是江山创建“中国幸福乡村”的和谐旋律，这是江山市围绕中央新农村建设20字方针开展建设“中国幸福乡村”的典型缩影。

经过30多年的改革发展，我国已经站在全面建设小康社会和向现代化迈进的新的历史起点上，正处于以城带乡、以工促农的发展新阶段，正处于加快改造传统农业、走中国特色农业现代化道路的关键时刻，正处于突破城乡二元结构、开创城乡经济社会发展一体化新格局的重要时期。统筹城乡发展、建设社会主义新农村是党中央根据我国“三农”发展依旧落后于工业和城市发展的严峻现实而提出来的，是贯穿于社会主义现代化建设全过程的长期任务，也是解决新时期“三农”问题、缩小城乡差别的总抓手。“生产发展、生活宽裕、乡风文明、村容整洁、管理民主”的新农村建设的总体要求，是全面建设小康社会阶段的社会主义新农村建设的阶段性目标。建设社会主义新农村是我国现代化进程中的重大历史任务。各地区各部门认真落实中央部署，切实加强“三农”工作，农业和农村发展出现了积极变化，迎来了新的发展机遇。

江山市地处浙、闽、赣三省交界，是传统的农业大市，全市区域面积2019平方公里，总人口58.9万，其中农业人口占80%以上。2010年，实现农业总产值

28.4亿元，粮食总产量21.95万吨，农民人均纯收入9345元。近年来，江山市委、市政府深入贯彻落实中央、省和衢州市各级农村工作会议精神，坚持以科学发展观为统领，结合本地实际扎实有序推进城乡统筹协调发展。特别是针对当前农业农村工作急需“转型升级”的现实需要，创造性地启动实施了以产业增收、公共服务、农民素质、环境整治和基层基础等五大提升工程为主要建设内容，以富裕、满意、文明、美丽、和谐为主要创建目标的“中国幸福乡村”建设为总抓手，着力推动实现农业增产增效、农民增收致富、农村和谐稳定，初步构建了一个切合区域实际、顺应群众要求、富有衢州江山特色的新农村建设新模式。

建设“中国幸福乡村”，是江山市委、市政府探索提出的一个新农村建设的总抓手。当前，全国各地在推进新农村建设中，普遍遇到五大难题：一是建设内容缺乏系统计划。新农村建设是一个全面推进的过程，包含经济、政治、文化、社会和党的建设等各个方面内容，但各地在开展新农村建设时，对建设内容缺乏系统计划，往往侧重于村庄建设，大拆大建，而忽视了经济、文化、政治等方面的协调推进和共同发展。二是资源投入缺乏科学调度。地方基层在推进新农村建设时，如果没有一个有效的总抓手，政府涉农部门往往就会从部门利益出发，各自为战，各类政策、资源、发展要素的整合性不强，投入分散无序，造成实效性较差。三是村庄建设缺乏个性规划。在原来推进新农村建设时，各建设村往往没有充分挖掘文化、生态等特色资源，因村制宜编制创建规划，造成千村一景、千人一面的现象。四是建设成效缺乏量化指标。中央提出20字方针，绘就了新农村建设的蓝图，但在实际工作中，还缺乏量化、具体化的标准，人们对建设目标的认识还比较模糊，特别是农民群众不清楚怎么样才算是新农村，该从何着手。五是农民主体缺乏参与热情。由于缺乏良好的工作载体和有效的激励机制，在原来的新农村建设中，农民群众的主体意识不强，积极性不高，参与度不高，“等、靠、要”的思想还比较严重。

近年来，江山围绕“一高两进”战略目标，深入实施“兴工强市、借力发展、特色推进”三大战略，经济社会实现持续快速健康发展，经济增速连续9年超过浙江省平均水平，2010年全市实现生产总值165亿元，实现财政总收入12.92亿元，全市人均GDP接近5000美元、农民人均纯收入超过9000元两项指标，标志着江山已进入加快推进城乡融合的特定阶段。按照美国、韩国、日本等发达国家的经验，在这个阶段，要把更多的精力、财力放在“三农”上，真正走“工业反哺农业、城市支持农村”的乡村建设道路，以缩小城乡差距，加快城乡融合，促进城乡科学发展。而科学发展观的核心和要义就是人民幸福。

为切实有效解决新农村建设推进中遇到的难题，在江山经济社会健康发展基础上，通过多年深入调研、反复论证、学习借鉴国内外好的做法和经验，江山市经市委常委会和全委会研究，明确提出了把“中国幸福乡村”建设作为提升新农村建设水平的有效载体和具体抓手。

近年来，国家将国民的幸福指数提高到前所未有的高度，2010 年，温家宝总理在十一届全国人大三次会议作报告时指出：“我们所做的一切都是要让人民生活得更加幸福、更有尊严，让社会更加公正、更加和谐。”中共中央在“十二五”规划建议中也明确提出“建设农民幸福生活的美好家园”。江山要建设的“中国幸福乡村”，就是要让百姓生活得更加幸福，让百姓开怀唱响“生活富裕、乡风文明、环境秀美、社会和谐、百姓满意”的新生活。江山市委、市政府从加快城乡融合的要求出发，创造性地提出了建设“中国幸福乡村”的工作思路，设立 5 类 50 项指标，在全市农村大力推进产业增收、公共服务、农民素质、环境整治和基层基础等五大提升工程，全面开展“五村联创”，计划通过 12 年左右时间的努力，抓点连线，以点带面，整体推进，逐步把绝大多数乡村建设成为富裕、满意、文明、美丽、和谐的“中国幸福乡村”，让幸福的歌儿溢满江山。

建设“中国幸福乡村”是一项长期艰巨的任务，是一个循序渐进的过程。江山市按照抓点连线成片的推进方法，其近、中、远期的实施步骤及分阶段目标为“255 行动计划”，即：开头 2 年抓点示范打出品牌，中间 5 年连线扩面打响品牌，最后 5 年全面覆盖巩固品牌。按照全覆盖的工作要求，当大部分乡镇（街道）建成“幸福乡镇（街道）”，全市基本建成“幸福江山”，最终实现“中国幸福乡村”建设目标，使“中国幸福乡村”成为江山又一个国家级的区域品牌、城市营销推介的又一张金名片。

通过“中国幸福乡村”建设，江山初步实现了现代农业发展与农民增收致富的同步跟进，农业特色产业加快培育，村级集体经济不断壮大，农民收入持续增加，“中国幸福乡村”建设的物质基础不断夯实；初步实现了农村公共服务和社会保障水平的同步提高，农村社区建设扎实推进，农村社会事业快速发展，农村社会保障和救助水平持续提升，城乡一体化发展水平不断提高；初步实现了农村乡土文化和农民综合素质的同步发展，农村精神文明建设显著加强，农民综合素质明显提升，乡土特色文化不断繁荣；初步实现了农民生活环境和生产基础条件的同步改善，农村人居条件和生产条件不断改善，生态环境不断优化，可持续发展水平显著提高。

本书基于江山市“中国幸福乡村”建设取得的巨大发展成就，通过深入分析和归纳总结对江山市“中国幸福乡村”的建设背景、指标评价、阶段性成效、典型案例分析、经验与启示、发展展望等方面的具体内容，从而对江山市“中国幸福乡村”建设的经验启示加以总结提炼，对其建设模式加以诊断剖析，对其品牌特色加以评判发掘，对其典型成效加以集中展示，为探索有效推进社会主义新农村建设工作的新途径和新方法，以新的举措开创新农村建设的新局面提供示范样板。

目　录

目录

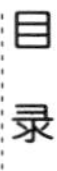

第一章 基本市情

一、地理区位条件

江山市位于浙江省西南部，地处浙、闽、赣三省交界，东经118°22′37″至118°48′48″和北纬28°15′26″至28°53′27″之间。江山隶属浙江衢州，是浙江省西南门户和钱江源头之一，东北面柯城区，东邻衢江区、遂昌县，南毗福建省浦城县，西部与江西省玉山县、广丰县接壤，北连常山县。南北长70.75公里，东西宽41.75公里，素有“东南锁钥、入闽咽喉”之称。自唐武德四年（公元621年）建县，迄今已有1390年，1987年撤县设市。全市区域面积2019平方公里，总人口近60万，下辖13镇6乡2个街道，295个行政村、13个社区。地貌总体呈东南高、西北低的半封闭盆地状。主要河流为江山港（须江），系钱塘江上游较大支流，贯穿市境中部，境内长度105公里。江山属亚热带湿润季风气候，年均气温17℃左右；年降水量1650～2200毫米；年日照时数1800小时左右；无霜期

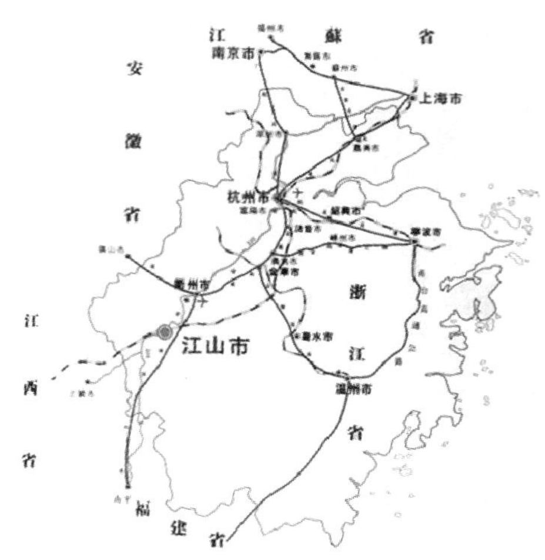

□浙江省江山市区位图
ZHEJIANGSHENG JIANGSHANSHI

250天左右。近年来,江山紧紧围绕构建边际发展高地、进位省内中等发达行列、进军全国百强县市“一高两进”三步走战略目标和“工业新城、旅游胜地、山水家园”的城市定位要求,开拓创新,真抓实干,经济综合实力明显增强。江山是中国优秀旅游城市,旅游形象主题为“千年古道·锦绣江山”,主要自然和人文景观突出体现为“奇、古、特”三个字。“奇”指奇山,有世界自然遗产地、全国丹霞第一奇峰江郎山,古代地壳运动形成的原始生态景观、国内罕见的磊石洞群浮盖山。“古”指海上丝绸之路的陆上延伸通道仙霞古道、仙霞关、廿八都古镇、三卿口古瓷村等。“特”指特定历史时期的历史名人,历史上共出过400多位进士、10多位尚书、3位中共将军、6位院士,是“古有尚书、今多骄子”的江南宝地。现已形成两大特色文化:一是清漾毛氏文化,江南毛氏发源地、毛泽东祖居地清漾村,出过8位尚书、83位进士,习近平、彭珮云、徐匡迪、华建敏、曾培炎、陈至立等中央领导先后莅临指导;二是民国军统文化,江山籍国民党少将以上将领65人,代表人物是“三毛一戴”(毛人凤、毛森、毛万里、戴笠)。

(一)江山是浙江省的西南大门

江山是浙江省的西南大门,正着力打造浙、闽、赣三省边际的县域发展高地。江山位于浙、闽、赣三省交界处,是浙江省的西南大门,也是华东沿海地区与中部地区的交通节点,“长三角”和“珠三角”辐射内陆的“桥头堡”。近年来,江山经济进入了新的发展时期,经济增速连续10年超过全省平均水平,2010年全市实现生产总值171亿元,同比增长14.1%;财政总收入和地方财政收入分别达到12.92亿元和8.04亿元,同比分别增长20%和22%;城镇居民人均可支配收入和农民人均纯收入分别达到20138元和9345元,同比分别增长10.5%和12.7%,综合实力在衢州市各县、市区和浙、闽、赣三省边界位居第一,在全国中小城市最具投资潜力百强中位居第29。2008年9月底,江山市牵头组织浙江、福建、江西三省边际地区的6县(市)发起成立了浙、闽、赣三省边际县域经济协作区,旨在加强联系,深化合作,整体对接正在兴起的海峡西岸经济区,把浙、闽、赣三省边际地区打造成长三角和海峡西岸经济区的联系纽带。目前,全市正围绕“工业新城、旅游胜地、山水家园”的城市定位，朝着“构建边际发展高地、进位省内中等发达行列、进军全国百强县市”的“一高两进”三步走中长期战略目标阔步迈进。

（二）江山是浙江省老工业基地

江山是浙江省的老工业基地，正着力打造浙、闽、赣三省边际的“工业新城”。把工业提升发展作为迅速做大经济规模、提高经济运行质量的关键，坚定不移地深入实施“兴工强市”战略，加快转变经济发展方式，主攻提升二产，稳定优化一产，大力发展三产。“工业新城”就是以工业提升为重点，把江山建设成为浙、闽、赣三省边际的工业强市、浙江省金、衢、丽产业带上的特色基地、后发地区转型升级的先进县市，统筹推进工业、农业、现代服务业协调发展。工业提升方面，江山是浙江省老工业基地，近年来工业经济又有了新的转型提升发展，2010 年实现工业产值 366 亿元，规模企业超过 483 家，其中超亿元企业 48 家，超 10 亿元企业集团 3 家。在做强做优建材、化工两大传统支柱产业的基础上，大力培育“4＋X”特色主导产业。一是以输变电为主的机电产业，产值 70 多亿元，正在打造浙江西部、浙闽赣三省边际的“机电之城”；二是木业加工产业，重点发展木家具、木门等终端消费产品，现有 1300 多家企业，产值 90 多亿元，正在打造三省边际的“木业之都”；三是电光源产业，节能灯管年产量超 5 亿支，居全国第一，正在着力打造中国“照明电器之都”；四是消防器材产业，现有 2 万多人在全国各地从事营销，产品占有率占全国消防器材市场的 60％以上，正在打造拥有全国范围稳定销售网络的“消防之城”。X 产业：围绕新材料、生物医药、信息技术、新能源与环保等培育方向，正在大力引进和推进一批高新技术项目落地，实现新兴产业快速崛起。农业产业化方面，被国家部委命名为中国白菇之乡、中国蜜蜂之乡、中国猕猴桃之乡、中国白鹅之乡，其中白菇年产值超 12 亿元，每年可为全市农民人均创收 2000 元，蜂产业规模和效益连续 19 年居全国县级之首。全市有库容 2.2 亿立方米的白水坑水库、2.1 亿立方米的碗窑水库和 4680 万立方米的峡口水库等三大水库以及其他中小水库 500 多座，总库容 5.75 亿立方米。服务业发展方面，主要是立足产业特色和区位特点，按照“立足江山，依托浙江，辐射闽赣”的要求，加快发展休闲旅游业，重点发展现代物流业（专业市场），鼓励发展商贸商务业，努力打造“两地一城”，即三省边际的休闲旅游胜地、现代物流集散地和商贸商务名城。

（三）江山是浙江历史人文名城

江山是浙江省的历史人文名城，正着力构建浙、闽、赣三省边际的“旅游胜

地”。把旅游业为龙头的现代服务业作为拉动区域转型升级新的增长极来抓。“旅游胜地”就是把江山打造成为浙、闽、赣三省边际旅游“名市”、长三角地区休闲旅游“胜地”。江山地处钱江源头，仙霞山脉贯穿全境。当前江山市正在开展系统化城市营销工作，重点是打响“一个主题口号”、凸显“四大文化亮点”。“一个主题口号”就是“千年古道·锦绣江山”，“千年古道”体现了江山的历史，主要是以仙霞古道为代表的“海上丝绸之路”陆上重要运输线，历史上就是边界重要商贸通道和军事要道；“锦绣江山”指的是江山的自然生态和生机蓬勃的发展态势。“四大文化亮点”：一是清漾毛氏文化。江郎山下清漾村是“江南毛氏发祥地”、“毛泽东祖居地”，《清漾毛氏族谱》被列为国家首批 48 件国宝档案。清漾村是一代伟人毛泽东以及蒋介石原配夫人毛福梅的共同祖居地，台湾著名国学大师毛子水的出生地，历史上清漾村出过 8 名尚书、83 名进士，还诞生了宋代大词人毛滂，明代礼部、吏部、刑部三部尚书毛恺等一大批名人。二是江郎山“世遗”文化。江郎山是浙江省首个世界自然遗产，属典型丹霞地貌，被誉为“神州丹霞第一奇峰”。三是古道古镇文化。主要有仙霞古道、仙霞关、廿八都古镇、三卿口古瓷村等，被誉为“百姓古镇、方言王国”的国家级历史文化名镇——廿八都古镇保护与开发一期项目，于 2009 年 10 月完工，并对游客开放。四是江山名人文化。江山历史上共出过 10 多位尚书，400 多名进士。江山籍以民国为主体的少将以上将军有 67 人，校尉将官数百人。

（四）江山是国家级生态示范区

江山是国家级生态示范区，正着力建设浙、闽、赣三省边际的“山水家园”。把生态富民、绿色发展作为江山可持续发展的重要途径，坚持生态文明先导，突出文化旅游带动，加快推进江山特色的新型城市化建设。“山水家园”就是把江山建设成为浙、闽、赣三省边际的最佳宜居城市、最美生态家园和最优创业福地。江山是国家级生态示范区，境内森林覆盖率达 68.4%，有国家级森林公园 1 个。城市规划区范围总面积 312 平方公里，市区建成区面积 15.8 平方公里，城区人口 16 万，城市化率达 45.6%。在城市建设上，突出抓好“一标识三化四联创”，不断提升城市品位和功能。“一标识”就是推广 CIS 城市形象识别系统；“三化”就是通过实施“4471”绿化提升、“1348”文化融入、“9166”功能优化工程，不断完善城市功能、提升城市品位；“四联创”就是通过一系列争先评优，不断提升城市经营管理水平。近年来，成功创建了中国优秀旅游城市、全国双拥模范城、全国绿化模范县（市）、全国绿色小康县、中国金融生态城市、浙江省卫生城市、浙江省示范文明城市、浙江省十大生态旅游城市、浙江省十大世博旅游名城，现在正在争创国家园林城市。在新农村建设上，突出抓好“中国幸福乡村”建设这一载体，不断推进"三农"事业发展。在创建内容上，大力实施产业增收、公共服务、农民素质、环境整治、基层基础等五大提升工程，实行"富裕、满意、文明、美丽、和谐"等"五村联创"；在资源投入上，大力统筹整合各级惠农政策资金，并每年安排当年创建村以奖代补专项资金，同时积极整合部门支农项目和资金，全年共投入新农村建设资金超过9亿元；在考核评价上，突出以量化细化的客观指标评价体系和以农民群众直接感受为核心的主观评价体系相结合。目前已经建成"五村联创"的幸福乡村45个、五类单项创建达标村共150个。"中国幸福乡村"被温铁军等"三农"权威专家誉为新农村建设的升级版，具有丰富的生态意义和文化价值。在创业环境上，突出抓好"四最"环境营造，着力优化提升行政效能。全力打造浙、闽、赣三省边际办事效率最高、服务质量最优、创业成本最低、投资环境最佳的"四最"创业城市，营造宽松的创业氛围，形成要素洼地、服务高地、投资福地。

今后一个时期，江山的主要发展思路是高举中国特色社会主义伟大旗帜，以邓小平理论和"三个代表"重要思想为指导，全面贯彻落实科学发展观，坚定不移地实施"兴工强市、借力发展、特色推进"战略，以科学发展为主题，以加快转变经济发展方式为主线，以富民强市为根本目的，进一步解放思想，改革创新，扎实推进新型工业化、新型城市化和"中国幸福乡村"建设，着力保障和改善民生，着力推进经济提质扩量，着力推进生态文明建设，全面建设惠及全市人民的小康社会，为全面实现"一高两进"三步走战略目标而努力奋斗。

二、历史沿革

(一)江山历史变迁

自唐武德四年(公元621年)建县，迄今已有1390年。新中国成立后，江山境内多处发现新石器时代人类活动的遗迹，先后出土石锛、石镞、双孔石刀、石网坠等新石器与黑陶，印纹陶器及陶纺轮。证明距今4000年以前，已有人类在此从事农业、渔猎和原始手工业生产。春秋战国时，江山为姑蔑一部分。春秋末属越国，战国后期属楚国。

秦王政二十五年(公元前222年)，属会稽郡太末县。新王莽始建国元年(公元9年)，改太末县为末治县，东汉建武元年(公元25年)，恢复太末县名。先后属末治县、太末县。东汉初平三年(公元192年)，析太末县西部置新安县，属会稽郡新安县。三国时期孙吴宝鼎元年(公元266年)，划会稽郡一部置东阳郡，属

东阳郡新安县。西晋太康元年(公元 280 年),改为信安县,南朝陈天嘉三年(公元 562 年),东阳郡改为金华郡,隋朝初年,又易名婺州,607 年复为东阳郡。

唐武德四年(公元 621 年),分信安县地置须江县,以城南有须江得名,隶属越州总管府衢州,为江山建县之始。武德六年,属婺州管辖,垂拱二年(公元 686 年),恢复衢州,江山属衢州信安县,689 年复置须江县,属衢州。五代吴越宝正六年(公元 931 年),因境内有江郎山,改须江县为江山县,南宋咸淳三年(公元 1267 年),改名礼贤县,1276 年复名江山。

清宣统三年(公元 1911 年),辛亥革命后,属衢州军政分府管辖。民国元年,直属于省。1914 年,省以下设道,属金华道,1916 年废,1924 年,属省第五行政督察区,1937 年,改隶第三行政督察区。

1949 年 5 月,中国人民解放军解放江山,属衢州专区,1955 年改属金华专区,1985 年分设金华、衢州两市,属衢州市。1987 年 11 月 27 日,国务院批准撤销江山县,设立江山市(县级),属衢州。

(二)江山古镇历史

1. 古镇简介

历史悠久的江山市,有着典型丹霞地貌的江郎山、廿八都古镇、毛泽东的祖居地清漾村、国民党军统头目戴笠的故居。其中的古镇廿八都,地居浙江省衢州市仙霞岭高山深谷之中,地势险要。四方关隘拱列,东有安民关,南有枫岭关,西有六石关,北有仙霞关,易守难攻。三省边界的地理位置和历史上的频繁战争、屯兵、移民,使廿八都成为“方言王国”和名副其实的“百姓古镇”,镇上有 9 种方言和 130 余种姓氏。长条形布局的城镇,古建筑风貌依旧。枫溪水自北向南穿镇而过,民居依山傍水,缘溪而建。青山绿水间,黛瓦青墙、保存完整的古建筑群错落有致,至今仍保留着 19 世纪的风貌。

2. 古镇地理位置

浙江省江山市廿八都镇地处浙、闽、赣三省边界,素有“浙西南锁钥”之称。交通便利,205 国道穿镇而过。镇辖面积 66.7 平方公里,10876 人口。与周庄、同里、乌镇等著名古镇相比,它依然是藏在深山人未识。它和那些江南水乡古镇有着截然不同的风格,甚至带有几分神秘色彩。1100 多年前,黄巢挥戈南下,在浙、闽之间的崇山峻岭中开辟了一条仙霞古道,从此四周关隘拱立、大山重围的廿八都成了历代屯兵扎营之所、兵家必争之地。最初主要是军事功能的千年古道到了清代逐渐成为商旅要道,溯钱塘江而上的船只装载着来自江、浙的布匹、日用百货到江山的清湖码头靠岸,然后转陆路,由挑夫肩头的扁担挑往闽、赣。

从闽、赣来的土特产也要到清湖装船运往金、衢、沪、杭各地。廿八都作为过往货物中转的第一站，一个必经的交通枢纽，迅速成为三省边境最繁华的商埠。鼎盛时期，商行店铺、饭馆客栈布满了整条鹅卵石铺就的大街，日行肩夫，夜歇客商，每天南来北往，熙熙攘攘，富足热闹了数百年之久。

镇区有许多保存完好的明清古建筑，属省级历史文化保护区。丰富多彩的人文景观，古朴浓郁的民俗风情，独特厚重的文化积淀，使古朴淡雅的廿八都镇在现代文明的包围中显得异样夺目。众多专家学者和省内外知名人士都到过廿八都，对这里的古建筑赞不绝口，认为极具历史保护和旅游开发价值。

3. 古镇历史沿革

878 年黄巢起义军攻打福建，被浙闽边界的仙霞岭阻挡，于是“刊山七百取建州”，在崇山峻岭间开辟了这条仙霞古道，使旁边的小镇有了历史记载。北宋时在浙江南部设都 44 个，这个小镇排行 28，当地人称“廿八都”。人们一直用“东南锁钥，八闽咽喉”来形容廿八都的战略险要，这不仅因为她地处闽、浙、赣三省的交界处，更因为她有安民、枫岭、六石、仙霞四道关口，易守难攻而变得声名赫赫，历史上成为兵家必争之地。现在隶属于浙江省江山市的廿八都是凭借仙霞古道才繁荣起来的。在 1932 年公路没有修通前，仙霞古道是福建、浙江之间的唯一通道。镇南的浮盖山，是仙霞古道的入闽端口，《徐霞客游记》中称之为“怪石拿云，飞霞削翠”。明朝末年，郑成功的父亲也是由这条古道退兵福建进而退守台湾的。后来清政府为防范明军的反攻，在全国各地招募了 1500 名士兵驻扎在廿八都南面的枫岭关口。有了军队的驻扎自然带动了商业的发展，廿八都逐渐演变成一个移民城镇。中华文化历来以宗族脉络繁衍，在中国地域中，一个村庄往往就是一个姓氏，例如张家村、李家庄、王家屯。但始于唐代，繁盛于明清的小小古镇廿八都，总共一万人口，却有 130 余种姓氏，9 种方言。于是廿八又有“方言王国”和“百姓古镇”的雅号。据说，抗美援朝时，镇里几个志愿军青年在辽宁丹东市停留时，发现当地老百姓的语言和廿八都的官话几乎一样。年轻军人走过万水千山之后，竟然在关外找到了迷失数百年的故乡，终于搞清楚“廿八都官话”原是“关东话”，几位年轻人不禁喜极而泣。

历史上形成的移民现象，使古镇的民居民俗独具个性。镇内的建筑依古道两侧而建，北为浔里街，南为枫溪街。整个古镇由此呈走廊形不规则的团块结构。古镇在清同治年间处鼎盛期，光饭铺酒店就有 50 多家，南北杂货批发商有 40 多家。地处偏远的廿八都人虽然靠着古道经商致富，但眼睛始终盯着京都，巴望子女学而优则仕。于是建造文昌阁，便成了这个百姓之镇的集体安慰和梦想的寄托。在历史的沧桑巨变中，廿八都遵循着自己的文化逻辑；在古朴而恢弘的旧宅里，在沉重而悠远的石板小路上，廿八都将古老的文化风情传承至今，并

靠着这份自尊，悠悠自得、不卑不亢地占据着这片土地，一代一代地演绎着那个“文化边城”的故事。

三、经济社会发展现状

(一)江山经济发展概况

近几年，特别是2000年以来，在举国上下大好的发展形势下，全市人民高举邓小平理论伟大旗帜，深入贯彻“三个代表”重要思想，坚持以科学发展观为指导，大力弘扬“刚正诚信敢创业，开放实干勇争先”的江山精神，深入实施“兴工强市、借力发展、特色推进”战略，抢抓发展机遇，沉着应对挑战，解放思想、开拓创新、奋发有为，为全面振兴江山进行了富有成效的探索和实践，经济社会进入了高速发展的“快车道”。在过去的几年中，江山市以壮大县域经济为抓手，以新思维谋划新发展，千方百计地加大投入，坚定不移地扩大开放，致力于扩大经济总量、促进经济发展方式的转变，全力推进各项改革，经济实力迈上新台阶、城乡面貌显著改观、社会事业全面进步，人民生活由温饱型向全面小康迈进。2010年，完成地区生产总值170.96亿元，五年平均增长14.7%，增速连续十年超过全省平均水平，人均生产总值达4236美元；财政总收入12.92亿元，其中地方财政收入8.04亿元，年均分别增长16.4%和17.1%；全社会固定资产投资103.05亿元，社会消费品零售总额达55.26亿元，年均分别增长18.6%和16.5%；外贸进出口总额3.07亿美元，是“十五”末的7.2倍；金融机构期末存贷款余额分别为183.1亿元、165.1亿元，是“十五”末的2.5倍和2.9倍；城镇居民人均可支配收入20138元，农民人均纯收入9345元，分别增长10.5%和12.7%。

经济发展持续保持良好势头。三次产业结构优化提升。三次产业比例优化为9.8∶58.5∶31.7。①工业主导地位突出，全市实现工业总产值366亿元，同比增长24%，其中规模以上工业总产值275亿元，同比增长37%，规模企业达到483家，其中亿元企业47家，10亿元企业集团3家；“4＋X”特色产业支撑作用不断增强，实现产值200亿元，同比增长28%，占全市工业总产值的54.5%；木业加工产业集群被列为浙江省第二批块状经济向现代产业集群转型升级示范区试点，江山市被授予“浙江省低碳木业产业基地”；全年向上申报科技计划项目153项，121个企业科技计划项目获省级以上立项，其中国家级19个；国家高新技术企业累计达14家、中国驰名商标13个、省名牌产品28个、省著名商标14件；万元生产总值综合能耗、化学需氧量和二氧化硫减排较好完成上级下达的任务。②现代服务业提速增效，旅游业发展迅猛，全年旅游经济总收入超 19.5 亿元，游客接待量超 350 万人次，其中景点游客人数 34.32 万人次，分别同比增长 33.8%、38.1%、31.1%，特别是毛氏文化大力宣传及江郎山申遗成功后，全市景区游客接待人数比去年同期翻番；现代物流业发展取得新突破，驰骋物流项目列入 2010 年重点产业振兴和技术改造专项中央投资支持物流项目，南方安保市场列入省重点工程新增项目，江山装饰材料综合市场等一批服务业项目顺利推进，集投融资、货运、货车销售于一体的物流企业发展迅速；商贸商务业繁荣发展，东方时代购物广场和万购购物中心零售销售额双双突破亿元，左邻右舍便利连锁店突破 1000 家，全市社会消费品零售总额 54.6 亿元，同比增长 18%左右；房地产和建筑业稳健发展，房地产投资增长 60%以上，销售额实现较大增长，建筑业总产值 34.5 亿元，同比增长 18%；金融业保持高位增长，全市年末存、贷款余额分别达到 183 亿元、165 亿元，同比分别增长 22.4%、26.1%，余额存贷率达 90.2%。③现代农业稳步提升，农业规模化、产业化、品牌化发展趋势明显，全市粮油及食用菌、畜禽、蜜蜂、茶叶、果蔬等“1+5”农业主导特色产业总产值 46.63 亿元，同比增长 11.7%，其中食用菌栽培量达 3.8 亿袋，产值 12.77 亿元；新增农村土地承包经营权流转面积 2.87 万亩，流转率达 36.28%，位居衢州市前列；省级农业龙头企业累计 6 家，省名牌农产品累计 8 个，蜂产品专业商标品牌基地被评为浙江省商标品牌十大示范基地，江山市被评为“中国果菜无公害十强市”。

经济发展后劲持续增强。①平台建设有力推进，全年争取用地指标 5760 亩，累计投入工业平台基础设施配套建设资金 3.4 亿元，莲华山工业园争列省级产业集聚大平台取得成功，4 个亿元项目落地，十里牌工业园区一期土地平整基本完成，山海协作示范园二期实施征迁，高新技术园开发建设各项前期工作稳步扎实有序推进，《江山市土地利用总体规划方案(2006—2020 年)》全省领先获省政府批准，乡镇工业功能区整治提升效果明显。“一主二副三点”的服务业发展平台和“两区六群”农业产业发展平台集聚效应初步显现。②项目支撑不断强化，以“四大百亿”工程为龙头的重点项目建设扎实推进，实现全社会固定资产投资 102 亿元，同比增长 18%。三友公司整体搬迁，欧派门业、中数科技、福安织造、杰圣光电等一批重大工业项目有序推进，24 个 5000 万元以上新增项目成功落地，英博国光公司年产 5 万吨啤酒生产线、华顺公司高端有机硅生产线等一批工业技改项目提前完工投产，杭长客专江山段工程在浙江省全线率先完成征地和拆迁任务，省道规划里程数在抢抓全省国、省道规划调整机遇中增加 120 公里。③招商引资成效突出，全市实际到位资金 28.4 亿元，成功引进一批大项目、好项目，其中总投资 3 亿元以上项目 2 个、亿元以上项目 13 个、5000 万元以上项目 30 个。

经济外向度显著提高。预计全年外贸进出口总额突破3亿美元,同比增长56.2%,新批外资项目7个,增资项目3个,实到外资首次突破千万美元。企业出口竞争力提高,沃克、杰特、江化、雷士等四家企业位列衢州市出口企业十强;对接台湾成效明显,台商投资项目增多,全年10个到位境外资金项目中台资项目占3个。

(二)江山社会发展概况

一是教育发展。截至2010年年底,全市拥有普通高中5所,在校生9833人。普通初中18所,在校生19260人。职业高中4所,在校生7771人。小学47所,在校生37257人。全市拥有幼儿园142所,在园幼儿17681人。全市小学入学率、巩固率和升学率均为100%;初中入学率、巩固率均为100%;初中毕业升高中段的比例为95.75%,其中升入普通高中的比例为48.36%。全市普通高中专任教师592人,初中专任教师1332人,小学专任教师1719人,幼儿园专任教师811人。

二是科技进步。截至2010年年底,全市现有衢州市级以上高新技术企业42家,其中当年新增9家。国家级高新技术企业14家,其中当年新增3家;衢州市级高新技术企业28家,其中当年新增6家。全年获得衢州市级以上科技进步奖8项。专利申请受理487项,专利申请授权387项。

三是文化事业与文化产业发展。2010年末,公共图书馆藏书量15.89万册;年末拥有文化馆(站)22个。广播综合人口覆盖率98.38%。有线电视用户12.71万户,其中数字电视用户5.2万户,电视综合人口覆盖率98.38%。全市馆藏档案全宗171个,共计10.87万卷册。全年查阅档案1573人次,6845卷3637件。

四是医疗卫生发展。2010年末,全市共有卫生机构161个,其中医院、卫生院28个。医院、卫生院病床床位1424张。卫生技术人员1879人,其中:执业医师795人,执业助理医师105人,注册护士619人。全市共有疾病控制中心1个,卫生技术人员39人。法定报告传染病发病率为436.02/十万,全市农村安全饮用水普及率94.8%,农村卫生厕所普及率82.08%。新型农村合作医疗参保人数45.74万人,参保率93.0%。

五是群众性体育活动。2010年举办市运动会30次,参加人次8098人。在浙江省及以上各类体育比赛中,全市共获金牌21.5枚、银牌12枚、铜牌19枚。

(三)新农村的现实基础

自2003年省委、省政府提出加快统筹城乡发展、推进新一轮村庄整治建设,特别是2005年党的十六届五中全会明确提出社会主义新农村建设的目标任务以来，江山市紧紧围绕“生产发展、生活宽裕、乡风文明、村容整洁、管理民主”的新农村建设20字方针，以创业创新为主线，以改革发展为动力，以农民群众为主体，以基层基础为保障，认真贯彻落实中央、省委和衢州市关于“三农”工作的一系列决策部署，突出重点、谋划载体、狠抓落实，全市农村面貌发生了日新月异的变化。主要体现在以下五个方面：

一是坚持促农提升抓发展，农村经济实力快速壮大。积极培育特色主导产业，带动农业产业跨越式发展，2008年全市农业总产值达到25.1亿元，是2003年的5.5倍。农业特色主导产业不断育强。粮食生产能力常年保持在24万吨以上。2008年，食用菌、畜禽、蜜蜂、果蔬、茶叶等特色主导产业实现产值38亿元，是2003年的3.1倍。近几年先后被评为全国粮食高产示范县、全国粮食生产先进县、全国生猪调出大县等。农业产业化水平持续提升。大力培育各类农业龙头企业，现有市级以上农业龙头企业97家，其中国家级1家、省级5家，国家级扶贫龙头企业1家。2008年，农产品外贸出口1164万美元，比2003年增长196%。全力打造农产品特色品牌，近年来先后成功举办了首届中国蜜蜂文化节、食用菌高峰论坛、木业科技洽谈会、木门高峰论坛等节会活动，打响产业品牌，助推特色产业发展。建立了一批农业标准化示范园区，制订并修编省级农产品地方系列标准8个。全市现有国家级无公害农产品22个、省级无公害农产品产地23个、有机和绿色农产品25个，浙江名牌农产品6个。农民组织化水平明显提高。全市现有各类农民专业合作社596家，各类农贸市场19个，江山农贸城被列为农业部定点市场。通过托管、代管、承包等多种形式，为农民提供统一育秧、病虫防治、机耕、机插、机收等社会化专业服务，服务面积累计达65万亩。农业机械化广泛推广。2003年以来，全市共新发展各类新型农业机械9500台(套)，农机总动力已达34.1万千瓦。2008年完成农机作业面积43.99万亩，是2003年的1.9倍。

二是坚持助民增收抓帮扶，农民创业就业活力增强。围绕促进农民创业就业，多措并举，全力帮助农民提升发展技能、拓宽发展门路、创优发展条件。2008年，全市农民人均纯收入达7737元，比2003年增长67.8%。下山脱贫工程成效初现。2003年以来，全市已先后建立9个市级下山搬迁安置小区和18个移民安置点，累计安置下山脱贫农户5399户18708人。到2008年年底，全市共有4个下山脱贫新村被省委、省政府命名为“全面小康建设示范村”。欠发达乡镇奔小康工程圆满完成。通过在4个省级欠发达乡镇开展下山脱贫、产业提升、农民培训、结对帮扶、基础设施建设等各类帮扶项目，到2007年工程全部完成，欠发达乡镇农民人均收入已达到4152元，五年平均增幅达到20.5%。低收入农

户奔小康工程全面实施。紧紧围绕“产业富裕一批、下山迁移一批、培训输出一批、结对扶持一批、保障救济一批”的工作思路，组织开展各类帮扶工作，截止2008年年底，已有6220户低收入农户当年家庭人均收入超过了2500元，占全市总数的20.4%。万名农民素质培训工程成果显著。积极对接主导产业需求，开展新型农民技能等级培训、产业技工培训及江山保安、保姆等品牌培训，累计培训农民18.6万人。其中，转移就业技能培训8.7万人，转移就业7万人，转移就业率达到81%。大力开展东西部劳务合作，培训云南等中西部省份劳动力384人。农民增收渠道不断拓展。来料加工业发展势头迅猛，全市现有各级来料经纪人304人，带动来料加工从业人数4.5万人，年发放加工费1.22亿元。“农家乐”旅游蓬勃发展，全市已创建2个省级“农家乐特色示范村”和1个省级“农家乐特色示范点”，2010年全市各类“农家乐”经营户共接待游客30.7万人次，营业额收入954万元。中心强镇集聚带动效应持续放大。按照“一心三区”的区域总体规划布局，制定出台专项政策扶持贺村经济强镇发展，并于2006年顺利入围全国千强镇。鼓励峡口省级中心镇做大发展平台空间，支持有基础、有条件、符合规划布局的乡镇发展特色工业基地，一批中心强镇在推进城乡统筹发展中发挥着越来越重要的集聚、辐射和带动作用。

三是坚持帮村建设抓亮点，农村人居环境显著改善。以人居环境整治和生态环境保护为重点，全力改善全市农村生产生活环境。突出重点，推进“十村示范、百村整治”工程。自2003年全面启动“十村示范、百村整治”工程建设以来，全市已累计投入各类村庄整治建设资金6.7亿元，启动示范村建设50个，整治村建设323个，其中9个村被命名为省级“全面小康建设示范村”，32个村被命名为衢州市级“全面小康建设示范村”，228个村通过省整治村验收。因村制宜推进特色村创建。注重发掘各地村域特点、产业特色和文化特征，积极打造文化型、产业型、生态型、集贸型四类发展特色村。其中，清漾毛氏文化村、和睦彩陶文化村已完成一期工程建设并正式对外开放，廿八都古镇保护和旅游开发项目在2011年9月底对外开放。整线连片推进村庄环境整治。深入开展“两线”环境综合整治，205国道、46省道沿线村庄环境得到明显改观。深入推进“312”新农村绿化运动，全市累计建成衢州市级以上绿化示范村67个。全面开展“农村洁化运动”，全市垃圾集中收集处理覆盖率达90.6%，并探索了农村环境卫生“四级联评”、“有偿保洁”等长效机制，有效巩固村庄建设整治成果。标本兼治推进农村污染面源整治。开展“811”环境保护新三年行动，制定出台《江山市畜禽养殖污染防治管理暂行办法》等管理性文件，累计完成638家年存栏300头以上规模养殖场的污染治理。积极探索推广生猪“零排放”、循环养殖等各项生态养殖技术，并启动生态养殖小区建设。开展“农药化肥减量增效”工程，累计实施面积达139万亩。大力推进沼气工程,共建成沼气池50146立方米。项目为纲推进农村基础设施建设。坚持以项目抓"三农",以项目推进统筹,以项目促发展,大力推进土地开发整理、宅基地整理、千库保安、千里渠畅、农村公路建设、"赤膊墙"整治、"千里富民林道"、农民饮用水等一批看得见、摸得着、有实效的项目工程。全市共建成乡村康庄工程和农村联网公路794公里,建成标准农田12.13万亩,建设林区间集材道290公里,解决了16个乡镇(街道)31.73万农民的饮用水安全问题。

四是坚持共建和谐抓统筹,农村社会局面和谐稳定。尽力而为、量力而行,务实推进城乡一体化统筹发展。不断完善农村社保救助体系。完善新型农村合作医疗制度,提高筹资和报销标准,农民参保率达93.4%。2004年来,累计为参保农民报销医药费1.06亿元;巩固发展农村社会救助体系建设,实现农村低保对象应保尽保,被征地人员实现"即征即保",农村五保集中供养率达89.7%,农村低保户就业援助扎实有效;认真抓好各项支农、惠农、补农政策落实,低保家庭子女义务教育阶段全部免费就学,深入实施计划生育奖励扶助、公益金等优惠政策;积极开展政策性农村住房保险工作,累计完成898户农村困难群众住房救助。统筹城乡公共事业发展。城乡教育均衡发展。农村义务教育全面普及,全市15年基础教育普及率达到98.1%;农村学校布局调整步伐加快,农村中小学"五项工程"扎实推进。2003年以来,全市新增省级教育强乡镇15个,并顺利通过省教育强市复查验收。农村公共卫生不断加强。卫生布局调整成效明显,推进20家建制乡镇卫生院转型为社区卫生服务中心,建成社区卫生服务站65家,致力为农民提供便捷的医疗服务。农村文体活动蓬勃开展。加快建设和提升农民群众文体活动场所,全市累计建成农村"文体俱乐部"233个。开展文化信息资源共享工程建设,全市乡镇村覆盖率达95%以上。每年积极开展送电影、送文化下乡活动,完成乡镇标准文化站建设和3个省级文化示范村建设。大力发展农村体育事业,建成省级小康体育村130个,并成功举办首届农民运动会等大型体育活动。农村生育文明建设深入人心。全市计划生育率连续6年保持在92%以上。农村商贸流通快速发展。全市建成593个农村连锁便利店,224个行政村建成首家店,初步形成城乡一体化的购物环境。不断夯实村级基层基础。高度重视加强农村社会管理,创新推进基层基础提升。2010年专门出台了"基层基础33条"和2个配套实施意见,进一步夯实基层组织基础。维稳网络不断延伸。扎实推进基层维稳网络"一中心、二员、三室"建设,基层维稳网络覆盖面进一步扩大,工作运行逐步规范,实现了奥运会、残奥会期间零进京上访。基层组织不断强化。深度推进村规模科学调整,建制村总数从557个缩减为310个,加强村规模调整后的后续运行工作,促进新村规范运行。2008年,全面完成村

两委换届工作，新一届村两委干部有“双带”能力的占 92%。深入开展村级组织“五新争先”活动，不断完善村民代表会议、重大村务公决、村务公开等制度，基层组织战斗力显著加强。工作重心不断下移。强化“双争先”考核导向，在乡镇、街道推行机关干部分片包村（社区）等五项制度，镇村干部集中办公、“民情沟通日”、“民生服务日”等制度不断巩固完善，基层干部工作重心进一步下移，工作落实更加到位。

五是坚持创新机制抓合力，城乡统筹格局不断巩固。在领导保障上，市委成立了新农村建设领导小组，结合市领导联系“六个一”制度，市级领导每人联系一个重点村，带头抓好工作落实。同时，坚持年初召开全市农村工作会议、年中召开“三农”重点工作推进会，平时召开难点、亮点工作现场会，加强对面上工作的部署指导、督察推进和统筹协调。在投入保障上，建立了财政支农资金的良性增长机制，坚持“三个不低于”原则，逐年增加市财政对新农村建设的投入力度。2003 年来，市财政累计投入新农村建设资金 12.63 亿元；农口各部门全力向上包装申报项目，仅 2008 年就向上争取各类资金 2.6 亿元；积极撬动工商资本支持新农村建设，2004 年建立了“部门挂联、企业结对”帮扶制度，市级机关部门、规模企业与村结对共建新农村，累计帮扶资金 1895 万元；各乡镇（街道）也出台了一些有效举措，充分调动广大农民的积极性，坚持引导而不包办，在村庄规划、项目实施等方面，充分尊重群众意愿和知情权，保护好群众的参与热情，积极引导农民投工投劳建设自己的美好家园，因地制宜开展宅间道硬化、户用沼气、庭院绿化等一些“户办工程”，合理给予以奖代补、物质激励。在要素保障上，从 2007 年开始全面推进森林、林木和林地规范流转，2.47 万亩集体森林资源成交额 4622.76 万元，累计完成林权抵押贷款 212 笔 6730 万元；积极推广土地承包经营权流转，累计完成土地流转面积 7.3 万亩，占全市耕地总面积的 19.8%。不断加大金融支农力度，2003 年以来，全市各金融机构支农贷款额以平均 16.28%的速度逐年递增，累计投放支农贷款 150.67 亿元。

尽管近年来江山市在新农村建设中取得了显著建设成效，但仍面临不少突出问题，特别是系统规划、集成创新、改革领动、统筹建设等方面，亮点不多，差距较大。为了有效解决当前全国各地新农村建设中普遍存在的建设工作缺乏系统规划、资源投入缺乏科学调度、建设成效缺乏量化指标、农民主体缺乏参与热情等难题，在为期多年的深入调研、反复论证基础上，江山市于 2009 年年初，召开全市农村工作会议，启动“中国幸福乡村”建设。2009 年 8 月，召开市委十二届十次全会专题部署农村改革发展工作，明确将建设“中国幸福乡村”作为提升全市新农村建设水平的载体和抓手。建设“中国幸福乡村”这一设想的提出，主要是立足于三方面基础：一是理论基础——科学发展观。科学发展观的第一要义是发展，核心是以人为本。坚持以人为本，就是要把人民幸福作为科学发展的目的、动力和检验标准，把人民幸福作为科学发展观的出发点和落脚点。这种以人为本的科学发展观执政理念，正是追求人民幸福的体现，科学发展观就是人民幸福观。因此，建设“中国幸福乡村”思路的提出，正是江山市深入学习践行科学发展观，全面贯彻落实十七届三中全会精神的根本体现。二是动力基础——“五位一体”转型升级科学发展体系。建设“中国幸福乡村”，与江山市原有的“一高两进”三步走中长期战略目标、工业提升、服务业提升、构建和谐江山等共同构成了江山“五位一体”转型升级科学发展体系。实现“一高两进”三步走战略目标和“工业新城、旅游胜地、山水家园”的新型城市定位，既要依靠工业和现代服务业的快速发展和有力拉动，也要依靠现代农业的坚实基础和重要支撑；既要发挥城市本身的增长极作用，也要发挥新农村建设的全面覆盖效果。因此，为了更好地发挥“五位一体”转型升级科学发展体系的指导作用，我们创造性地启动实施了建设“中国幸福乡村”这个工作抓手。三是实力基础——江山经济社会发展水平。近年来，江山市坚持深入实施“兴工强市、借力发展、特色推进”三大战略，经济和社会实现持续快速健康发展。2009 年，全市生产总值突破 140 亿元，同比增长 12%以上，增速在浙江省 90 个县市区中位居前三；实现财政总收入 10.77 亿元，其中地方财政收入 6.59 亿元，分别增长 4.1%和 6%。全市综合实力继续领跑浙闽赣三省边际各县市区，在浙江省 58 个县中排名第 35 位左右，在全国 2000 多个县市区中排名 200 名以内。特别是，全市人均 GDP 接近 4000 美元、农民人均收入超过 8000 元两项指标，标志着江山市已进入加快推进城乡融合的特定阶段，这也为“中国幸福乡村”建设提供了坚实的物质条件。

第二章 目标任务

一、幸福乡村的科学内涵

幸福是什么？幸福是源自内心的感受和自然的生活状态。幸福是一种持续时间较长的对生活的满足和感到生活有巨大乐趣并自然而然地希望持续久远的愉快心情。幸福，既是每个人追求的目标，也是全人类追求的终极目标，其他人们为之奋斗的东西，包括财富、地位、名誉、自由等，不过是实现这个终极目标的手段。正如美国国父在《独立宣言》中曾庄严宣布："人生而平等，享有造物主赋予的一些不可剥夺的权利，包括生存、自由和追求幸福的权利。"

(一)幸福的本源考问

英语中幸福的表达有 happiness、well-being、subjective well-being、psychological well-being 等。日常英语中幸福一词多使用 Happiness，它源自形容词 Happy，意为 feeling or expressing pleasure、contentment、satisfaction 等。其含义包括:(1)愉快、满意、满足等感受;(2)(言语、思想、行为等)恰如其分的、令人满意的;(3)指代祝愿用语,意为快乐的;(4)表现的、快乐的、幸福的,尤指美满的婚姻、欢喜的场面、愉快的回忆、幸福的孩子以及书等的圆满结尾。

在经济学中,幸福(Happiness)被定义为效用(Utility),在心理学中幸福被看做主观幸福感(Subjective Well-Being,简记为 SWB),反映出西方人对人类存在的思考取向,有幸福、健康、福利之意。哲学家倾向用 flourishing,well-being 和 eudaimonia 来表示幸福,包含着"lead the good life"的意蕴,幸福就是过美好生活。在现代心理学研究中,科学、规范化的"幸福"用术语使用的是合成词 Well-being,这个词是个名词,意为① the state or condition of being well;②a moral or physical welfare,指良好的生存状态、有身体(精神)健康的感觉。在心理学研究中标准的术语是 Subjective Well-Being(SWB)和 Psychological Well-Being(PWB),前者是指主观心理感受,译为"主观幸福感";后者世界卫生组织译为"心理良好状态"。Well-being 的含义与 Happy 不同,前者强调的是一种生存状态,而 Happy 更为关注的是一种主观感受。韦氏英语辞典 1997 年版对 Well-being 的解释是:一种良好的或满意的生存条件,一种健康(health)、幸福(happiness)、兴旺(prosperity)的状态。新英汉词典释义为健康、幸福、福利。亚里士多德用"eudalmonla"(希腊文)表示"幸福","eudaimonia"是个哲学概念,其含义十分丰富,而不只是生理、心理的快乐;幸福的概念在拉丁语中的表达是 beatitudo,基本含义是至福;在德语中是 Selgkeit,意思是极乐。

汉语中,在我国古代甲骨文就出现了"福"字,意指两手奉尊于神前,意为两手捧着盛酒的器皿贡奉在祭台上。《说文解字注》中把祭祀用得一切物品看作"福",并与"禄"、"祯"、"祥"、"祉"互文。由此看来,"福"字原是祭祀之意,表达了人们的愿望与祈求。到了现代,"福"则指:①幸福;福气。凡富贵寿考、康健安宁、吉庆如意、全备圆满皆谓之福。②赐福;保佑;造福。③祭祀所用酒肉。④利益。1979 年版的《辞海》(上)认为"幸福"是心情舒畅的境遇和生活。1989 年版的《辞海》(缩印本)将"幸福"定义为:"在为理想奋斗过程中以及实现了理想时感到满足的状况和体验。"在《汉语大词典》中,"幸福"的含义是:①谓祈望得福气;②使人心情舒畅的境遇和生活;③指生活、境遇等称心如意。虽然"幸福感"、"幸福指数"是近年来才出现的新名词,但我国"福文化"有很长的历史渊源,中华福文化是中华民族文化的重要组成部分,所谓"福",在过去是指福气、福运,而现在人对福的理解是"幸福"。"福"是一切美好事物和谐的集合,同时又是一种现实的存在。另外一个概念"乐"也与现代的幸福含义颇为接近,其内涵很丰富,"乐"是个体在心理上一种愉悦舒适满足的心理体验,是主体意识(主要是情感意识)

自我完成、自我实现中的自我享受而又超越自我的精神境界。

在思想史上，幸福论有两种形式：①快乐论，认为快乐是人的最高幸福。②完全论，认为人的幸福在于发展人的理性，使人所具有的一切性能完全发挥出来，达到个人的完成。《韩非子·解老篇》："全寿富贵之谓福。"《礼记·祭统》把幸福的内容延伸为"福者，备也。备者，百顺之名也，无所不顺者谓之备"。这些观点把寿命、富贵、财富等要素看成幸福的关键，通过"攸好德"的追求而获得良好的德性，因此儒家的幸福观既体现在物质财富，还强调精神、道德的幸福(《通书·颜子》)。孔子云："君子坦荡荡，小人常戚戚。"(《论语·述而》)"不以物喜，不以己悲"，都体现了幸福更在于心灵而不在于外物，应关注心灵的坦然。儒家提出"我独乐不如与民同乐"，提出"修身、齐家、治国、平天下"的理论，旨在求得普天下人的共同幸福，与我们所倡导的为人类解放事业而奋斗的马克思主义幸福观极为相似。我国古文化中，从个人生存到社会制度的各个方面都强调幸福的重要性，"福"的含义在个人幸福、制度合理以及社会实践形式中都承担着重要的角色。幸福既是一种生活方式，又是一种心灵体验，同时也是一种对生命的理解和领悟。

汉语语境中"乐"的概念与现代的幸福含义更为接近，其内涵十分丰富。洪应明《菜根谭》云："人心有个真境，非丝非竹而自恬愉，不烟不茗而自芬芳。须念净境空，虑忘形释，方得以游衍其中。"(《孟子·尽心上》)"有三乐，而王天下不与存焉。父母俱存，兄弟无故，一乐也；仰不愧于天，俯不怍于人，二乐也；得天下英才而教育之，三乐也。"著名的《岳阳楼记》更有"不以物喜，不以己悲"，才能达到"先天下之忧而忧，后天下之乐而乐"的境界。对"乐"的把握和品味，区分物欲之乐和心情之乐、感性之乐和理性之乐、独乐和共乐、先天下之乐和后天下之乐，以及探讨"乐"对人身与人生的动力、作用，由此助成生活的种种情趣、种种方式，是儒家思想和中国文化的重大特征，也是中国人文精神的主要内涵。从孔子的"食无求饱，居无求安"、"饭蔬食，饮水，曲肱而枕之，乐亦在于其中矣"，到《易·乾·文言》中的"乐则行之，忧则违之"，再到孟子的"生于忧患而死于安乐"之类皆是。在我国古文化中，儒家的幸福观后来在人们的思想领域一直占据主要地位，无论先秦的孔孟老庄，还是宋明的程朱陆王，虽不否认幸福必须借助外在条件，与人的物质需要相联系，但都认为人要获得真正的幸福，就必须除去这些"物蔽"，反求诸己、克服欲望，在修养中达到"乐"的极致。他们在物质欲望中看到了"私立"的危害性，大声疾呼"君子喻于义、小人喻于利"，要"见德思义"，靠修身养性来达到至善的境地，获得极乐。《论语》是以乐开篇的：学而时习之悦，有朋远来之乐，以及"知者乐水，仁者乐山。知者动，仁者静，知者乐，仁者寿"(《论语·雍也》)。《孟子》有父母、兄弟之乐、不负苍天众生之乐、教育之乐。孟子关于幸福的重要思想就是主张“与民同乐”，把自己的幸福与人民大众的幸福联系起来，以奋斗去实现自己的人生价值，以道义去履行自己对家庭和社会应承担的义务，以体验“鞠躬尽瘁，死而后已”的幸福感受。此时，人的生命已超越了凡人的情感，达到了“高峰体验”的境界。体悟到自己与道合一、与天下同乐的“超越之乐”，这便是极乐了。这种高扬理性之乐的原则，认为人生的幸福在于心灵的平静和充实，超越外在的物质条件和环境，超越个人的得失和遭遇，先忧天下之忧，而后乐天下之乐，便是宋儒所孜孜以求的“孔颜乐处”。所谓“颜会一箪食、一瓢饮、居陋巷不改其乐”，所谓“穷则独善其身，达则兼善天下”，所谓“以出世的精神，干入世的事业”（朱光潜），成为我国古文化中理想人格的化身。而在这方面说的最为深入浅出的，大概要推孔子的：“发愤忘食，乐以忘忧，不知老之将至”（《论语·述而》）为极致了，此境界中，可谓进入了“高峰体验”了。因此，以“乐”论“福”是我国文化的一个重要特色，“乐”既有 happiness、happy 的含义，也有 well-being 的内涵，还包括幸福的体验与人生价值的实现。

（二）对幸福观的解读

在历史的长河中，人类对于幸福的追问千年以来从未停止，对于幸福的探索与认识也在随着时间的推移和社会的发展不断地更新、变化。关于幸福的理论，东、西方哲人在不断思辨的过程中，形成了各自特色鲜明，既相通，又不同的幸福理论。在一定程度上可以说，人类的发展史就是一部对幸福的追求史，就是一部通过对幸福追求而不断探究人的存在意义、存在方式、存在内容的反思史。

1．西方社会的幸福观

当代的西方研究者已将幸福概念的哲学起源追溯到古希腊时代。西方社会的幸福观主要有两大理论流派：一派是以英国功利主义创始人边沁为代表的“快乐主义”幸福观；一派是以古希腊大思想家亚里士多德为代表的“完善主义”幸福观。

（1）快乐主义幸福观

快乐主义幸福观（hedonicview）始自古希腊哲学家、昔兰尼学派创始人阿里斯底波（Aristippus）的哲学。阿里斯底波提倡将快乐的最大化作为生活的目标和幸福的源泉。伊壁鸠鲁学派（Epicureans）后来追随这一观点，虽然是以更温和的方式来阐释。昔兰尼学派将感觉作为幸福的唯一来源，他们认为，人有感觉，感觉是最真实的。人们除了能够感觉到快乐和痛苦之外，再也没有什么可感觉的东西了。因此，他们将追求快乐作为最大的幸福。由于阿里斯底波和他的继承者过分宣扬肉体感官方面的享乐，反映的是一种颓废的生活方式，因而该学派的观点受到了较多的批评。对西方社会产生了广泛影响的快乐主义幸福观是

由另一位古希腊哲学家伊壁鸠鲁提出的。伊壁鸠鲁声称："快乐是幸福生活的开始和目的。因为我们认为幸福生活是我们天生的最高的善，我们的一切取舍都从快乐出发；我们的最终目的乃是得到快乐。"他认为肉体的快乐和器官的快乐是一切快乐的起源和基础，没有感性的快乐，就不会有其他的快乐和幸福。但与此同时，伊壁鸠鲁反对不加区分和权衡地追求一切快乐，他所追求的快乐是有条件的，那就是"身体的无痛苦和灵魂的无纷扰"。然而，在漫长的中世纪由于禁欲主义的盛行，快乐主义幸福观无论是在学理上还是在生活实践中都受到了极大的压抑。

17 世纪英国经验论哲学家洛克重新将快乐主义幸福观发扬光大。洛克从人类所具有的"趋乐避苦"的心理和自然倾向出发解释了快乐主义幸福观。在幸福问题上，洛克坚持了他的经验主义立场，认为外界事物作用于人的感官，引起了人们的各种情欲和感受，才引起了人们的苦乐感。他宣称"幸福就是快乐，极度的幸福就是我们所能享受的最大的快乐"。在欧洲大陆，洛克的观点得到了莱布尼茨的积极呼应。莱布尼茨称"幸福就其最广泛范围而言，就是我们所能有的最大快乐"。在他看来幸福与快乐是密不可分的"幸福是一种持续的快乐，幸福可以说是通过快乐的一条道路，而快乐只是走向幸福的一步和上升的一个阶梯"。与洛克不同的是，莱布尼茨强调了理性对于幸福的重要意义，"理性和意志引导我们走向幸福，而感觉和欲望只是把我们引向快乐"。

洛克等人的思想直接被后来的功利主义哲学家边沁和穆勒等人所继承。边沁对幸福思想研究有两大贡献：一是他提出了"最大多数人的最大幸福"这一功利主义原则，这一思想也一直为主流经济学所运用；二是他对幸福量化研究的开创。他最著名的口号是："所有人的效用之和的最大化是制定社会政策的基础，任何社会政策的制定应当最大化所有人的最大幸福。"他认为，人是自然界的产物。人的本性都是追求快乐，逃避痛苦的，这是大自然赋予人的自然本能。"自然将人置于快乐和痛苦两大主宰之下，由此决定我们该做什么，将做什么。……快乐和痛苦的宝座两边，一边拴着是非标准，一边拴着因果链条。"

边沁的幸福研究虽然推动了幸福的数量研究与指数构建，但同时也存在着对苦乐的具体数字无法测算的局限。边沁之后，约翰·穆勒对边沁的理论进行了修正，他认为快乐和免除痛苦是唯一值得追求的事情，人不仅有物质快乐还要有精神快乐，两者只是质和量的区别。边沁对苦乐的计算的最终目的是要引出自己的功利主义原则，即"最大多数人的最大幸福"，并企图将之应用于社会和政治问题上的求解。但由于当时的历史条件，边沁的功利主义没有在"幸福计算"的操作性层面上走得更远，当时的人们(包括其狂热信徒)也将其"幸福计算"当做不切实际的笑谈，使边沁的政治抱负无法付诸实践。但边沁对效用或幸福的基数测量的深刻分析，从对个人苦乐价值的计算到社会总体福祉最大的思想，都是前无古人的伟大开创，这在西方伦理思想史和政治思想史上占有一席之地。

边沁功利主义的苦乐思想对经济学的影响也是非常深远的。他认为，人生的最大目标就是追求效用的最大化，正效用是事物或行动带给人的快乐感受的能力，负效用是事物或行动带给人的痛苦感受的能力。这些思想对19世纪的经济学产生了非常深远的影响，是效用思想产生的直接伦理根源。边沁的思想对他同时代和以后时代的经济学家都产生了重要影响。从戈森、杰文斯、马歇尔到埃奇沃斯，这些对古典和新古典经济学作出杰出贡献的经济学家都将边沁思想奉为源泉。杰文斯在其1871年的《政治经济学理论》一书的序言中明确写道："在这部著作中，我试图把经济学看重是一门苦乐计算的学问。"从中足以见，边沁主义对早期经济学影响之深远。

与亚里士多德的"客观幸福"研究路线相对应，边沁的快乐论思想代表了现代幸福研究的另一个分支："主观(subjective)幸福"研究。经济学的幸福研究无疑走的是边沁路线，但这并不表明在经济学内部没有分歧。对于抛弃了亚里士多德的"德性"和"完满"的狭隘的快乐研究，不少经济学家表现出了困惑。

19世纪德国古典哲学的代表人物之一费尔巴哈对快乐主义的幸福观进行了较为系统的论述。在费尔巴哈看来"幸福不是别的，只是某一生物的健康的正常的状态，它的十分强健的或安乐的状态；在这一种状态下，生物能够无阻碍地满足和实际上满足为它本身所特别具有的、并关系到它本质和生存的特殊需要和追求"。费尔巴哈所讲的幸福同样是建立在感觉基础之上的，他特别把快感和情欲的满足作为幸福的标志，提出"没有感觉就没有幸福"。弗洛伊德在对幸福问题进行研究时，也坚持了快乐主义的幸福观。在晚期著作《文明与缺憾》中，他采用早期人格理论中所提出的快乐原则解释幸福问题。弗洛伊德认为"决定生活目的的只是快乐原则的满足"，而"我们所说的幸福(相当突然地)产生于被深深压抑的那些需要的满足"。他认为人的一切活动都为"快乐原则"所支配，快乐原则得到了实现，人便是幸福的。但是，由于受到文明规范的制约，人又绝不可能达到快乐原则所追求的幸福。尽管如此，人们仍然应当也不可能不努力去追求幸福，他称"在较弱的意义上，幸福就是个人力量的有效利用，尽管通向幸福的道路多种多样，但这种意义上的幸福却是可以达到的"。

(2)完善主义幸福观

完善主义幸福观(eudaimonic view)，来自亚里士多德学派(Aristotelian)的视角。亚里士多德认为，一个人在生活中"善"的程度是评价幸福的决定性标准。善的生活，而不只是快乐的生活，是获得幸福的关键因素。而以密尔为集大成者的功利主义，则在苦乐原理上以快乐原则通感所有的幸福心境。这是与现代主

观幸福感的概念联系最密切的观点。人们对幸福的理解总是徘徊于客观主义与主观主义、理性主义与感性主义之间，尽管分别赞同两种不同观点的学者对幸福的定义和主要来源经常持有异议，他们的理论最终都丰富了关于幸福本质的看法。古希腊哲学家亚里士多德在深刻反省阿里斯底波和伊壁鸠鲁的快乐主义幸福观，特别是在批判柏拉图神性幸福观的基础上，较为系统地提出了完善主义的幸福观，由此形成的哲学流派称为完善主义或自我实现主义。

幸福在亚里士多德的伦理学中处于极高的位置，他称："一切其他东西或是它(幸福)的必然附属品，或是为它的本性所需的有用的手段。"从这里我们不难看出，亚里士多德所讲的幸福指的正是人们能够在活动中发挥出自身的功能。当然，他所讲的活动主要指的是灵魂的现实的活动，即理性的思辨。亚里士多德在他的伦理学名著《尼各马可伦理学》第一卷提出"作为一种性质的善"和"作为一种关系的善两种善"。后者是作为手段的"善"，被叫做"有用"，也即效用。前者是事物内在的优良属性，是"因其自身而善的善"。现代经济学的"善"往往是作为手段的善，是"为达到自身善而善"。亚里士多德认为，人类所寻找的"至善"即"可达到的最高善"，也就是"幸福"。幸福因其本身的善而成为幸福，是一切善的事物的始点和本原。

尽管亚里士多德一再强调德性和善在幸福中的重要性，但他并没有忽视作为生命基本功能的快乐和痛苦的存在。同时，亚里士多德的幸福观中包含快乐，他认为人们是从享乐中引申出福祉、至善等概念的。但同时他也认为快乐不一定是最高的善。快乐和痛苦贯穿于人的生命的整个过程，并对德性和幸福的生活发生影响和作用。在具体境遇中，要以最好的方式行动，不温不火，掌握中庸之道，合乎规律行动，与困难作斗争会增长我们的德性，困难越大，德性增长越大，对快乐和痛苦的正确处理才是善。这些论述使亚里士多德的完善论与边沁的快乐论得以沟通，亚里士多德的幸福论实质上是建立在苦乐基础上的德性实践活动。他强调，人应该通过自己的合乎德性的具体行动去追求一个终极或完满的善，即至善，也即幸福。在奋斗中使自己的功能得以最充分的发挥和展示，这就是幸福。

19世纪后半期，德国哲学家包尔生对哲学史上的幸福观进行了系统的梳理，并进一步阐发了完善论的幸福观，提出了自我实现论。快乐主义将快乐作为最高或绝对的善，而自我实现论则将目光投向了某种客观的生活内容。包尔生坚持的无疑是后者，他称："这样我们的原则就是：倾向于实现意志的最高目标—它可以被称之为幸福(福祉)—的行为类型和意志是善的。我在此所说的幸福是指我们存在的完善和生命的完美运动。"在包尔生看来，幸福展现仍是至善生活的客观内容，这种内容体现在人们的活动之中，当然，包尔生的自我实现论并不排斥快乐，在他看来，快乐恰恰包含在快乐生活之中。

20世纪新弗洛伊德主义的代表人物之一弗洛姆进一步发展了完善论幸福观。在他看来，快乐和幸福没有质的区别，只是快乐是同某一个别行为有关，而幸福可以被称为是某种持续和一体化的快乐经历。快乐是指由于有效地实现人生存的共同目的而体验到的愉快。他将快乐分为两种形式：主观快乐和真正的快乐。主观的快乐是以满足物质与精神需要为前提，而真正的快乐是以创造的积极性为基础。他认为，幸福是人的内在"生产能力"中所产生的一种结果。在弗洛姆看来，幸福的对立面是不幸，然而不幸不是忧伤和痛苦，而是由于自己缺乏创造性和自己无成果而产生的沮丧。

20世纪，马斯洛提出了心理学中的自我实现论，马斯洛提出了人类所具有的五种基本需要：生理需要、安全需要、归属与爱的需要、尊重需要、自我实现需要。他称"基本需要的满足会导致各种各样的后果：产生有益的、良好的、健康的、自我实现的效应"。在马斯洛看来，自我实现的需要指的是"一个人能够成为什么，他就必须成为什么，他必忠实于他自己的本性"。马斯洛眼中的自我实现者是"一些已经走到，或者正在走向自己力所能及高度的人"，"这样的人似乎在竭尽所能，使自己趋于完美"。

当然，基本需要的满足也是自我实现的必要条件，马斯洛称"也许自我实现意味着基本满足再加上最起码的天才、能力，或者(人性的)丰富"。所以，马斯洛的理论与完善论幸福观之间有着千丝万缕的联系。

2. 东方社会的幸福观

在中国的传统文化中，幸福思想有儒、佛、道三种，主要以儒家为代表。儒家强调伦理道德在人类幸福中的重要作用，主张用"仁、义、礼、智、信"等伦理道德规范人的行为，从而获得幸福和极乐。道家认为只要顺其本性就能得到幸福，不必再强求外在的其他事物。佛家认为人们要摆脱痛苦实现幸福只有灭贪念，惟修行才能走向极乐世界。中国的传统幸福思想虽在表现形式上相异，但它们的目标都是相同的，都是为了摆脱人间苦恼，把幸福当成是人生的最高奋斗目标和完美的境界，普遍认为"知足者常乐"。

(1)儒家的幸福观

儒家不但强调伦理道德在人类幸福中的重要作用，儒家还是中国最早系统论述幸福问题的学派，《尚书·洪范》提出"向用五福，威用六福"。先秦时期的思想家继承《尚书》的幸福观，把寿命、富贵等幸福的要素看成是外在的，唯有"攸好德"可以通过追求获得。因此，儒家的幸福标准在于精神或者道德方面，儒家教导人们沉浸在道德的幸福之中，即享受"父母具存，兄弟无故"的天伦之乐、为辅德而交友的快乐，以及享受"反身而成"、道德体验的快乐和幸福。在儒家思想

中，幸福只是道德的伴随物或附属物，并不具有完全独立的意义。中国儒家强调人如果没有理性和美德，就不会有幸福，认为幸福就在于善行，就在于为社会整体利益而行动。与此同时，儒家又强调为完善德行而“一箪食，一瓢饮”的苦行精神，注重个人德行的完善和人生的不朽以及强调平治天下的大志与追求全体的幸福，把个人的快乐和幸福包容于普天之下民众快乐和幸福。

(2)道家的幸福观

与儒家的幸福观不同，道家认为，万物的本然状态就是最好的状态，能顺其自然之性，则合乎道，则得最大之幸福。《庄子·天道篇》论述“与天和者，谓之天乐”，认为真正的幸福不在于财富、地位、知识，甚至不在世俗所崇敬的德行，而在于合于道、自然。因此，道家从道的高度提出了自然无为的幸福观，在这里，“自然”不是自然界中的具体事物，而是指不加认为强制的状态；“无为”也不是无所作为，而是顺应本性，不强作妄为。这种自然无为在对待生命上追求重身贵生；在理想人格塑造方面追求返璞归真的圣人境界；在社会治理上追求无为而治的小国寡民状态。正是这种基于自然无为的逻辑核心，先秦的道家把追求幸福看成是效法自然的过程，认为幸福就是以自由和和谐为前提的快乐。这与我们现代的社会主义和谐社会的理论构想相似，也是先秦道家自然无为幸福观理论的现代价值所在。

(3)佛家的幸福观

佛家最基本的内容，就是说世间的苦和苦的原因，其本质就是教会人们解脱痛苦，求得幸福的原则和方法。佛教认为人生是苦，人生本无幸福可言，有的只是生老病死和各种痛苦，而这些痛苦的根本在于“贪”“瞋”与“痴”，即人的贪求欲望，对佛理、佛性的无知，要摆脱痛苦的“生死轮回”，达到幸福的彼岸，只有灭除欲望，修行佛念。由此，佛教基本教义与其说是一种关于人生幸福根源和如何获得幸福的理论与方法，不如所是一种说明人生痛苦根源和如何摆脱痛苦的理论与方法。从佛家幸福观的思路和方法可以看出，佛家是把幸福和享乐截然对立起来，它排斥享乐，可也不主张把人送进炼狱去受苦，它走的是中庸之路。它只是告诉人们“诸行无常，朱法无我，涅槃寂静”。人的至乐与幸福便在这寂静之中。与一切宗教的本义一样，佛教亦许诺给芸芸众生以来世的幸福，但是，佛教幸福观也有其积极的一面，它的“三世因果”、“六道轮回”理论，劝诫人们重视因果报应，要多做善事，以成正果。从一定意义上说，佛教就是用以劝化人类得享至福的学说。在中国，佛教的幸福观以“姻缘轮回”、“普度众生”的思想，使富有者以仁爱为怀，使贫困者保持心灵的宁静，获得了众多的信仰者。此外，佛教还主张“救人一命，胜造七级浮屠”的理念，在个体向善成佛的道路上，谋求民族与国家的共同幸福。

(三)幸福的研究领域

苗元江在《从幸福感到幸福指数——发展中的幸福感研究》一文中对幸福感的现代趋势进行了详细的介绍。迪纳 1999 年在其“主观幸福感 30 年发展”一文中,对幸福感 30 年的发展进行了全面总结,指出今后的研究方向:①因果方向的研究通过更成熟的方法非自我报告纵向法因果模型跨文化调查等来研究幸福与其相关因素的因果方向;②重点放在内部因素与外在环境交互作用上找出人格在塑造人的环境时所起的作用以及人格如何使人在相同的环境下作出相异反应;③进一步了解适应过程研究应对策略和改变目标如何影响适应了解适应发生的时机过程和局限性;④理论研究精细化从而可以具体预言输入变量如何影响 SWB 的不同内容。那么自那以后 10 年,幸福感研究领域发生了什么变化呢?

1. 影响因素从经济转移到非经济因素

在传统的经济学视野里,财富的增加是提升人的幸福程度的最有力手段,因此,财富增加似乎就意味着幸福增加。但是,心理学科对于财富数量与幸福程度之间关系的研究却得出了一些值得注意的发现:当一个国家的收入水平处在较低阶段时,人们的收入数量与幸福感受之间的相关度非常紧密,但是,一旦超过了这种水平线,这种相关性就会减弱,甚至消失。在影响人们幸福感受的所有变量中,收入水平决定其幸福感受的比例不会超过 2%。这种幸福与收入相悖的现象又被称作 Easterlin 悖论、幸福鸿沟(Happiness Gap)。高速驰骋的物质主义,响应并鼓励了生产力以及创新力的发展,全球都在收获经济增长,却也一致性地付出代价:幸福的感觉开始变得飘摇不定。各种研究都表明,在收入水平非常低的时候,收入与快乐之间关联度更为紧密,当经济发展达到一定水平之后,财富对幸福感的影响逐渐减弱,而其他因素诸如职业成就、教育程度、婚姻质量、宗教信仰、生活事件、社会支持等因素会对幸福感的影响逐渐增强。前美国总统罗伯特·肯尼迪认为 GDP 衡量一切,但并不包括使我们的生活有意义这种东西。因此,现代研究重心逐渐从经济因素逐渐转移到非经济因素,从单变量转移到多变量,并注意到多变量综合作用,前期大多数研究都是横断面的调查研究、相关研究,未来必须重视跨时间的纵向设计研究、交叉滞后调查设计来确定预测变量和被预测变量之间可能出现的因果关系,以便理解幸福感产生的因果关系。

2. 心理机制从特质论转移到建构论

美国心理学家赛利格曼认为,人的总体幸福取决于三个因素:一是个人先天的遗传素质;二是后天的环境事件;三是能主动控制的心理力量。早期把心理看

成静态、固定的系统，把遗传和环境视为是幸福感最重要的决定因素，忽视了人的认知加工在幸福感的作用，现代研究更加重视认知建构在幸福感中扮演的重要角色。建构主义认为，人不是被动接收信息刺激，而是主动地建构意义，是根据自己的经验背景，对外部信息进行主动地选择、加工和处理，对新信息重新认识和编码，是认知主体，是意义的主动建构者。在这个过程中，建构自己的理解，从而获得自己的意义。社会联想论（Social Association Theory）认为，基于人的记忆、认知模式等因素，每个人都有自己的记忆网络及认知模式，不同个体激活的积极或消极记忆网络不同，采用的认知方式及应对方式各异，由此诱发个体不同的情绪反应，产生幸福或不幸福感。荷兰阿姆斯特丹大学心理学教授尼科·弗里达提出"幸福不对称论"。他认为，即便引起愉快感觉的环境一直存在，这种感觉也很容易消散。然而，消极的情绪却会伴随着环境而持续存在。就是说，人类很容易适应快乐，却永远不能习惯悲哀。情感是不对称的。赛利格曼也提出了"乐观型解释风格"和"悲观型解释风格"，"悲观型解释风格"的人就容易形成压抑、焦虑等心理问题。Lyubormirky 等研究发现，人不是被动地体验事件和环境，相反，所有的生活事件都是"认知过程"，是个体的分析和建构，预期与回忆，评价与解释过程。理解人的认知差异具有重大理论与实践意义，这种研究途径为实施积极的心理调控与干预提供了一个有效的方向和可行的策略。

3. 测量工具从分离到系统整合

迪纳指出，不管研究目标是什么，建议尽可能分别评价幸福感的多个组成因素。早期大量主观幸福感的研究以"非系统化"的方式进行。许多研究只注重主观幸福感的某一方面，如积极情感或生活满意度，而不包括对主观幸福感其他方面的测量。虽然有很多研究都涉及了主观幸福感的各个维度，但是很少有研究涉及主观幸福感全部维度。从历史发展看，心理学对幸福感的测量系统化经历了三次重大变革。第一次是情绪幸福感与认知幸福感的融合，奠定了经典主观幸福感模型。第二次是主观幸福感与心理幸福感的融合，形成主观与客观融合的潮流。Corey L. 对 SWB 与 PWB 的结构关系进行了拟合，认为 SWB 和 PWB 是积极心理机能的两个截然不同但却相互联系的方面，只有将 SWB 与 PWB 整合起来才能更好更全面地理解幸福感。第三次则是主观幸福感、心理幸福感与社会幸福感的融合，推动积极心理健康模型（Positive Mental Health，PMH）的发展。Keys、Carol Ryff 的《美国中年人调查》（*The Midlife in the United States*，MIDUS）就对主观幸福感、心理幸福感和社会幸福感三种幸福感模型进行整合，构建全方位测量平台，成为现代幸福感测量的标准测量框架。

4. 幸福干预从实验走向实践

进入 21 世纪，提升幸福感的技术开发也日益得到青睐。积极的心理干预可以给人们的生活带来更多的快乐、投入和意义，为现代人们的积极心理治疗以及获得长久的快乐提供了契机。佛德斯（Fordyce）最早尝试干预幸福感，采用14种技术对大学生进行训练，这些技术包括：花时间进行社交、着眼于现在、停止担忧、进行积极思考，等等。索雅（Sonja Lyubomirsky）也研究了感恩训练、利他或善良行为对幸福感的积极影响。赛利格曼和其两名助手拉西德和帕克斯（Rashid and Parks）经过6年的不断试验和研究，设计出了一整套建立在真正幸福论上的临床积极心理疗法（Seligman，Rashid and Parks，2006）。他们为真正幸福论中的快乐生活、充实生活和有意义的生活设计了相关的积极心理疗法练习，并率先在宾夕法尼亚州立大学开设了幸福课程。泰勒·本沙哈尔博士于2007年，在哈佛大学开设"积极心理学"，讲授幸福的方法，深入浅出地讲授如何更快乐、更充实、更幸福。开课以来，已经成为该学校上座率最高的课程，被誉为"最受欢迎讲师"和"人生导师"。英国最具名气的私立贵族学校威灵顿公学幸福课由剑桥大学教授尼克·贝里斯设计，旨在增进学生获得完美人生的可能性。课程将涉及如何获得更多的幸福体验，如何获得健康身心、成就感和永恒的友谊。现代人心理面临巨大的挑战。而积极心理学干预激发每个人自身所固有的某些实际的或潜在的积极品质和积极力量，从而使每个人都能顺利地走向属于自己的幸福彼岸（苗元江，2009）。

（四）幸福乡村的内涵

2006年中央"一号文件"《关于推进社会主义新农村建设的若干意见》明确提出，把全面推进农村健康、可持续发展、统筹城乡经济社会发展作为促进我国经济发展的战略重点。同年，十六届五中全会提出了以"生产发展、生活宽裕、乡风文明、村容整洁、管理民主"为主要内容的社会主义新农村建设，开展农村居民主观幸福感的研究具有重要的理论与现实意义。

根据关于幸福思想起源以及国内外学者研究成果的讨论，结合我党新农村建设的指导方针，我们可以这样认为，幸福是主观的，受到诸多主观因素的影响，但是它也会受到诸多客观因素的影响。主、客观因素都影响"幸福"，"幸福"的"建设"是实现幸福的手段，实现主观上的幸福是"幸福建设"的目的。所以，"幸福乡村"强调的是村民的主观感受，目的是让最大多数的人得到最大的幸福感受；"幸福乡村建设"则不但包含了让人民感到幸福，也包含了如何让人民感到幸福的含义。根据理论研究和实践经验，影响幸福的因素是多方面的，因此"幸福乡村建设"的内涵是通过在物质条件和非物质条件两大方面的工作，使乡村居民感到幸福并且持续增加其幸福感。

1. 幸福乡村的物质条件

(1)乡村特色产业突出

传统主流经济理论认为收入是决定效用的唯一因素,是增加农民幸福感的决定性因素。而根据幸福经济学对收入与幸福的关系的研究,我们知道收入虽然不是幸福的唯一决定因素,但这不能完全否定收入对于幸福的意义,尤其对于经济发展进程为进入较高阶段的农村而言,收入对于幸福的贡献的确是不能忽视的。那么如何提高村民收入?根据比较优势理论,我们应该根据本地的资源禀赋,发展农村特色产业,提高乡村的经济竞争力,从而提高村民收入。所以幸福乡村物质条件建设的第一点就是应该科学发展特色产业,增加村民收入。

(2)基础设施建设完备

乡村的基础设施对增加村民的幸福感具有显著意义,乡村的基础设施具有公共品的性质,会导致市场失灵现象的出现,所以应该充分发挥政府的职责作用,科学合理规划乡村整体设计,加强自然环境的保护,进一步完善基础设施建设,从而提高村民的幸福感。作为基础设施建设的重要内涵,新农村建设的空间布局方面,应该以中心村建设为抓手,引导资源向中心村聚集。

(3)乡村公共服务全面

公共服务是21世纪公共行政和政府改革的核心理念,包括加强城乡公共设施建设,发展教育、科技、文化、卫生、体育等公共事业,为社会公众参与社会经济、政治、文化活动等提供保障。公共服务以合作为基础,强调政府的服务性,强调公民的权利。

中央提出了基本公共服务均等化的战略目标,但在操作层面必须明确界定基本公共服务的内容。从现实看,可以运用基础性、广泛性、迫切性和可行性四个标准来界定。所谓基础性,是指那些对人的发展有着重要影响的公共服务,是人所必需的公共服务,它们的缺失将严重影响人的发展。所谓广泛性,是指那些影响到全社会每一个家庭和个人的公共服务供给。所谓迫切性,是指事关广大社会最直接、最现实、最迫切利益的公共服务。所谓可行性,是指公共服务的提供要与一定的经济发展水平和公共财政能力相适应。

因此从上述标准判断,义务教育、公共卫生和基本医疗、基本社会保障、公共就业服务,是广大城乡居民最关心、最迫切的公共服务,是建立社会安全网、保障全体社会成员基本生存权和发展权必须提供的公共服务,是现阶段我国基本公共服务的主要内容。

幸福感源自需求的满足,根据著名心理学家马斯洛提出的需求层次理论,需求分成生理需求、安全需求、归属与爱的需求、尊重需求和自我实现需求五类,依次由较低层次到较高层次排列。其中,安全需求主要包括:人身安全、健康保障、资源所有性、财产所有性、道德保障、工作职位保障、家庭安全等。完善乡村的公共服务体系主要可以解决安全需求，同时也为其他层次的需求奠定有力基础，从而提高村民的幸福感。

(4)自然环境保护到位

根据幸福经济学的理论，居住的自然环境是幸福的重要影响因素。由于乡村的工业化进程不同于城市的工业化进程，所以乡村的自然环境的污染程度和保护难度比城市较低，这也是乡村幸福建设与城市幸福建设一个不同的基础条件。所以幸福乡村建设应该合理利用自身环境保护的优势，积极保护自然资源，使之不仅可以提高村民的生活质量，而且可以成为乡村经济发展的特色优势，进而发展乡村特色产业，例如乡村绿色食品产业或旅游产业。

2. 幸福乡村的制度条件

(1)乡村基本制度公平公正

根据社会比较理论，幸福的影响因素不仅包括绝对收入，也包括相对收入。社会比较理论包括相对收入理论、参照组理论或攀比理论。这些理论从收入本身出发，认为个人效用与自己的收入水平正相关，但与社会的平均收入水平负相关；当社会变得更富裕时，攀比水平随之提高，导致收入—幸福曲线下移，从而使得总效用水平保持不变。所以建立合理公平的收入分配制度有助于增加村民的幸福感。实际上，公平公正的内涵不仅局限于财富的分配领域，而且也涵盖居民基本社会权利的内容。所以在幸福乡村建设的过程中，不仅要注重保障收入分配制度的公平合理，同时也要大力推进农村基层组织建设和事务管理的民主化运行、公平正义的法制化保障，努力建设管理民主、稳定祥和的“和谐乡村”，显著增强全市农民的民主管理信任感。

(2)村民精神文明建设繁荣

根据社会学的“快乐跑步机”理论，人的抱负水平会随着收入的增加而提高，个人幸福取决于抱负与财富的关系。无论是心理学的”成就感＝实际成绩/期望值”公式，还是萨缪尔森的幸福公式”幸福＝效用/欲望”，都揭示出幸福的原因不仅有主观的因素，也有客观的因素，而且有水涨船高的效应，就像人走在跑步机上，幸福的净值并没有增加。人的欲望是无限的，如果不能合理疏导膨胀的欲望，就意味着失去了幸福的能力，所以这属于幸福能力的培养。

(3)村民消费观念健康合理

根据消费外部性理论，对于富有国家人们的幸福感并没有随着财富的增加而增加。幸福学理论认为，一方面，西方社会把原来属于奢侈品的消费大众化了；另一方面，为获取原来看似高档而现在已经大众化的消费品，人们需要更加努力地工作，失去原来的闲暇，结果大家都成了输家。所以要倡导合理消费，反

对攀比消费的不正之风。

(4)村民基本素质显著提升

根据亚里士多德的完善主义幸福观,人们获得幸福的途径是不断挖掘自己的潜能和提高自己的能力。所以加强可以提高村民素质的教育,对于幸福乡村的建设意义重大。这实际上也是村民人力资本增加的过程,有利于个人的长期发展和乡村的可持续发展。

(5)乡村基层公共关系和谐

根据关系物品理论,一个人的幸福同时取决于财富积累、人际关系和社会的关系物品。关系物品是基于本地关系的专用性公共资产,所以信任、友谊、良好的市民关系有助于提升个人和社会的幸福。这就要求在幸福乡村的建设过程中,保证基层生活的公平与尊重、政治参与,以及民主自由等。对于"自由"、"尊重"等非物质条件目标最直观、最准确的检验方式就是人民的主观回答。

(五)幸福乡村的意义

近年来,江山经济社会持续快速发展,城乡面貌发生巨大变化,民生事业取得显著进步,人民群众生活得到极大改善,以工促农、以城带乡的体制机制初步形成并不断完善,区域品牌正在形成,营销影响不断扩大。全市经济社会的快速发展和综合实力的不断增强,为加快推进社会主义新农村建设提供了很好的物质基础、工作平台和发展机遇。

从整体上看,江山市新农村建设已经取得了积极明显的成效,但是多年的发展过程表明,江山市的新农村建设成果仍主要停留在量的提升,并未实现质的突破。突出存在四个方面的薄弱环节:一是系统化谋划方面。全市新农村建设缺乏一个总的工作抓手,工作任务纷繁具体但缺乏统领;新农村总体发展规划纲要不尽完善,发展目标、发展方向和发展路径等关键环节有待进一步明确;全市村庄规划的科学指导作用未能得到充分有效发挥,还有113个行政村未完成村庄规划编制,同时存在规建脱节等现象。二是整体化推进方面。新农村建设中的很大部分精力用于被动应付考核,完成上级任务,导致工作不缺亮点缺重点,围绕重点缺整合,无法形成整体特色;各项支农惠农政策重在各自对接线上的政策要求,总体较为零散,集中度不高,整合性不强;有的涉农部门不同程度存在本位意识,项目资金投入分散无序,原本有限的行政资源未能发挥最大效用;农村改革步伐不大,土地流转、"空心村"整治、宅基地整理、金融改革等关键环节都需要重点突破和整体推进。三是全员化参与方面。由于缺乏良好的工作载体和机制,在新农村建设中,基层干部党员群众的主体作用发挥不够,特别是广大农民群众直接参与的项目和工作更少;绝大部分村都以上级部门的资金项目投入为主要驱动力，一些乡村“等、靠、要”思想仍然比较严重，农民群众的整体素质有待进一步提升，农村基层的主动性、积极性、创造性都需要进一步调动。四是长效化机制方面。新农村建设的投入、建设、管理等各种长效机制都亟待建立和完善，许多村庄建设管理十分滞后，硬件、软件建设的反差很大；基层基础极不平衡，大部分行政村集体经济的“自我造血”能力有待提高，集体资产管理、干部管理、规范运行等还不到位；农民持续增收难度较大，产业增收、创业就业、低收入农户脱贫等工作都缺乏长效机制的支撑。

毋庸置疑，作为一个农业人口占80%以上的地区，虽然随着二、三产业的迅猛发展，农业在GDP中的比重逐年下降，但这是产业调整的必然结果，并没有动摇其在经济社会发展中的基础地位。如何又好又快地推进提升新农村建设，始终是我们必须面对、必须思考、必须破解的一个重要课题。为此，市委、市政府紧紧围绕加快推进实现“一高两进”三步走战略目标和新的城市定位，进一步研究提升新农村建设水平，深化推进农村改革发展，开展了广泛而深入的学习考察和调查研究工作，在认真总结分析前一阶段江山市新农村建设发展情况、认真学习借鉴先进地区经验做法的基础上，提出建设“中国幸福乡村”这一战略目标，为加快提升江山市新农村建设水平创建了全新的工作载体，并将对江山市经济社会发展产生积极而深远的影响。

1. 建设“中国幸福乡村”是认真学习践行科学发展观，全面贯彻落实十七届三中全会精神的重大举措

践行科学发展观的关键在于立足本地实际，抓住主要问题，并采取切实有效的措施予以解决。建设“中国幸福乡村”顺应了我国农村的发展大势。随着新农村建设的深入推进，我国农村逐渐体现出农业产业化和集约化经营、城镇化水平不断提高以及农民创业化、就业化发展等趋势。建设“中国幸福乡村”旨在不断提升江山市农业现代化发展水平，不断探索江山市农村集约化发展途径，不断激发江山市农民发展潜力，完全顺应了我国“三农”发展趋势。建设“中国幸福乡村”顺应了科学发展的内在要求。实现全面协调可持续发展是科学发展观的基本要求，是有质量、有效益的发展，而城乡结构的转型升级也是科学发展的重要内容。建设“中国幸福乡村”将从产业增收、公共服务、农民素质、环境整治、基层基础五个方面整体推进江山市农村各项事业的协调发展，归根结底是在农村层面实现物质文明、政治文明、精神文明、生态文明四个文明建设有机结合、综合协调的发展，从而为全市实现全面协调可持续发展打下坚实基础。建设“中国幸福乡村”顺应了江山市农村的改革发展。农村改革发展领域广泛，需要结合本地实际情况，对改革目标、改革重点和保障措施等方面进行明确和统筹。建设“中国幸福乡村”是一项全面综合的发展举措，它在对江山市新农村建设情况进行深入

分析总结的基础上，针对亟须调整改善的薄弱环节制订了一整套完整的提升方案，与江山市农村改革发展的方向完全一致，从而为推进江山市农村改革发展在时间和空间上开辟了一个全新的“主战场”。

2. 建设“中国幸福乡村”是完善“五位一体”区域发展体系，加快实现“一高两进”三步走战略目标的战略选择

一个科学系统的区域发展战略体系，离不开农业的持续发展、农村的全面进步、农民的转型提升。从区域发展目标来看，推进实现“一高两进”三步走战略目标，建设“工业新城、旅游胜地、山水家园”，既要依靠工业和现代服务业的快速发展和有力拉动，也要依靠现代农业的坚实基础和重要支撑；既要发挥城市的增长极作用，也要加快推进农村改革发展，发挥“中国幸福乡村”的全面覆盖效果。从提升发展路径来看，通过建设“中国幸福乡村”，积极培育乡村家庭工业、来料加工及各类特色工业，为推动江山市工业提升发展提供重要补充；通过建设“中国幸福乡村”，大力改善农村人居和生态环境，规范提升乡村休闲旅游业，将为江山市服务业发展提供良好环境；通过建设“中国幸福乡村”，产生多元化投资拉动，提升农民实际消费力，激活广阔的农村市场，也是实现“保增长、扩内需”目标的潜力所在。从强化和谐稳定保障来看，近年来，随着江山市经济社会的快速发展，工业平台、重点项目、基础设施建设等不断向农村延伸，由征地拆迁、安全生产、社会治安、环境保护等引发的农村基层矛盾纠纷增多，加上经济危机导致的失业农民工大量返乡，使农村基层维稳压力不断加大。建设“中国幸福乡村”将以满足农村的幸福需求、提升农民的幸福指数为目标，进一步完善农村基层维稳网络建设，规范村级管理与服务，广泛了解、掌握、解决基层群众的合理诉求，有效疏导和化解基层矛盾纠纷；同时通过实施农民素质提升工程，全面提升广大农民群众的思想政治素质、法治素质和科学文化素质，提高农民自觉维护稳定和谐发展局面的主动性和责任感，从而更全面地推进和谐江山建设，不断创优发展环境。

3. 建设“中国幸福乡村”是对江山市新农村建设进行整体化实施、品牌化经营，全面提升新农村建设整体水平的具体抓手

新农村建设是一项十分庞大的系统工程，随着时代的发展，还将被不断赋予新的内涵和新的内容，还需要在实践中不断拓宽新的思路和新的眼界。建设“中国幸福乡村”有利于充分借鉴吸收各地先进发展经验。江阴、安吉等地创建“幸福江阴”、打造“美丽乡村”的先进经验表明，个性化的发展理念、系统化的建设体系、整合化的投入保障、品牌化的营销策略是有效提升新农村建设实效的重要手段。因此，我们广大干部群众在发扬“埋头苦干”工作作风的同时，也要学会“抬头巧干”，善于学习借鉴、善于总结提升、善于包装营销，不断提升江山市新农村

建设水平、实效和影响。建设"中国幸福乡村"有利于创优江山市新农村建设发展模式。随着各项工作的深入推进，江山市新农村建设在发展模式上的不足逐渐暴露，亟须建立一个全新的系统化工作载体，对全市新农村建设进行再定位、再整合、再提升，全力突破发展瓶颈。建设"中国幸福乡村"克服了原有发展目标的短期性、被动性等问题，制订了短中长结合、适度超前的发展目标；克服了原有建设机制的缺乏规划、建管脱节等问题，确立了规划引领、建管并重的发展机制；克服了原有建设投入的分散性、无序性等问题，建立了整合有序、多元投入的保障机制，从根本上为江山市新农村建设确立了一条全新的发展路径。建设"中国幸福乡村"有利于集中展现江山市新农村建设成效。近几年来，江山市新农村建设取得了显著成效，其中许多工作走在了衢州市乃至全省前列。但由于缺乏一个能够集中展示建设成就的平台，使得江山新农村建设品牌难以真正确立和推广。通过"中国幸福乡村"建设，我们可以将新农村建设中的各类工作亮点进行统一整合、包装、推介，提升江山市新农村建设品牌的知名度和美誉度，吸引广大农民群众更广泛地积极投身参与。建设"中国幸福乡村"有利于打造江山区域发展"金名片"。区域的可持续发展离不开城市营销的不断推进，城市营销的成功推进离不开区域品牌的创强创响。江山市创建区域品牌的最大优势在农村，特别是特色产业培育、东西部劳务合作、农村洁化亮化、扶贫开发等农村工作在全省乃至全国范围内都已具备了一定的知名度；江山市丰富的历史文化资源和生态资源也主要分布在农村，通过建设"中国幸福乡村"可以把江山市农村众多的生态、文化、人文以至农业农村工作亮点进行有机整合，充分发挥积聚效应，为江山市创建区域发展"金名片"构建强大的核心竞争力。

二、近期、远期目标

（一）幸福乡村总体目标

江山市中国幸福乡村建设要充分发挥中心城区、卫星城区、特色产业园区对新农村建设的带动作用，加快建立以工促农、以城带乡的长效机制，以现代农业精品园区建设、幸福农村新社区建设、城乡均衡公共服务体系建设、新型农民培训教育、服务型基层组织建设为抓手，坚持以民生为本、民富为纲、民享为先、民安为基、民强为重，把城乡居民共享幸福民生作为城乡一体发展的出发点和落脚点，建设体现全国一流水平的社会主义新农村，实现农民自由全面发展。

"十二五"期间，江山市"中国幸福乡村"建设的总体目标是：串点成线，建设

精品，切实将江山市农村建设成为经济繁荣、社会和谐、人民安康、生态文明、宜居宜业宜游的美好家园，把“中国幸福乡村”打造成国内知名的新农村建设品牌。要充分发挥已建成“中国幸福乡村”的典型示范作用，以“一轴二线三区”沿线周边村为重点，力争80个左右村达到创建标准。

(二)幸福乡村空间布局

中国幸福乡村“十二五”建设空间布局为：“一轴二线三区”。“一轴”，指从上余镇山头村开始沿46省道至贺村镇丰益村接205国道至廿八都镇浮盖山村止的一条纵贯江山南北纵轴线沿线村；“二线”，指境域内的221省道和淤八线沿线村；“三区”，指江郎山—清漾景区周边村、仙霞关—峡里湖景区周边村，及中部工业开发区周边村。以“一轴”为纽带，“二线”为补充，“三区”为重点，串点成线连片。

(三)幸福乡村行动计划

建设“中国幸福乡村”是一项长期艰巨的任务，是一个循序渐进的过程，按照抓点连线成片的推进方法，其近、中、远期的实施步骤及分阶段目标为“255行动计划”，即：开头2年抓点示范打出品牌，中间5年连线扩面打响品牌，最后5年全面覆盖巩固品牌。

1. 近期：抓点成线阶段(2009—2010年)

在完善“中国幸福乡村”创建内容及评价标准的基础上，全面启动创建行动，重点做好一批基础较好村的改造提升工作，确保50个左右村基本达到“中国幸福乡村”创建标准，力争在2年时间内初见成效，打出“中国幸福乡村”品牌。

2. 中期：连线扩面阶段(2011—2015年)

充分发挥第一批“中国幸福乡村”的典型示范作用，以“两线”沿线村为重点，每年完成25个左右的“中国幸福乡村”创建，确保高速公路、国省道沿线和旅游景区、城镇周边的125个左右村基本达到“中国幸福乡村”创建标准，力争在市内外有较大影响，打响“中国幸福乡村”品牌。

3. 远期：全面覆盖阶段(2016—2020年)

按照全覆盖的工作要求，基本完成全市其他村的创建工作，并巩固提升已取得的创建成果，将大部分乡镇(街道)建成“幸福乡镇(街道)”，全市基本建成“幸福江山”，最终实现“中国幸福乡村”建设目标，使“中国幸福乡村”成为江山又一个国家级的区域品牌、城市营销推介的又一张金名片。

(四)幸福乡村具体目标

1. 创建富裕乡村

实施产业增收提升工程,加快发展现代农业,重点突破村级集体经济壮大和农民增收致富问题,努力建设村强民富、增收稳定的"富裕乡村",显著增强全市农民的创业增收成就感。至 2015 年,创建村村级集体经济人均可支配收入达到 180 元以上,全市农民人均纯收入达到 15000 元以上。

2. 创建满意乡村

实施公共服务提升工程,加速构建农村公共服务体系,努力建设服务到位、保障完善的"满意乡村",显著增强全市农民的民生保障安全感。至 2015 年,全市建成以"一站式"服务为重点的标准化农村社区服务中心 200 个以上,社会事业均衡化发展,社会保障救助体系进一步完善。

3. 创建文明乡村

实施农民素质提升工程,重点加强乡土文化保护和开展精神文明创建,努力建设乡风文明、健康积极的"文明乡村",显著增强全市农民的精神文化愉悦感。至 2015 年,全市建成衢州市级以上文明村 40 个以上。

4. 创建美丽乡村

实施环境整治提升工程,突出抓好农村住房改造和面源污染治理问题,努力建设村容整洁、生态环保的"美丽乡村",显著增强全市农民的居住环境舒适感。至 2015 年,农村垃圾集中收集处理实现全覆盖,生活污水治理率达 70%以上,卫生厕所使用率达 90%以上,累计改造农村住房 25000 户以上,拆除农村危旧房 40000 户以上。

5. 创建和谐乡村

实施基层基础提升工程,进一步加强以村两委为重心的基层组织建设,努力建设管理民主、稳定祥和的"和谐乡村",显著增强全市农民的民主管理信任感。至 2015 年,实现"五新争先"深入推进、"三民工程"全覆盖,形成民主和谐的农村社会管理体系。

三、主要建设任务

(一)实施产业增收提升工程,创建富裕乡村

1. 加快发展现代农业

①优化空间布局。加快实施优势农产品区域规划,按照“两区六群”的空间布局,全面优化产品结构、产业结构和区域结构,形成优势突出、特色鲜明的农产品产业带,推动特色产业区域化、集聚化、品牌化发展,力争建成9.5万亩粮食生产功能区和5.5万亩现代农业园区。②突出发展重点。在稳定巩固粮食产业的基础上,加快发展培育以食用菌、畜禽、果菜、竹木、茶叶和农业新兴产业为重点的六大农业特色主导产业,大力培育具有区域特色、块状发展的休闲农业、生态农业、观光农业。到2015年,全市粮食总产量稳定在22万吨以上,食用菌等六大农业特色主导产业总产值达到50亿元。③培育经营主体。大力推进人才强农战略,强化农民职业培训,着力培育一大批种植、养殖业能手、农机作业能手、科技带头人等新型农民。加大政策扶持力度,加快推进农业发展方式转变,多渠道培养适应现代农业发展的经营主体,发展种养业大户、农民专业合作社和农业产业化龙头企业,增强龙头带动力,提高农民组织化和农业产业化水平。④推进土地流转。围绕农业“两区六群”,优化土地流转公共服务平台,加强土地流转管理与服务,逐步从被动流转向主动流转转变,从零星散户流转向整组、整村整体流转转变;推动土地连片有序流转,促进土地向规模大户、经营能手集中,提高农民组织化、农业产业化水平。至2015年,全市农村集体土地流转率达到55%以上。⑤健全服务体系。建立健全市、乡镇、村三级农技推广、动植物防疫、农产品质量安全监管“三位一体”的农技推广公共服务体系。加大农业科技投入,加快农业科技体制机制创新,重点抓好农业机械和先进适用技术推广,大力发展有较高科技含量的规模设施农业。强化农产品质量安全监管,全面推行“五有一追溯”农产品生产管理制度。加快完善政策性农业保险,健全自然灾害应急防御机制和市场预警机制,进一步提升农业生产抗风险能力。大力推进农产品生产、加工、流通一体化经营,提高农业的附加值和效益。

2. 促进农民持续增收

①改善农民创业就业环境。进一步完善扶持农民创业就业的政策措施,充分发挥各项扶持政策和惠民工程对农民创业就业的推动作用。积极开展送项

目、送资金、送技术等“输血式”帮扶活动，帮助低收入农民增收致富。依托园区、集镇和城市，高标准建设下山搬迁安置小区，促进高远山区农民下山异地安置，改善创业就业条件，实现脱贫致富。“十二五”期间累计安置下山搬迁农户 4502 户、15050 人。②提高农民创业就业技能。主动对接全市“4＋X”工业主导产业和“2＋6”农业特色主导产业，充分发挥培训基地的作用，扎实推进“万名农民素质培训”工程，深入开展本地企业用工人员、农村创业人才和农村实用人才培训，大力推动培训后农民在本地转移就业。“十二五”期间累计培训农民 5 万人次。③拓宽农民创业就业渠道。鼓励和引导农民从事二三产业，多渠道促进农民创业就业，增加收入。大力发展来料来样加工业，加强宣传引导和扶持，组织引导农村剩余劳动力从事来料加工业，积极培育经纪人队伍，提高业务总量，提升产业层次；大力发展乡村休闲旅游业，借助江郎山世界自然遗产地的影响力和“中国幸福乡村”建设成果，重点开发一批特色乡村旅游产品，带动“农家乐”等乡村休闲旅游业、农村服务业发展。

3. 壮大村级集体经济

按照“多予、少取、放活”的原则，确保村级集体经济持续快速增长。通过健全资产运行机制，努力盘活和经营好原有的集体房屋、山场、林地、水库、荒滩等资源，促进村集体资产保值增值。探索并规范宅基地整理和有偿选位等制度，拓宽村级运用市场化手段盘活资源、筹集资金的渠道。探索试行农村集体土地留用地政策，积极创建村级集体经济发展平台。加强村集体“三资管理”，深化农村集体资产管理体制改革，进一步健全村集体经济的财务管理制度，提高集体资产经营管理水平。在城市郊区村和经济富裕村积极推进农村社区股份合作制改革，并切实解决好在城镇化过程中农民权益的保护问题。

（二）实施公共服务提升工程，创建满意乡村

1. 加快推进农村社区建设

①优化农村社区布局。根据自然文化资源、经济社会发展水平、居民生活习惯等不同情况，按照统筹城乡发展、聚居人口适度、服务半径合理、资源配置有效、功能相对齐全的原则，以及“城乡规划一张图”、“城乡建设一盘棋”的要求，进一步优化农村社区布局。②加快推进农村社区服务中心建设。围绕“群众自治、管理有序、设施配套、服务完善、生态和谐、文明祥和”的农村社区建设总目标，创建 100 个左右农村社区示范点；重点推进集管理、教育、服务、活动等功能为一体的农村社区服务中心建设。到 2015 年，全市建成 21 个乡镇（街道）社区服务中心，200 个以上村级社区服务中心。着力健全农村社区基本公共服务体系。加

强农村社区基础设施和公共服务设施建设，着力健全农业生产、卫生计生、文化体育、社会救助、老年福利、社区教育、法律援助、转移就业、社会治安等为主要内容的社区基本公共服务体系，实现城乡基本公共服务均等化。

2. 促进社会事业均衡化发展

①加快发展农村教育事业。深入实施中小学现代远程教育、名师资源共享、校舍维修改造、乡镇中心幼儿园建设以及教育现代化工程建设等“五项工程”，全面完成新一轮农村学校布局调整，做好农村中小学校标准化建设和小规模学校改造，加强校园绿化、美化、净化等“三化”建设，加快推进教育现代化工程建设，加强平安校园建设。到2015年，全面普及农村15年基础教育，全市学前三年入园率达97%，高中毛入学率达96%。②扎实推进农村医疗卫生事业。全面完成农村卫生布局调整，加快农村卫生服务体系建设。深入实施“农民健康工程”，以农村卫生院（社区卫生服务中心）为主体，为农民提供三大类12项公共卫生服务，为参加新型农村合作医疗的农民免费提供两年一次的健康体检，并建立健康档案。认真实施“农村社区医生定向培养工作”和城镇百千医生支援农村卫生工程，到2015年，农村社区卫生服务机构全科医师和社区护士岗位培训率达到95%以上。③加快农村文化体育事业发展。深入实施“文化阵地工程”，巩固提高农村“文体俱乐部”建设，在建好宣传栏或黑板报、乒乓球室、阅览室或电教室等“一栏二室”的基础上，进一步建设好宽带网、球场、戏场、文化特色队、体育运动队等“一网、二场、二队”，切实改善农村文化体育运动条件；广泛开展全民健身活动和各类丰富多彩的文娱活动。

3. 推进社保救助广覆盖

逐步增加公共财政对农村社会保障的投入，构筑多层次、全覆盖的社会保障体系。完善城乡社会养老保险制度；完善新型农村合作医疗保障制度，不断提高农民参保率，并根据各级财政支持力度的加大，逐步提高参保农民住院医疗费用报销比例和门诊医疗费用报销比例；进一步完善参保办法，调整保障标准，实现被征地农民基本生活保障“即征即保”；不断健全社会公共救助体系，全面建立以农村低保、无业重度残疾人生活救助和农村“五保”老人集中供养制度为基础，以医疗救助、灾害救助、住房救助、教育救助、法律援助等专项救助为辅助，以临时救济、社会帮扶、互助互济、公益扶助、慈善救助为补充的农村社会公共救助体系。到2015年，基本实现城乡社会养老保险全覆盖，新型农村合作医疗保险参保率达到90%，农村“五保”老人集中供养率达到90%，低保对象做到应保尽保。

(三)实施农民素质提升工程,创建文明乡村

1. 注重特色人文的挖掘开发

从倡导先进文化、培植民间艺术、适应大众需求、形成自身特色出发,加强农村文化遗产和优秀民间文化的保护与开发,努力将一批有价值的民俗民间传统文化资源转化为文化产品。深入挖掘并不断外延名人、古道、古窑、古码头、古村落等人文遗迹资源,加快清漾、和睦等特色文化村后续项目、廿八都古镇保护和旅游开发二期工程、大陈历史文化名村建设;大力加强民间文化研究和民间艺人的培养,努力建设一批富有江山特色的婺剧传承基地,积极培育剪纸、壁画、木偶戏、手狮、断头龙、练枪、制陶等旅游特色产品,保护修缮宗祠、族谱、族训等珍贵文化遗产;积极开展群众性的特色文化活动,结合农村文化资源,举办运动会、文化节、排舞、唱村歌等村民参与度高的群众文化活动。

2. 深入开展精神文明创建

切实加强农民思想道德教育。以"孝、诚、善"为根本,大力加强家庭美德、职业道德、社会公德教育,开展"好儿女"、"好婆媳"、"好夫妻"、"好青年"等评选表彰活动,弘扬传统美德,倡导现代文明,努力营造邻里和睦、家庭和美、秩序良好、健康向上的社会风尚。大力推进文明创建活动。以创建省级文明县为主要载体,遵循"以城带乡、城乡共建"原则,进一步加大城市文明向农村辐射力度,加大城市基础设施向农村延伸力度,不断提高城乡文明共建、共享、共管水平。深入实施"双百结对共建文明"、"乡风评议"、"春泥计划"、"农家女幸福行动"、"幸福家庭评比"等精神文明创建活动,积极创建文明户、文明村、文明乡镇,不断扩大精神文明建设的影响力和辐射面。全面提升农村整体文明水平。鼓励勤俭持家、讲究卫生,破除迷信,形成健康、文明、科学的生活方式。推进移风易俗,深入实施婚育新风进万家计划,倡导生育文明新风;加强农村殡葬管理,推进"绿色殡葬"工作。

3. 着力提升全市农民素质

①完善文化场所建设。不断加强乡镇街道文化站、村文化活动室等文化活动场所建设,村级图书室藏书在1000册以上,管理规范。②搭建文明教育平台。完善"幸福乡村讲习所"、"村官讲师团"、"农民夜校"等教育平台,定期邀请知名专家学者和本市乡土能人向农民群众传授现代文明知识,每年不少于4场次。③开展农民素质教育。加强政策法规教育,提高农民把握国家政策和法律法规的能力,增强贯彻执行政策的自觉性和知法守法的主动性。加强创业技能教育,开展多层次、多渠道、多形式的职业技能培训,提高农民的创业就业能力。加强

文明素质教育，开展文明礼仪、卫生知识培训，广泛进行文明常识和科学生活方式教育，增强文明生活意识。加强科普宣传教育，引导农民学科学、爱科学、用科学，不断提高科学文化水平。

（四）实施环境整治提升工程，创建美丽乡村

1. 加强生态环境保护

①大力整治工业污染。严格按照污染物总量控制目标要求，治旧与控新双管齐下，提高工业企业污染物处理率和达标排放率，实现清洁化生产，从严把好环境关口，杜绝新的污染项目落地。突出治理农业面源污染。科学制订实施畜牧业发展规划，严格控制养殖规模；进一步加强畜禽养殖污染治理，大力推广"零排放"生猪饲养技术；全面建设农村沼气应用工程，着力抓好村庄污水处理；普遍开展农作物病虫害统防统治、测土配方施肥，大幅度减少农药化肥对环境的污染，实施"沃土工程"，努力提高农田地力。②切实加强水源地保护。积极实施水源地保护工程，制订并实施江山港（含主要支流）和饮用水源地保护规划；加大森林资源保护，加快水土流失治理；保护村庄现有水面，全面整治河沟渠塘"脏乱差"，努力恢复河沟渠塘自然功能，提高水体自净能力；建立和完善饮用水水源地有偿保护、生态公益林补偿等长效机制，切实加强水源地保护执法管理力度。

2. 开展人居环境改造

实施农村基础设施提升工程。继续深入实施"十村示范、百村整治"等工程，到 2012 年完成所有行政村整治任务，进一步改善规划保留村的村容村貌。以整治村庄建筑乱搭乱建、杂物乱堆乱放、垃圾乱丢乱倒、污水乱泼乱排等"八乱"为重点，因地制宜、整线连片，突出抓好高速公路、国省道沿线和风景旅游区、城镇周边的村庄整治和环境建设，再由沿线向纵深推进，努力实现布局优化、道路硬化、村庄绿化、路灯亮化、卫生洁化、河道净化、环境美化、服务强化等"八化"标准。突出抓好农村住房改造建设工程。坚持政府统筹、政策引导、群众自愿、市场运作，落实资金、土地、信贷支持政策，把农村住房改造建设和空心村整治、中心村建设、土地综合整治等相结合，踏踏实实奋战三五年，努力争取实现农村旧貌换新颜。要通过实施农房改造建设，实现优化村庄布局，促进人口集聚，节约利用土地，同时全面改善村庄环境。至 2015 年，全市要确保改造建设农村住房 25000 户、拆除农村危旧房 40000 户以上，完成建设用地复垦面积 4500 亩。深入实施"农村清洁工程"。不断完善农村环境卫生设施，全面建立"户集、村收、乡镇运、市处理"的垃圾集中收集处理运行机制，完善巩固"市查乡镇（街道）、乡镇（街道）查村、村查组、组查户"的环境卫生四级联查机制，农村垃圾集中收集处理

实现全覆盖。扎实推进“312”绿化运动。积极倡导“生态文明,以林为先;生态建设,从林开始”的发展理念,深入推进“312”城乡绿化运动,大力开展道路两旁、水体沿岸、农户庭院的绿化美化。村庄绿化要和发展庭院经济相结合,尽量选用乡土经济树种。

3. 探索长效管理机制

确立细节化管理理念,建管并重,建立健全村庄基础设施建设、环境保洁、绿化管护、村容美化、村务管理等民主决策和监督机制,进一步制订完善和规范《村规民约》,发挥其自我监督和相互监督的作用。建立健全责任追究制度,加大社会监督力度,对不重视环境保护和生态建设,造成生态环境破坏事故的要认真严肃地予以追究。要尊重农民的主体地位,培养农民的主体意识,调动广大农民群众自觉参与维护美好家园的积极性和主动性。

(五)实施基层基础提升工程,创建和谐乡村

1. 深化“三民工程”,实现为民服务常态化

健全民情档案,推进基层组织网格化管理。全面实施“网格化管理、一站式服务”,健全完善执政党领导下的村民自治运行机制,做到村情、户情、事情档案健全,更新及时,妥善保管。重点将“中国幸福乡村”建设资料纳入村情档案,将宅基地信息、邻里关系、荣誉证书、职业技术等级证书等纳入户情档案,将村级重大事项决策、群众反映问题的解决情况等纳入事情档案,确保网格化率达到100%,民情信息全掌握,群众反映良好。定期沟通民情,促进基层组织规范化运行。坚持完善“每日一值班、每周一集中、每月一沟通”的“三个一”村级工作运行机制,不断规范程序、拓宽方式,切实为群众办事、解忧。全面推行村级事务“四议”工作法,对网格员收集的民意信息、村干部每天值班受理记录的群众反映事项,及时进行梳理、分析,涉及村级长期发展、村民切身利益的,按照两委会提议、党员会首议、民情会商议、村民会决议等“四议”程序,进行民主讨论、科学决策。建立“民情议事会”制度,每月召开一次,共同商议解决收集民情中群众的意见建议和问题。实行为民办事全程服务,实现基层组织高效化服务。搭建服务平台,全面推进农村社区民生365服务站建设,做到工作人员、服务项目、服务流程、承诺制度、监督制度五到位;按照“六统一四化”要求,全面推进便民服务项目代办点的规范化建设。拓展服务功能,开通“民生365服务热线”,24小时接受群众的政策咨询、困难求助、建议投诉,真正做到“民生365、服务每一户”。完善服务流程,将各种规范性工作程序公开上墙,积极推行“阳光服务”,推广连心卡,切实为群众提供便捷、高效的服务。

2. 深化“五新争先”，实现村级管理规范化

围绕打造实干队伍，选优配强新班子。深化完善村级民主选举制度，大力加强党支部书记队伍建设，鼓励探索党组织书记跨村任职；充分发挥市级机关、企事业单位党组织资源优势，务实开展城乡基层党组织结对共建活动；深入开展和谐创业型班子创建活动，推行两委联席会议、集体领导分工负责等制度，严格执行基层党风廉政建设有关规定；加强村干部教育培训，提升村级干部的能力水平；不断深化村民代表、村民小组长、村级各员等三支队伍建设，规范设置和管理；充分发挥大学生村官、农村工作指导员以及“老党员、老干部、老职工”等农村“三老”队伍作用。围绕软、硬环境提升，全力打造新风貌。按照“六统一四化”和全面导入 CIS 城市品牌形象标志系统要求，全面推进村级组织活动场所规划和改造建设。切实加强活动场所和远教站点日常管理维护和产权监管工作，不断拓展服务功能，提高开放使用效益，坚持一室多用、一所多用，真正成为农村开展办公议事、党员活动、教育培训、便民服务、文体娱乐和信息收集传播等工作的有效阵地。围绕促进增收致富，积极谋划新思路。不断完善村级五项规划，坚持以项目化理念推进规划贯彻实施。积极实施“一村一平台”计划，不断发展壮大村级集体经济。全面推行村干部绩效工资制度，将村干部报酬与村集体经济增量相挂钩。切实深化和规范村账乡镇(街道)代理和组账村代理制度，加大对村级财务审计监督力度。以发展特色种植、养殖业和实现规模经营为突破口，多产业、多途径促进农民增收致富。围绕保障高效运作，完善运行新机制。加强村级民主决策、民主管理机制建设，坚持村务财务公开、村民代表会议、重大村务公决等制度，进一步完善村规民约，探索建立村务民主提议、村民约谈等村级民主治理机制。加强党内民主制度建设，积极推行党员议事会、农村党员村务责任制、无职党员设岗定责等制度，坚持完善发展党员全程票决、两票制评议党员、不作为党员告诫等制度，全面推行党务公开制度。围绕深化工作落实，激励再创新业绩。加强考评激励，坚持完善农村基层干部发展目标承诺考核、群众满意度民主测评等制度，建立不胜任村干部诫勉教育、不合格村干部处置制度；注重关爱激励，坚持完善落实集体经济薄弱村运行经费补助、退职村干部养老保障补助、党员关爱专项资金等各项补助制度，全面解决村主职干部的基本报酬，并建立正常增长机制；探索选拔激励机制，坚持完善从村主职干部中择优选拔公务员、事业单位工作人员和乡镇班子成员的制度，为优秀村级干部打开上升通道，激励村级干部不断完善提升，推进工作。

3. 围绕“五大安全”，实现社会管理长效化

着力整治治安突出问题。严厉打击凶杀、抢劫、强奸、盗窃等严重刑事犯罪，

扫除“黄、赌、毒”等社会丑恶现象，提升农村流动人口规范化管理水平，深入推进“平安村”、“法治村”建设，开展“无传销乡村”创建活动，确保治安安全。不断巩固社会矛盾纠纷调处机制，形成整体联动、全社会共同参与的“大调解”格局，提高矛盾纠纷调解率和成功率。市、乡、村三级联动，不断完善信访工作责任制，强化乡村初信初访工作实效，探索建立陪访、导访、代理访机制，引导群众有序上访，确保信访安全。有效加强安全生产监管。重点加强对道路交通、食品药品、危险化学品、消防等重点行业、重点部位、重点环节的安全生产监管，保护人民群众生命财产，确保生产安全。积极应对各种社会自然灾害。有效应对事故灾难、公共卫生、社会安全、食品药品安全事故等各种风险，认真抓好防火、防汛、防疫、防灾工作，确保公共安全。全力保障政治安全。有效防范和打击“法轮功”等邪教组织及敌对势力破坏活动，加强宗教活动场所的安全管理，确保政治安全。要逐步推进维护和谐稳定工作的系统化、规范化、机制化和长效化，不断提高人民对社会安全稳定的满意度。

第三章 进程评价

一、中国幸福乡村建设指标体系

(一)国内外关于幸福指数研究综述

幸福指数(Happiness index)最早是由美国著名经济学家萨缪尔森提出的,他为幸福给出了一个计算公式,即幸福=效用/欲望。事实上,根植于古典经济学"最大化幸福"原理,国内外对幸福指数的研究由来已久,因为被定义为效用的幸福或快乐是人类追求的终极价值,也是政府公共政策的基本目标。但是,如何界定与测量幸福指数,并制定具有科学依据及广泛适应性的评价指标体系绝非一蹴而就。置于现实境况,幸福指数的指标体系构建具有普遍性与前瞻性,亦是政府与学界面对的崭新课题。评价幸福指数涉及不同学科,受制于不同视角、理念及复杂的主客观因素的影响,30 多年来,对幸福感测量在全球呈现了多样性,至今未能形成统一的模式。

但在各种指标体系中，美国密歇根大学罗纳德·英格哈特(Ronald Inglehart)教授领导的世界价值研究机构(The World Values Survey)公布的指数体系具有较广泛的认同性。而大卫·布兰奇劳尔和安德鲁·奥斯瓦尔德以"理性经济人"为前提，建立的幸福模型(2004年)设定了幸福指数(主观满意度水平)是个人实际的效用或福利、实际收入、亲情及与个人相关的特性的函数。2006年7月，英国"新经济基金"组织公布了与英国"地球之友"组织共同撰写的一份名为《幸福星球指数》(Happy Planet Index，HPI)的报告。幸福星球指数由三部分构成：生活满意度、预期寿命及生态足迹。计算公式为：幸福星球指数=(生活满意度×预期寿命)/生态足迹。"幸福星球指数"与传统经济分析方法不同，它把主客观因素相结合，以展现幸福度与物质生活水平的关系。美国普林斯顿大学心理学和公共关系学教授卡尼曼与艾伦·克鲁格在2004年12月3日出版的《科学》杂志上，发表了《描述日常生活体验的调查方法——日重现法(DRM)》，提出了一种测量幸福值的方法——日重现法。日重现法是一种微观测度方法，该方法可以从微观推广到宏观，从快乐原理推广到国民幸福，从快乐测度推广到幸福测度，以显示整个社会的幸福水平，实质是统计上的现象学方法，即胡塞尔"回到事物本身"的方法。

总体来看，不同角度的研究取向从特定的侧面揭示了幸福感的部分特征，但也都存在着各自的缺憾，这一点已经被国外的一些研究者所意识到。然而这并不妨碍对幸福指数的进一步研究和探讨，而且基于不同理论形成的幸福指数测量工具也得到了实证的验证，并具有一定的信度和效度。

从国内来看，研究者对幸福指数的关注与研究始于20世纪80年代中期。前些年学术界为适应当时的需要亦有零散的研究，主要是基于核算的视角，以与GDP体系相区隔与对应，实际上即是将幸福指数、国民幸福总值及作为发展目标、考评手段的幸福某地的评价体系模糊化处理，被视为广义上的"幸福指数"。值得提及的是，幸福感及其幸福指数研究日益备受企业和政府方面的重视。2006年，党的十六届六中全会提出了实现和谐社会目标的具体路径，把"必须坚持以人为本"放在了突出的重要位置上。《中共中央关于制定国民经济和社会发展第十二个五年规划的建议》，未提及有关GDP增速的量性要求。这一点，完全不同于过去的计划或规划。种种迹象也表明，地方政府已经领会了这一变化的政治意图，开始把施政目标从经济的高速增长，转向民众的幸福。由此，不少地区开展了幸福感的测量，众多的学者开始了对幸福、幸福感和幸福指数进行深入研究。如程国栋建议从国家层面构建由政治自由、经济机会、社会机会、安全保障、文化价值与环境保护等要素组成的国民幸福考核等体系，邢占军等人亦提出了各自的见解，并尝试构建理想化的评价指标。2008年以后，在科学发展观理

念的导向下，湖北省率先推出包含健康、经济、家庭、职业、社会保障、文化教育和环境条件等为二级指标及49项三级指标的幸福指数的评价指标体系。深圳社科院在做“和谐深圳”社会调查考评时，分三类指标测量居民的幸福感：A类指标：涉及认知范畴的生活满意程度，包括生存状况满意度（如就业、收入、社会保障等），生活质量满意度（如居住状况、医疗状况、教育状况等）；B类指标：涉及情感范畴的心态和情绪愉悦程度，包括精神紧张程度、心态等；C类指标：指人际以及个体与社会的和谐程度，包括对人际交往的满意程度、身份认同，以及个人幸福与社会和城市发展之间的关系。广东省公开向社会咨询“建设幸福广东”评价（10个领域层50项客观指标）与“广东群众幸福感测评”（7个领域层35项主观指标）两套指标体系。在一定程度上可以说，告别唯GDP论成为全国共识幸福指数或将成为政治导向。

（二）中国幸福乡村评价内容及标准

1. 江山市幸福乡村建设评价原则

一是体现科学发展观的根本要求。坚持以人为本，全面、协调、可持续的发展观，充分体现在关注经济发展和物质财富增长的同时，更加注重人的全面发展，注重生态环境的不断改善，注重人民福祉的不断提升，注重乡村人民群众幸福指数不断提升的根本要求。

二是体现新农村建设的目标追求。党的十六届五中全会明确提出，要按照“生产发展、生活宽裕、乡风文明、村容整洁、管理民主”的要求，扎实推进社会主义新农村建设。中国幸福乡村建设评价指标必须综合考虑农村的全面和谐发展。

三是体现主观感受与客观基础相结合。江山市幸福乡村建设综合评价力求比较全面客观地反映幸福的科学内涵、基本原理、价值趋向和基本特征；同时坚持贴近百姓，为人民群众所理解和认可。因此，在设计评价体系时，要反映经济社会发展的客观量化指标和反映百姓的对幸福感知和认可程度的主观感性指标。江山幸福乡村建设指标体系包括主观和客观指标，客观指标占60%的权重，主观指标占40%的权重，实现了客观评价和主观评价的结合。

四是体现过程指标与结果指标相结合。江山市幸福乡村建设综合评价不仅包括客观指标和主观指标，而且包括建设过程指标和结果指标。所谓建设过程指标，衡量的是政府在幸福乡村建设过程中进行的工作。该类指标的设立，可以使一些基础条件较差的地方也可以因为建设工作到位而获得高分，也可以使基础条件较好的地方因当年建设工作不到位只能获得低分，从而激励各地地方政府进行幸福乡村建设。

五是体现系统性与独立性相结合。从系统性的角度出发，坚持从系统整体出发，全面、科学、准确反映江山建设幸福乡村的目标，以达到综合评价之目标。从独立性的角度出发，评级体系由若干个子系统、若干个单项指标构成。这些客观性指标和主观性指标所表述的含义不同，评价的内容不同，所反映的信息也不一样，因此各个指标具有相对的独立性。

六是体现指标的一般性与当地特殊性相结合。从可比性角度出发，要从我国国情出发，使指标设置既符合实际需要，又要体现新农村建设是一个世界性和历史性的过程，使指标具有市、省际和国际间的可比性。从代表性角度出发，力求指标的设置能反映在城乡一体化进程中新农村建设的本质特征，本着全面准确和简明扼要结合的原则，一个指标已经反映的内容，原则上不再设置另外指标。

七是体现科学性和可操作性。在指标的选择上，突出了重点，简明扼要，抓住了关键变量。科学合理地选择有代表性、信息量大的关键变量是建立高效、系统的建设指标体系的基础。收集的资料尽可能做到准确、可靠、易于采集，尽量利用和开发统计部门现有的资料，统计口径和包含范围一致。指标体系简明科学，既便于政府部门实际操作，也易于被社会各界所理解和接受。综合评价的方法科学、务实。

2.“中国幸福乡村”客观评价指标

“中国幸福乡村”客观评价指标体系

内容	类别	序号	指标内容	单位	指标值	权重	责任部门
富裕乡村	帮助农村农民普遍稳定增收	1	农民人均纯收入	元	全市平均值以上	20	农业局
		2	低收入人口比重	%	≤10	15	农办、农业局、统计局
		3	人均集体可支配收入	元	≥180	20	农业局
	促进农民创业就业	4	农村劳动力非农从业人员比重	%	≥75	15	统计局、农业局
		5	农民技术技能培训		一户一人	15	农办、人劳社保局、农业局
		6	创业农户数比重	%	≥10	15	农业局、林业局、工商局旅游局、团市委
小计						100	

续表

内容	类别	序号	指标内容	单位	指标值	权重	责任部门
满意乡村	农村社区建设	7	农村社区服务中心建设		农村社区标准	20	民政局
		8	安全饮用水普及率	%	≥80	15	水利局
		9	通公交车		是	6	交通局
	社会事业均衡发展	10	文化体育示范村创建		达标	8	文广新局、体育局
		11	义务教育入学率和幼儿入园率	%	100	8	教育局
		12	公共卫生服务达标率	%	100	8	卫生局
	社会保障救助体系	13	新型农村合作医疗参保率	%	≥95	10	卫生局
		14	五保老人集中供养率	%	≥90	10	民政局
		15	农民养老保险参保率		≥80	15	人劳社保局
小计						100	
文明乡村	特色文化保护开发	16	特色文化活动开展		是	15	文广新局
	农村精神文明创建	17	文明村创建工作		市级以上文明村	15	宣传部
		18	计划生育率	%	≥92	15	人口计生局
		19	公益性墓地及坟墓治理	%	100	15	民政局
		20	“幸福家庭”创评达标比重	%	≥60	25	宣传部
	农民素质提升	21	“五五”普法教育率	%	100	15	司法局
小计						100	
美丽乡村	生态环境保护	22	生猪养殖污染治理率	%	≥90	10	农业局、环保局
		23	河道、沟渠、水塘整治率	%	≥80	8	水利局
	人居环境改造	24	村庄建设规划及规划执行率	%	100	15	规划局、国土局
		25	村内道路硬化率	%	≥90	8	交通局、农办
		26	生产、生活垃圾收集处理率	%	100	8	卫生局、农办、建设局
		27	卫生厕所使用和污水治理率	%	≥80	12	卫生局、环保局、农办
		28	村庄绿化覆盖率	%	≥30	9	林业局
		29	农户“赤膊墙”整治率	%	≥90	8	农办
		30	空心村整治率	%	≥60	12	农办、国土局、规划局
	长效管理机制	31	建立健全各种长效管理制度		健全有效	10	农办
小计						100	

续表

内容	类别	序号	指标内容	单位	指标值	权重	责任部门
和谐乡村	村级管理五新争先	32	五新争先工作		达标	30	组织部、纪委
		33	推行党员首议制		达标	10	组织部
		34	推进三民工程建设		达标	10	组织部
	社会管理五大安全	35	“平安幸福连万家”活动		达标	10	政法委
		36	民主法治村创建		衢州市级以上	10	司法局、610办、民宗局
		37	落实信访“三无”目标		是	10	信访局
		38	无重大刑事、治安案件和无参与“黄、赌、毒”		是	10	公安局
		39	食品安全和“四防”工作		扎实有效	10	卫生局、民政局及相关部门
小计						100	
附加指标	特色产业	40	农业特色产业比重	%	≥75	5	农业局、林业局、水利局
		41	乡村旅游经济增长率	%	≥10	3	统计局、农办、旅游局
		42	来料来样加工从业人员比重	%	≥10	2	妇联、农办
	特色工作	43	工作创新工作典型		显著	5	农办
小计						15	
合计						515	

3.“中国幸福乡村”主观评价指标

“中国幸福乡村”主观评价指标设定5个方面的内容，下设若干个二级指标，主要是通过对村民的民意调查，重点反映村民的幸福感和满意度。

一、调查方法

主观指标综合指数，由市农办、统计等部门组织相关人员，通过随机抽选5%～10%左右的农户(视申报村规模大小而定)进行上门“问卷调查”及辅以电话访问，调查取得相关信息，综合反映村民的幸福指数高低。抽样方法，以申报村常住农户户主名册为样本框，按随机等距抽选5%～10%左右的农户作问卷调查，调查对象为18～70周岁本村村民。作答者为抽中户当中出生日期与访问日期接近者。

二、评价指标

（一）基本情况

1. 性别　A. 男　B. 女

2. 年龄　您的年龄：________周岁

3. 居住　您住哪个村

（二）主体内容（单选）

（1）您认为作为一个本村村民是否感到幸福？

A. 幸福　B. 基本幸福　C. 不幸福

1. 增收致富成就感

（2）您对目前的工作是否满意？

A. 满意　B. 基本满意　C. 不满意

（3）今年，您全家年人均纯收入大约是多少元？

A. 10000元及以上　B. 5664～9999元　C. 2501～5663元　D. 2500元及以下

（4）您对自己和家庭的收入是否满意？

A. 满意　B. 基本满意　C. 不满意

2. 民生保障安全感

（5）您认为村内的各种公共服务设施好不好？

A. 好　B. 较好　C. 不好

（6）您对村内的教育、医疗、体育等社会事业发展是否满意？

A. 满意　B. 基本满意　C. 不满意

（7）您对所能享受的各种社会保障是否满意？

A. 满意　B. 基本满意　C. 不满意

3. 精神文化愉悦感

（8）您对平时的各种精神文化生活是否满意？

A. 满意　B. 基本满意　C. 不满意

（9）您和您家人心情是否快乐？

A. 快乐　B. 较快乐　C. 不快乐

（10）您认为您的家庭是否和睦？

A. 和睦　B. 基本和睦　C. 不和睦

（11）您认为邻里间的关系是否融洽？

A. 融洽　B. 较融洽　C. 不融洽

4. 人居环境舒适感

（12）您对所处周边的生活环境是否满意？

A. 满意　　B. 基本满意　　C. 不满意

(13)您对本村的村容村貌是否满意？

A. 满意　　B. 基本满意　　C. 不满意

(14)您对目前自身的住房条件是否满意？

A. 满意　　B. 基本满意　　C. 不满意

5. 民主管理信任感

(15)您对目前的村两委班子是否满意？

A. 满意　　B. 基本满意　　C. 不满意

(16)您对本村的治安环境是否满意？

A. 满意　　B. 基本满意　　C. 不满意

(17)您认为您的民主权利能否得到保障？

A. 能　　B. 基本能　　C. 不能

(三)综合评价

(18)如果把以上所有因素全部考虑进来，满分为 100 分，那么，您给您的"幸福感"打多少分？答：________分

三、计分办法

对主体部分和综合评价部分的共 18 个指标进行计分，总分 100 分。指标 1 和指标 18 为综合评价指标，各占 10 分。指标 1：选 A 得 10 分，选 B 得 8 分，选 C 得 0 分。指标 18：90～100，得 10 分；80～89，得 9 分；70～79，得 8 分，以此类推。指标 2、4—指标 17：选 A 得 5 分，选 B 得 4 分，选 C 得 0 分。指标 3：选 A 得 5 分，选 B 得 4 分，选 C 得 3 分，选 D 得 2 分。

有 90％以上的被访问对象主观评价合计得分 80 分以上，作为主观评价指标合格。

(三)中国幸福乡村建设的主要内涵

1. 建设内容上突出科学化、整体性

紧扣中央新农村建设 20 字方针，大力实施五大提升工程，深入开展“富裕、满意、文明、美丽、和谐”“五村联创”。①实施产业增收提升工程，建设富裕乡村。就是通过产业增收提升工程，大力推进农业主导产业的园区化、规模化、品牌化发展，促进农民就业创业的多元化拓展，重点突破低收入农户增收问题，努力建设生产发展、增收稳定的“富裕乡村”，不断增强全市农民的创业增收成就感。②实施公共服务提升工程，建设满意乡村。就是通过公共服务提升工程，大力推进城乡社会事业的均衡化发展、社会保障的一体化覆盖，努力建设生活宽裕、保障到位的“满意乡村”，不断增强全市农民的民生保障安全感。③实施农民素质

提升工程，建设文明乡村。就是通过农民素质提升工程，大力推进农村乡土文化的个性化展示、农民素质的现代化培育，努力建设乡风文明、健康积极的“文明乡村”，不断增强全市农民的精神文化愉悦感。④实施环境整治提升工程，建设美丽乡村。就是通过环境整治提升工程，大力推进农村自然环境的生态化保护、人居环境的功能化改造，努力建设村容整洁、生态环保的“美丽乡村”，不断增强全市农民的居住环境舒适感。⑤实施基层基础提升工程，建设和谐乡村。就是通过基层基础提升工程，大力推进农村基层组织建设和事务管理的民主化运行、公平正义的法制化保障，确保农村和谐稳定，努力建设管理民主、稳定祥和的“和谐乡村”，不断增强全市农民的民主管理信任感。

2. 工作实施上突出定量化、实效性

围绕“富裕、满意、文明、美丽、和谐”建设目标，紧密结合实际，制定了一套完整科学的综合考核体系，有效激发各类主体的积极性。一是建立了一套以量化细化为特征的客观评价体系。将创建内容分解量化成五方面 15 类 43 项直观、科学、可操作的具体工作标准，一方面突出重点，尽可能客观地反映“中国幸福乡村”的科学内涵、基本理念和价值取向；另一方面注重操作，尽可能做到易于衡量、便于考评、准确可靠，有效地把较为抽象的新农村建设具体化为“看得见、摸得着、乐参与”的一项项实事。二是建立了一套以农民群众直接感受为核心的主观评价体系。设计了农民群众幸福感、满意度调查表，以上门抽样问卷形式进行调查。综合客观和主观评价结果，各单项创建基本分均为 100 分，对考评得分在 90 分以上的，给予单项命名并授牌；全面完成“五村联创”的，给予命名“中国幸福乡村”并授牌。三是建立了一个以自主申报严格考评为前提的质量控制体系。年初安排创建计划时，不硬性规定实施创建村数量，坚持各乡镇、村对照标准，结合实际，自主申报；年终考评时坚持宁缺毋滥，不搞皆大欢喜，确保“中国幸福乡村”的实效。四是建立了一个以分类指导分级负责为目标的组织领导体系。市里成立了建设“中国幸福乡村”行动领导小组，由市主要领导任组长，各分管领导任副组长。领导小组下设富裕、满意、文明、美丽、和谐乡村五个协调小组，分别由党政分管领导负责，由市委组织部、宣传部、市农办、农业局、民政局五个部门分别牵头抓好落实。

3. 工作推进上突出系统化、有序性

以提升新农村建设实效为出发点，结合区域实际，系统谋划、有序推进“中国幸福乡村”建设。一是在宏观上，合理布局，编好一个布点规划。综合考虑产业布局、地貌特征、人文特色等因素，编制修编了《江山市域村庄布点规划》，进一步明确了中心镇、中心村和基层村，加大村庄撤并力度，行政村数从原来的 557 个减少到现在的294个。在“中国幸福乡村”创建上实行梯次推进，把布点规划确定的中心镇、中心村作为率先启动创建的重点对象。二是在时序上，着眼整体，明确一个推进计划。按照分步实施、有序推进的原则，制订了“中国幸福乡村”建设“255行动计划”，即近期2年(2009—2010年)为抓点示范阶段，重点抓好一批基础较好村的改造提升工作，确保50个左右村达到建设标准，打出“中国幸福乡村”品牌；中期5年(2011—2015年)为连线扩面阶段，以交通干道沿线和景区、城镇周边村为重点，确保125个左右村基本达到建设标准，打响“中国幸福乡村”品牌；最后5年(2016—2020年)为全面覆盖阶段，基本完成全市其他村的创建工作，巩固“中国幸福乡村”品牌。三是在品质上，因村制宜，做精一批个性规划。深入挖掘每个村的自然地理、历史遗迹、风土人情、民俗习惯等特色亮点，积极打造产业型、文化型、生态型、田园型、集贸型、古村落型等六类特色村，已有23个行政村在国内知名规划设计公司和专家指导下，编制了“中国幸福乡村”建设专项规划。另有一批村的专项规划也正在按照高起点、个性化的要求抓紧编制中。

4. 政策资源上突出社会化、多元性

建立以“政府前期引导、农民自主参与、社会多方支持”的多渠道、多层次、多元化投入机制。一是坚持政府主导，不断加大财政投入。制订出台了“中国幸福乡村”建设的扶持政策和以奖代补办法，对通过命名验收的村由市财政按村人口数给予1000元/人的以奖代补资金，2009年财政安排专项资金2000多万元，2010年安排2600万元。同时大力整合各级优农惠农政策项目资源，2009年共整合上级涉农资金达6540万元用于推进“中国幸福乡村”建设。二是坚持农民主体，引导群众积极参与。农民群众是“中国幸福乡村”建设的受益者，也是主要的参与者，只有充分发挥和实现农民主体作用，才能够把这项工作不断推向深入。在推进“中国幸福乡村”建设中，我们始终十分注重农民主体作用的发挥，通过政策资金的激励和宣传发动的引导，农民群众参与建设的主动性、积极性得到有效激发，2009年农民共出资投劳达2亿多元。三是坚持社会支持，开展部门结对帮扶。“以工促农、以城带乡”是推进“中国幸福乡村”建设的一支重要力量，我们积极搭建社会支持、参与“中国幸福乡村”建设的平台，大力开展了“部门联村、村企结对”帮扶共建“中国幸福乡村”活动，全市所有市级机关部门、102家规模以上企业参与了结对帮扶，2010年到位帮扶资金1200多万元。

5. 宣传发动上突出品牌化、参与性

对内发动上，注重全面发动，及时总结，推广“中国幸福乡村”建设中的先进典型、成功经验等，积极引导、发动全市上下特别是农村党员干部和农民群众主体更广泛、有深度地参与到“中国幸福乡村”各项建设中。对外推介上，坚持高点

定位，通过赴上对接、报送信息、专题报道、邀请考察等各种形式，大力向上宣传江山市“中国幸福乡村”建设情况，积极争取各级部门、领导的关注和支持。《人民日报》、《农民日报》、央视第7套频道等媒体，都对江山的“中国幸福乡村”建设作了深度报道。2011年5月份，江山举办了“中国幸福乡村论坛”，洪绂曾、赵阳、温铁军等领导和国内知名“三农”专家到会，对“中国幸福乡村”建设这一新农村建设的新模式，给予了高度评价，“中国幸福乡村”品牌已初步树立并正不断打响。从2010年到2011年的两年时间年至今，已有全国8个省的30多个市县来考察学习。

(四)中国幸福乡村创建的指标解释

1. 富裕乡村

指标1：农民人均纯收入。指按农村人口平均的农村居民所得(以农业局提供的农经年报数据为准)。指标值达到全市平均值以上的，得20分；达不到的，每减少100元扣0.5分，直至不得分。

指标2：低收入人口比重。指家庭人均纯收入低于2500元的人口占本村户籍人口的比重(本项指标考核数据由市扶贫办提供，家庭人均纯收入以农经年报数据推算)。指标值≤10%的，得20分，每超1个百分点扣2分，直至不得分。

指标3：人均集体可支配收入。指考核年度内村级集体经济组织的(经营收入、发包及上交收入、投资收益及其他收入)÷全村常住人口(以农业局提供的农经年报数据为准)。指标值≥180元的，得15分，达不到的按每减少10元扣1分，直至不得分。

指标4：农村劳动力非农从业人员比重。指从事非农产业(二、三产业)生产经营活动的劳动力(含外出务工、经商人员)占农村劳动力的比重。本项指标数据由农业局农经年报中的“从事农业产业人员比重”推算得出。指标值≥75%的，得10分，每降2个百分点扣1分，直至不得分。

指标5：农民技术技能培训。指积极开展农民技术技能培训的情况，要求从事一产为主的农户受训达到一户一人以上。覆盖面达到100%的，得10分，每降5个百分点扣2分，直至不得分。

指标6：农村劳动力培训转移率。指农村劳动力通过培训后转移至二、三产业的比重。指标值≥80%的，得10分，每降5个百分点扣2分，直至不得分。

指标7：创业农户数比重。指本村农户中个体工商户和私营企业、农村种植、养殖业大户、专业购销大户、农家乐经营户等占总农户数的比重。创业农户由农业、林业、工商、旅游主管部门按相关标准确认。指标值≥10%的，得15分，每降1个百分点扣1.5分，直至不得分。

2. 满意乡村

指标 8:农村社区服务中心建设。指依托社区服务中心平台,充分利用现有资源构筑起以基本公共服务为基础、经营性服务为依托、志愿互助性服务为补充的相互衔接的农村社区化服务体系。总分 20 分。

(1)组织机构健全。领导成员到位,工作人员、工作职责、工作规范、服务流程要全部上墙,得 3 分。每少一项扣 1 分,直至不得分。

(2)配套设施完善。有 350 平方米以上社区服务中心,得 2 分;服务中心有"一校二栏三室四队五站",得 4 分,每少 1 项扣 0.5 分;有一站式便民服务窗口,得 3 分;有 500 平方米以上的村民娱乐、锻炼、休闲广场,得 2 分。

(3)服务体系完善。有社区卫生服务站(室),得 2 分;有便民(连锁)超市等服务设施,得 2 分;组建占全村人口 2%以上的社区志愿者队伍,每年至少开展 2 次以上志愿者服务活动,得 2 分。

指标 9:安全饮用水普及率。指农村安全饮用水受益人数实际完成率。指标值≥80%的,得 15 分,每降 1 个百分点扣 0.5 分,直至不得分。

指标 10:通公交车。指村内通达客运班车(包括城乡公交车、农村客运班车),总分 8 分。通达客运班车的,得 6 分;建设并维护好"港湾式"停靠站的,得 2 分。

指标 11:文化体育示范村创建。指以示范文体俱乐部(有"一栏二室"、"一网、二场、二队")为建设标准,开展文化体育示范村创建活动。达到示范文体俱乐部标准的得 12 分;未达到标准的,根据建设情况,酌情扣分。

指标 12:义务教育入学率和幼儿入园率。义务教育入学率是指义务教育阶段的在校生数占该学龄段人数的比率;幼儿入园率指行政村户籍 3～5 周岁的在园儿童数占本行政村户籍 3～5 周岁适龄儿童总数的比例。总分 15 分。义务教育入学率指标值达到 100%的,得 10 分,每降 1 个百分点扣 1 分,直至不得分;幼儿入园率指标值达到 100%的,得 5 分,每降 1 个百分点扣 0.5 分,直至不得分。

指标 13:农村卫生服务达标。指村域内包括公共卫生管理、疾病防控、妇幼保健、卫生监督、健康体检等公共卫生工作落实情况,总分 10 分。按照江政办发〔2007〕126 号《江山市村级公共卫生组织考核管理办法》文件进行考核(其中健康体检按照考核当年上级指标要求),总得分在 90 分以上得 8 分,每下降 1 分得分扣 1 分,80 分以下不得分,村域内发生突发公共卫生事件报告不及时或未配合处理的该项指标酌情扣分。大力开展食品药品安全的宣传教育和培训,落实应急预案机制,发生重大安全事故及时报告,并正确处置事故的,得 2 分,否则酌情扣分。

指标 14:新型农村合作医疗参保率。指村域内参加新型农村合作医疗的农民和上年度实际农业人口数的比率,总分 10 分。指标值≥95%的,得 10 分,每降 1 个百分点扣 1 分,直至不得分。

指标 15:五保老人集中供养率。指集中供养的五保老人占农村五保老人总数比重,总分 10 分。指标值≥90%的,得 10 分,每降 1 个百分点扣 2 分,直至不得分。

3. 文明乡村

指标 16:特色文化活动开展。指深入挖掘和积极开发利用集贸墟日、"百年无赌"、"麻糍文化"等特色人文资源,并依托利用这些资源,以本村为主,或联合其他行政村,在年内开展两次以上有较大规模的,且有自己特色品牌的文化体育活动,总分 10 分。在全市有较大影响的,得 8 分,在本乡镇范围内有较大影响的得 6 分,每少一次扣 3 分,材料齐全且装订成册的得 2 分。

指标 17:文明村创建工作。文明村是指在江山市四个文明建设工作中成绩突出,各项创建活动走在全市前列,在推进社会主义新农村建设、学习实践社会主义荣辱观、实施文明素质工程、落实"双百结对、共建文明"、实施"春泥计划"等方面处于江山市领先水平,工作成效明显并为广大群众所公认的村。具体从经济发展、政治思想教育、文化科学普及、村风民风、村容村貌、班子团结等六个方面进行考核验收。考核验收得分值≥85 分,命名为市级文明村,得 15 分。考核验收得分值每减少 1 分扣 1 分,直至不得分。

指标 18:计划生育率。指一定时期内(通常指一年),符合计划生育政策的出生人数与同一时期出生总人数之比。一般以每 100 个出生婴儿中计划内出生的婴儿数表示。其计算公式为:

计划生育率=(一年内符合计划生育政策的出生人数/年出生总人数)×100%。总分为 15 分,指标值≥92%得 15 分,指标值<92%不得分。

指标 19:公益性墓地及坟墓治理。指建设公益性墓地,全面推行骨灰进公益性墓地处理;全面完成"三沿五区"坟墓治理。总分 15 分。

(1)按照公益性墓地建设标准,规划建设 3 年以上骨灰处理量的公益性墓地,得 5 分。

(2)全面推行"绿色殡葬",年度内村民死亡人员骨灰处理推行"绿色殡葬"率达 100%的,得 5 分,每降 1 个百分点扣 1 分,直至不得分;规范葬法管理,年度内没有发生乱葬滥埋或超标准建坟的,得 3 分,每发生 1 起扣 1 分,直至不得分。

(3)全面完成"三沿五区"内的坟墓治理,得 2 分。按属地管理原则,每发现 1 起未治理的扣 0.5 分,直至不得分。

指标 20:开展家庭美德评选活动。家庭美德的主要内容是尊老爱幼、男女平等、夫妻和睦、勤俭持家、邻里团结，总分 15 分。开展“好儿女”、“好夫妻”、“好婆媳”、“好青年”四项评选活动的，得 15 分，每少一项扣 4 分，直至不得分。

指标 21：“幸福家庭”创评达标比重。指“幸福家庭”户数占全村总户数的比重。“幸福家庭”创建主要以提高家庭的幸福指数，促进社会风气的好转为目标要求，通过各种载体开展活动，使全市各创建家庭户达到市级“幸福家庭”创建标准，进而达到以小家促大家，以家庭的幸福促进整个社会的和谐的目的。具体有“男女平等、共同发展；遵纪守法、廉洁奉公；爱岗敬业、勤劳致富；家庭和睦、邻里融洽；为国教子、以德育人；崇尚科学、倡导文明”等六项创建标准。具体创建标准由宣传部统一制订，乡镇（街道）组织评选，宣传部进行抽查，总分 20 分。指标值≥60%的，得 20 分，每降 1 个百分点扣 1 分，直至不得分。

指标 22：“五五”普法教育率。农村普法教育是指面向一切有接受教育能力的农民，重点是抓好农村党员、村干部、村级各员、村民小组长、村民代表的普法教育。通过提高普及率、提高覆盖面、提高针对性、提高有效性的法制宣传教育，进一步增强农村干部的法律素质，提高村干部依法办事的能力和农村工作管理水平。总分为 10 分。普法教育率达 100%的，得 10 分；每降 2 个百分点扣 1 分，直至不得分。

4. 美丽乡村

指标 23：生猪养殖污染治理率。指生猪养殖所产生的粪尿及污水等排泄物经过无害化处理（沼气池或者发酵床治理模式）的量占总量的比重（按生猪养殖户数进行计算）。全村人口居住集中区内生猪养殖场（户）建设沼气池，排泄物治理率≥90%的，得 10 分；每降 5 个百分点扣 2 分，直至不得分。

指标 24：河道、沟渠、水塘整治率。指村庄内河道、沟渠、水塘的水环境整治，达到水体流畅、干净，无垃圾和漂浮物。整治率≥80%的，得 10 分，否则酌情扣分。

指标 25：村庄建设规划及规划执行率。指村庄建设规划及其执行情况，总分 15 分。

（1）完成新一轮村庄规划的编制及修编（规划覆盖全村），并依法报经批准实施得 3 分，达不到要求酌情扣分。

（2）村庄布局合理、建筑美观实用、房屋错落有致、立面色彩协调有序，具有明显的地方特色和乡土风情的得 1 分，达不到要求的酌情扣分。

（3）行政村范围内所有建设项目（含农民私人建房）符合村庄建设规划和土地利用总体规划，并依法办理审批手续得 3 分，每发现一处建设项目不按规划实施，或未依法办理审批手续的扣 0.5 分，直至不得分。

（4）大力推进农村住房改造，积极开展空心村整治和宅基地整理。按照“一

户一宅”的规定，凡新建住房的，动工前旧房必须全部拆除，拆除后的宅基地使用权由村集体收回进行复垦或重新规划，得2分，每发现一处新建房屋未按规定拆除旧房并未查处的，扣0.5分，直至不得分。进行整村农村住房改造的，得3分，否则不得分。

(5)“三沿五区”和行政村范围内违章建筑及乱搭乱建得到有效治理的得3分。每发现一处违法建筑及乱搭乱建行为的扣0.5分，直至不得分。

指标26：村内道路硬化率。村内道路是指根据村庄规划确定的中心自然村内主干道和中心自然村通其他自然村的主要道路。硬化率是指硬化里程占应硬化总里程的比重。村内道路硬化类型可采用水泥混凝土、沥青、块石和砂石铺面。所有道路的硬化必须留足绿化用地。总分10分。中心自然村内主干道硬化率≥90%的，得6分，每降10个百分点扣1分，直至不得分；中心自然村通其他自然村道路硬化率≥90%的，得4分，每降10个百分点扣0.5分，直至不得分。

指标27：生产、生活垃圾收集处理率。指农村生产、生活垃圾有专人收集，集中运送到固定的垃圾处理场所进行无害化处理的情况。总分8分，达到收集、运送和处理要求的得满分。

(1)路面无0.5平方米以上的成堆垃圾；路边20米之内无成堆生活垃圾；绿化带、花坛、公共活动场地无杂草、无白色污染、无污物、无垃圾，达到路面、路边、绿化带、花坛周围干净的要求。每发现一处不符扣0.3分。

(2)农户(含农家乐经营户)房前屋后杂物堆放整齐、垃圾及时收集。随机抽查每发现一处不符扣0.3分。

(3)村内垃圾箱、垃圾清运车保持干净整洁、不破损，箱内垃圾不外溢，垃圾清运车要加盖并有明显标志。每发现一处不符扣0.5分。

指标28：室内卫生厕所使用率。卫生厕所是指室内有水冲式卫生间、室外有三隔式化粪池的厕所。农村卫生户厕建设按照国家《农村户厕卫生标准》(GB19379－2003)执行。总分8分。

(1)卫生厕所使用率是指使用卫生厕所的农户数占本村总农户数的比重，指标值≥80%的，得4分，每降5个百分点扣0.5分，直至不得分。

(2)拆除村内的所有简易厕所和露天粪坑，得3分，每发现一处扣0.5分，直至不得分。

(3)村内建有生态公厕1座以上，得1分，未建不得分。

指标29：生活污水治理率。指通过纳管处理、集中处理、分散处理等方式，对生活污水进行无害化处理的农户数占本村户籍总农户数的比重。总分8分，指标值≥50%的，得8分，每降2个百分点扣1分，直至不得分。

指标30：村庄绿化覆盖率。指绿化垂直投影面积之和与占地面积的百分比，总分 8 分。重视村庄绿化和森林资源保护，积极开展“312”新农村绿化运动，指标值≥30%的，得 8 分，每降 2 个百分点扣 1 分，直至不得分。有生态公益林的村，保护率必须达到 100%，每降 5 个百分点扣 1 分，直至不得分。

指标 31：农户“赤膊墙”整治率。指根据村庄规划确定的中心村内，外墙粉刷的农户住房占农房总数的比重。指标值≥90%的，得 8 分，每降 2 个百分点扣 1 分，直至不得分。

指标 32：农村危房改造率。指当年度完成改造户数占村民居住危房户数的比例。危房按《农村危险房屋鉴定技术导则（试行）》标准界定。改造率达到 100%的，得 5 分，每降 2 个百分点扣 1 分，直至不得分。

指标 33：建立健全各种长效管理制度。指建立农村环境卫生月查制度、农户“门前三包”制度、党员干部责任区包干制度、村内绿化道路管护制度、“幸福家庭”评比制度，并得到有效执行，效果明显。总分 10 分，每建立健全 1 项制度得 2 分，虽建立，但效果不明显，酌情扣分。

5. 和谐乡村

指标 34：选优配强村级新班子。总分 10 分。年内按期完成村级班子建设回头看工作，班子集体群众满意率达 80%以上，两委干部群众满意率达 80%以上（2 分）；积极开展和谐创业型班子创建活动，严格实行村级班子定期民主生活会、两委联席会议、集体领导分工负责、重大财务联章联签等制度，两委班子团结和谐，年内无因村两委班子和村干部基层基础工作造成群众到衢州市级以上越级信访或上访事件（2 分）；严格执行基层党风廉政建设有关规定，年内两委班子成员没有严重违法违纪行为，未受到诫勉教育和党纪政纪处分（2 分）；规范设置管理，不断深化村民代表、村民小组长和村级各员等三支队伍建设，积极发挥大学生村官、农村工作指导员以及“老党员、老干部、老职工”等农村“三老”队伍作用。认真贯彻执行村民代表和村民小组长任职培训、村民小组长重大事项报告等制度，各项工作开展齐备（2 分）；切实加强村干部的经常性教育培训。按要求组织相关人员参加上级举办的各项培训活动。充分发挥远程教育平台作用，按要求组织党员干部收看远程教育视频直播讲座，每月集中学习 2 次以上（2 分）。未达要求的酌情扣分。

指标 35：提升软硬环境新风貌。总分 8 分。深入实施村级活动场所建设三年规划，按期完成村级活动场所示范点创建、规范化建设和升级改造工作任务（2 分）；按照“六统一四化”和全面导入 CIS 城市品牌形象标识系统的要求，不断提升规范化建设水平（2 分）；切实加强村级活动场所和远教站点日常管理维护和产权监管工作，确保活动场所正常开放、远教设备正常使用，年内未出现随意处置变卖现象（2 分）；不断拓展村级活动场所和远教站点服务功能，使村级活动场

所真正成为农村开展办公议事、党员活动、教育培训、便民服务、文体娱乐和信息传播等工作的有效阵地(2分)。未达要求的酌情扣分。

指标36:规划本村发展新思路。总分12分。不断完善村级五项规划体系,村级五项规划内容齐全、切实可行(1分);坚持以项目化的理念推进规划的贯彻实施,各项规划职责、任务明确,规划目标如期完成(2分);高度重视做好规模调整村的资产融合工作,力争在2009年内基本完成资产融合工作,实现并村并账(2分);积极实施"一村一平台"行动计划,充分盘活各类集体资源,拥有稳定的集体经济增收基地(2分);积极推行村干部绩效工资制度,将村干部报酬与村集体经济增量相挂钩(2分);深化和规范村账乡镇(街道)代理、组账村代理制度,坚持完善村务公开、财务公开等村级民主理财、集中理财制度,集中财力关注民生、改善环境(2分);深入实施"万名党员创业致富"工程,农村党员干部带头创业、带领发展的先锋模范作用明显(1分)。未达要求酌情扣分。

指标37:健全村级运行新机制。总分10分。加强村级民主决策、民主管理机制建设,坚持实行村民代表例会、重大村务公决五步工作法等制度,进一步完善村规民约,提高基层自治水平(4分);加强便民利民服务机制建设,坚持实行村级周二"民生服务日"制度,建立完善全程代理服务制度,不断完善"一日一值班、一周一集中,一月一沟通"的村级工作新机制(3分);加强党内民主制度建设,积极推行党员议事会、农村党员村务责任制、无职党员设岗定责等制度,提供党员发挥作用平台。坚持完善发展党员全程票决、两票制评议党员、不作为党员告诫等制度,年内没有党员受到党纪处分。全面推行党务公开制度,不断扩大党内民主(3分)。未达要求酌情扣分。

指标38:奖惩激励再创新业绩。总分10分。坚持实行农村党员干部承诺考核制度,年初村干部分别向党员群众公开作出以民生和谐与创业创新为重点的履职目标承诺,年底统一组织实施岗位目标考核(4分);坚持实行民主评议村党支部、村干部和退位村主职干部制度(2分);积极推行村干部报酬标准民主议决制度,村两委及各线干部报酬没有出现拖欠现象(2分);如期完成村两委班子年初承诺的发展业绩和为民办实事目标,各项工作在乡镇、街道年度综合考核中名列前茅(2分)。未达要求酌情扣分。

指标39:平安村创建。指创建平安村情况。至申报期,当年获得"平安村"称号的得6分,否则不得分。连续三年获得"平安村"称号的得10分。

指标40:落实信访"三无"目标。落实信访"三无"目标:即实现无到衢州去省城赴首都越级上访;无到江城集体上访;无恶性上访事件。达到目标,得10分。

(1)每出现1人次赴京的扣5分;每出现1人次去省的扣3分;每出现1人

次到衢州扣2分;每到江山市集体上访1批5～10人次的扣2分,1批11～50人次的扣5分,50人次以上的扣8～10分。

(2)出现重大恶性越级上访事件的,将视情况扣除5—10分。

指标41:无重大刑事、治安案件和无参与“黄、赌、毒”。指村内治安良好,本村村民无重大刑事犯罪和治安案件,无参与“黄、赌、毒”等社会丑恶活动,得10分。以被公安机关查处的为依据,每发生1起扣除全部分值。

指标42:防火、防汛、防疫、防灾工作。指有效应对自然灾害、事故灾难等各种风险,认真抓好防火、防汛、防疫、防灾工作,确保公共安全,无严重火情、汛情、疫情、灾情。总分10分。

(1)高度重视防火、防汛、防疫、防灾等“四防”工作,成立领导小组,主要领导亲自抓,明确分管领导,各项制度完善,工作常态化,建有台账档案,得3分。

(2)重视宣传教育工作,能经常性开展防火、防汛、防疫、防灾等宣传教育,不断提高干部群众的防范灾害意识、安全意识和自救能力,得3分。

(3)建立“应急预案”机制,一旦发生火情、汛情、疫情、灾情,能快速作出反应,迅速组织开展抢救工作,尽量减轻损失程度,得4分。

每发生一起直接经济损失达50万元以上火情、汛情、疫情、灾情,扣5分;直接经济损失达100万元以上,不得分。造成人身死亡事故的,不得分。

指标43:民主法治村创建。指民主法治村建设经考核验收合格。被命名为衢州市级及以上“民主法治村”的,得5分,命名为江山市级的得4分。

指标44:无参与“法轮功”等邪教组织和无参与非法宗教活动。总分5分。

(1)村党支部重视反邪教和反非法宗教工作。成立工作领导小组,明确分管领导,明确一名反邪教和反非法宗教工作信息员,各项制度完善,工作常态化,建有台账档案,得1分。

(2)重视宣传教育工作。能经常开展反邪教、反非法宗教警示教育活动,不断提高干部群众的反邪教、反非法宗教意识,做到不听、不信、不传,得1分。

(3)实现“三无”目标。即无村民参加“法轮功”等邪教组织,无村民参加非法宗教活动,无村民参加非法聚会活动,得1分。

(4)积极举报,协助破案。不提供非法聚会场所,发现有外来“法轮功”等邪教人员进村串联滋事,有不法人员开展非法宗教活动,能及时举报,协助公安机关破案,得1分。

(5)开展争创“无邪教无非法宗教村”活动,得1分。

6. 附加指标

指标45:农业特色产业比重。指当年特色主导农业产值(主要指特色主导农业产品产值,包括粮食产值)占全村农、林、牧、渔业总产值的比重。每村计入

产值的特色主导农业产业不超过3项。指标值≥75%的，得5分，每降5个百分点扣1分，直至不得分。被命名为特色产业村的，本项得满分。

指标46：乡村旅游经济增长率。指以乡村为旅游目的地，以农村文化景观、农村生态环境、农事生产活动以及传统的民族习俗为资源，融观赏、考察、学习、参与、娱乐、购物、度假、餐饮于一体的旅游活动所产生的经济增长率。总分3分。指标值≥10%的，得3分，每降1个百分点扣1分，直至不得分。

指标47：来料来样加工从业人员比重。指从事来料来样加工的人员占本村户籍人口比重，总分2分。指标值≥10%的，得2分，每降1个百分点扣0.2分，直至不得分。

指标48：实施新农村电气化改造。新农村电气化的要求是“户户通电、供电可靠、安全经济、供用和谐”。按照《关于全面推进我省新农村电气化建设工作指导意见》（浙经贸电力〔2007〕247号）中的有关规定及要求开展新农村电气化工程创建，达到电气化村创建标准并通过考核验收的得5分，反之不得分。

指标49：特色村创建。能根据本村的文化特色，做好村内的文物资源保护等工作，创建特色文化村，被确认为省级以上文化特色村的得5分，衢州市级的得4分，江山市级的得3分，以文件公布为准。未达到的不得分。

指标50：“平安连万家”活动。指按村民代表数和相邻相近原则，将整个行政村划分为相应数量的网格区域，分层实施两委干部联系村民代表、村民代表联系农户制度，网格区域内党小组长配合两委干部做好工作，综治工作站做好协调指导，形成“两委领导、综治协调、代表为主、党员配合、群众参与”的立体型、网格式工作格局。积极开展“平安连万家活动”，效果明显，得5分，否则酌情扣分。

二、中国幸福乡村建设行动考核细则

为增强“中国幸福乡村”各项创建指标考核的科学性、公正性、操作性，根据“中国幸福乡村”创建指标解释及计分办法，江山市制定了比较详细的中国幸福乡村建设行动考核细则。

（一）考核对象

全市“中国幸福乡村”创建村。

（二）考核细则

——富裕乡村（100分）

1. 农民人均纯收入(20 分)

(1)考核范围:户籍在本村的所有农业户口村民。

(2)考核标准:创建村的农民人均纯收入达到当年全市平均值以上的,得 20 分,每减少 100 元扣 0.5 分,直至不得分。

(3)考核方式:全市农民人均纯收入指标值以 12 月底的农经年报数据为准。创建村按照考核标准,提供村 2011 年农经年报。考核组对创建村提供的数据和材料的真实性进行抽查,按照随机抽取 2%～5%的农户样本进行验收核实,核实方法采取与农户面对面的实地调查,或通过电话咨询等方式进行。创建村农民人均纯收入以抽取样本核实准确的数据推算为准(将样本户人均纯收入作为该村农民人均纯收入)。

(4)考核部门:由农业局负责本项指标考核。

2. 低收入人口比重(15 分)

(1)考核范围:家庭人均纯收入低于 2500 元,户籍在本村的农业户口村民。

(2)考核标准:家庭人均纯收入低于 2500 元的人口总数/本村民人口×100%=比重值。低收入人口比重指标值≤10%的,得 15 分,每超 1%扣 2 分,直至不得分。

(3)考核方式:创建村列出家庭人均纯收入低于 2500 元及 2500～3000 元的农户名单。考核组对家庭人均纯收入在 2500～3000 元的农户,随机抽取 10%进行验收核实,核实方法采取与农户面对面的实地调查,或通过电话咨询等方式进行,根据抽取样本核实准确的数据推算家庭人均纯收入在 2500～3000 元农户中实际家庭人均纯收入低于 2500 元的农户人数,加上家庭人均纯收入在 2500 元以下的人数,再计算比重值。

(4)考核部门:由农办牵头,农业局、统计局配合进行考核,考核结果由农办负责汇总。

3. 人均集体可支配收入(20 分)

(1)考核范围:村集体经济可支配总收入,包括经营收入、发包收入、投资收益和其他收入等。

(2)考核标准:按农业部确定的村集体经济组织会计制度规定的会计科目测算。人均集体可支配收入≥180 元的村,得 20 分,每减少 10 元扣 1 分,直至不得分。

(3)考核方式:本项指标值以 12 月底的农经年报数据为准,乡镇(街道)财务代理中心提供年度会计账目、收支原始凭证、收支明细表备查。创建村的报账员要配合代理会计列出上述四项逐笔收入清单,汇总上报人均集体可支配收入统计表(表格由富裕办另行制定)。考核组将创建村上报的逐笔清单和汇总表,同

村会计代理中心的村收支原始凭证进行核对，核减不符合的集体收入，经核对最终正确结果作为创建村实际可支配收入。

(4)考核部门：由农业局负责本项指标考核。

4. 农村劳动力非农从业人员比重(15分)

(1)考核范围：本村18～60周岁男性居民和18～55周岁女性居民(在劳动年龄，但因病、因残等原因不能经常参加劳动的及在校学生，不统计在内)。

(2)考核标准：农村劳动力非农从业人员比重≥75%的，得15分，每降2%扣1分，直至不得分。

(3)考核方式：创建村如实提供本村当年从事非农产业劳动力人员姓名、年龄、所从事行业等，并汇总造册(表格由富裕办另行制定)。考核组从本村从事非农产业劳动力人员名册中，随机抽查10%进行面对面实地调查，或通过电话咨询等，测定核实准确率。核实准确率＝核实准确的非农产业劳动力数÷被抽查核实的非农产业劳动力总数。用核实准确率推算实际非农从业人员数。

(4)考核部门：由统计局牵头，农业局配合进行考核，考核结果由统计局负责汇总。

5. 农民技术技能培训(15分)

(1)考核范围：本村从事一产为主的农户中历年接受过技术技能培训的人员。

(2)考核标准：从事一产为主的农户受训达到一户一人以上，覆盖率达100%。覆盖率达到100%的，得15分，每降5%扣2分，直至不得分。

(3)考核方式：创建村提供受训农户清册，按相关培训职能部门分类汇总。考核组根据清册到相关培训职能部门进行核对，测算培训覆盖率。

(4)考核部门：由农办牵头，人劳社保局、农业局配合进行考核，考核结果由农办负责汇总。

6. 创业农户数比重(15分)

(1)考核范围：本村农户中的个体工商户、私营企业主、农业种植养殖大户、专业购销大户、农家乐经营户等。

(2)考核标准：按省农业厅农经统计标准，种植业专业大户为：果树在40亩以上，主要粮食品种在20亩以上，蔬菜、瓜类10亩以上，特种经营如花卉、药材5亩以上，食用菌2万(袋、段、棒、平方尺)的农户，用材林200亩以上，经济林60亩以上。养殖业专业大户：生猪年出栏50头以上，仔猪年出售100头以上，奶牛存栏10头以上，羊存栏或出栏30只以上，蛋禽存栏500羽以上，肉禽年出栏3000羽以上，兔存栏100只以上，蜂50箱以上，水产养殖10亩以上的养殖户。个体工商、私营企业等要经工商注册，农家乐要经农办认证，专业购销大户年购销额应达10万元以上。各类创业农户总数÷户籍在本村的农户数×100%＝比重值。指标值≥10%的，得15分，每降1%扣1.5分，直至不得分。

(3)考核方式：提供户籍在本村的所有个体工商、私营企业、农家乐等业主的工商注册登记营业执照复印件，购销大户出具经纪人资格证复印件，种养大户以农、林、水等部门统计数据为准。考核组对提供的全村创业农户数进行全部核实，有相关部门证件的，以核实证件材料真实性为准，无相关部门证件的，以实际到户核查为准。现场核查必须有情况记录，并有验收核查人员签名。按照验收核实准确的创业农户情况，测算创业农户比重。

(4)考核部门：由农业局牵头，农办、林业局、水利局、工商局、旅游局、团市委、妇联等配合进行考核，考核结果由农业局负责汇总。

——满意乡村(100分)

1. 农村社区服务中心建设(20分)

(1)考核范围：本村社区服务中心、活动场所、社区广场、便民商店、农家乐、卫生服务站、志愿者队伍等。

(2)考核标准

①组织机构健全。领导成员到位，工作人员、工作职责、工作规范、服务流程等以公开栏形式全部上墙，得3分。每少一项扣1分，直至不得分。

②配套设施齐全。有350平方米以上社区服务中心，得2分；服务中心有“一校二栏三室四队”，得4分，每少1项扣0.5分；有标准的一站式便民服务窗口，得3分；有500平方米以上的村民娱乐、锻炼、休闲广场，得2分。

③服务体系完善。有社区卫生服务站(室)，得2分；有便民(连锁)超市等服务设施，得2分；组建占全村人口2%以上的社区志愿者队伍，每年开展两次以上志愿者服务活动，得2分。

(3)考核方式：组织机构以“社区公开栏”为准，配套设施“一校两栏三室”采取现场查看，有场所有室牌的认定达标，“四队”情况看台账，广场要求平整有草地和一定的锻炼设施，服务体系中服务设施必须以“××社区”来命名，志愿者队伍和活动情况查看档案。

(4)考核部门：由民政局负责本项指标考核。

2. 安全饮用水普及率(15分)

(1)考核范围：整个行政村范围的全部农户。

(2)考核标准：入户率≥80%且长效管护机制健全的，得15分。

①入户率≥80%的，得10分。每降1%扣0.5分，直至不得分。

②有管理制度并落实专人管理的，得3分。否则不得分。

③有应急预案且落实水质安全监控措施的，得2分。否则不得分。

(3)考核方式:考核组随机抽查创建村3%~10%左右农户。

(4)考核部门:由水利局负责本项指标考核。

3. 通公交车(6分)

(1)考核范围:创建村通公交车(包括农村客运班车)情况。

(2)考核标准:村域内有公交车(包括农村客运班车)通达(因道路安保原因达不到通客车条件的视同通车),创建村内不存在无经营资格车辆从事客运经营活动的,得6分;长期存在无经营资格车辆从事客运经营活动的,视情扣3~6分。

(3)考核方式:通公交车情况以客运企业运行线路为准。

(4)考核部门:由交通局负责本项指标考核。

4.1 文化体育示范村(文化)创建(4分)

(1)考核范围:创建村的文化活动场所建设情况。

(2)考核标准

①建好"一栏一室"1分。"一栏":宣传栏或黑板报。要求面积在4平方米以上,且每月更新一次内容,得0.5分。"一室":阅览室或电教室一个。要求配有书报杂志、电视机、桌椅等设施,得0.5分。

②建有"一网"1分:要求村配有电脑一台以上,要求连接宽带网,并与党员干部现代远程教育和农技110共享,得1分。

③建好"一场"1分:要求建有一个能开展小型文艺演出的文化广场(也可与球场兼用),得1分。

④建有"一队"1分。要求创建村组建有一支以上文艺活动队伍,如文艺、舞龙、舞狮、座唱班、民间艺术、演唱、舞蹈、书画、摄影等,得1分。

(3)考核方式:实地查看。采取平时现场查看与验收考核相结合的办法进行。

(4)考核部门:由市文广新局负责,根据实际查看情况,给出考核结果。

4.2 文化体育示范村(体育)创建(4分)

(1)考核范围:创建村体育活动设施的建设情况。

(2)考核标准

①一场一室。建有1个标准水泥篮球场和1个不少于40平方米的乒乓球室,得3分。符合标准得3分;不符合标准酌情扣分;未建不得分。

②一队四活动。有一支体育运动队和行政村每年举办各类体育活动不少于4次,得1分。有运动队并经常开展活动得0.5分,无队不得分;年举办4次以上活动得0.5分,每少一次扣0.125分。

(3)考核方式:设施建设现场查看,运动队、体育活动开展情况以现场查看和台账活动资料证明为准。

(4)考核部门:由体育局负责本项指标考核。

5. 义务教育入学率和幼儿入园率(8分)

(1)考核范围:本村户籍适龄儿童、少年。

(2)考核标准

①义务教育入学率达到100%,得3分,每降1%扣1分,直至不得分。

②学前一年幼儿入园率达到99%,得5分,每降1%扣0.5分,直至不得分。

(3)考核方式:实地查看学生、幼儿档案及义务教育、学前教育适龄儿童少年户籍档案。

(4)考核部门:由教育局负责本项指标考核。

6. 公共卫生服务达标率(8分)

(1)考核范围:创建村村域内各项公共卫生工作落实情况,包含组织管理、疾病防控、妇幼保健、卫生监督、健康体检等内容。

(2)考核标准:按照《江山市村级公共卫生组织考核管理办法》(江政办发〔2007〕126号)文件附件2的考核细则进行考核(其中健康体检率指标按照当年实际要求),总得分在90分及以上的,得8分,每下降1分指标得分扣1分,扣完为止;所在村当年发生突发公共卫生事件报告不及时或配合处理不到位的,该项指标视实际酌情扣分。

(3)考核方法:台账资料与实地检查相结合。

(4)考核部门:由市卫生局负责本项指标考核。

7. 新型农村合作医疗参保率(10分)

(1)考核范围:创建村村域内参加新型农村合作医疗的农民占上年度实际农业人口数的比率。

(2)考核标准:新型农村合作医疗参保率≥95%,得10分,每下降1%扣1分,扣完为止。

(3)考核方式:以当年乡镇上报的参保人数为准。

(4)考核部门:由卫生局负责本项指标考核。

8. 五保老人集中供养率(10分)

(1)考核范围:创建村五保老人。

(2)考核标准

①建立本村农村五保对象(指无法定赡(扶)养、抚养人、无劳动能力、无经济来源)台账。得2分。

②本村五保老人集中供养率达90%以上,得6分;户院挂钩率不超过8%,得2分。

(3)考核方式:现场查看与台账活动资料证明相结合。

(4)考核部门:由民政局负责本项指标考核。

9. 农民养老保险参保率(15分)

(1)考核范围:创建村应参保的人员。

(2)考核标准:农村居民社会养老保险总参保人数占总应参保人数的比率≥93%,得13分;每下降1%扣1分,扣完为止。创建村每年对参保人缴费和待遇领取情况进行公示,接受群众的监督,得2分。

(3)考核方式:应参保人数由当年乡镇上报的应参保人数和公安机关提供的人数相结合来确定。

(4)考核部门:由人事劳动社会保障局负责本项指标的考核。

——文明乡村(100分)

1. 特色文化活动开展(15分)

(1)考核范围:创建村开展的特色文化活动。

(2)考核标准

①活动开展(12分)。是指以本村为主,或联合其他行政村,在年内开展两次以上有较大规模的,且有自己特色品牌的文化体育活动。本项最高得分12分,其中,在全市有较大影响的,每次得6分;在本乡镇范围内有较大影响的,每次得4分;一般性活动,每次得2分。

②台账资料(3分)。材料齐全且装订成册的,得3分。

(3)考核方式:采取平时抽查与验收考核相结合的办法进行,验收考核时以检查台账资料为主。

(4)考核部门:由文广新局负责本项指标考核。

2. 文明村创建工作(15分)

(1)考核范围:创建村开展的"文明村"创建活动。

(2)考核标准:文明村是指在江山市四个文明建设工作中成绩突出,各项创建活动走在全市前列,在推进社会主义新农村建设、学习实践社会主义荣辱观、实施文明素质工程、落实"双百结对、共建文明"、实施"春泥计划"等方面处于江山市领先水平,工作成效明显并为广大群众所公认的村。具体从"经济发展、政治思想教育、文化科学普及、村风民风、村容村貌、班子团结"等六个方面进行考核验收。考核验收得分值≥85分,命名为市级文明村,得15分。考核验收得分值每减少1分扣1分,直至不得分。

(3)考核方式:采取平时抽查与验收考核相结合的办法进行,验收考核时由考核组实地察看、提供相关总结和台账资料等。

(4)考核部门:由宣传部负责本项指标考核。

3. 计划生育率(15 分)

(1)考核范围:创建村考核期限内出生情况(含历年漏报补报)。

(2)考核标准:计划生育率=(一年内符合计划生育政策的出生人数/年出生总人数)×100%。总分为 15 分,村级年度计划生育率达 92%以上,无计划生育而引发重大恶性案件的,得 7 分;村级建有室外人口与计划生育宣传窗,成立村级人口学校,并开展经常性活动,有村级计生服务室的,得 4 分;村级有一项以上对计划生育对象进行的奖励政策的,得 4 分。

(3)考核方式:实行年度考核、不定期暗访、举报核实等相结合。

(4)考核部门:由人口计生局负责本项指标考核。

4. 公益性墓地及坟墓治理(15 分)

(1)考核范围:创建村村域内的公益性墓地建设、骨灰处理及"三沿五区"坟墓治理。

(2)考核标准

①公益性墓地建设(5 分)。按照公益性墓地建设标准,规划建设 3 年以上骨灰处理量的公益性墓地,得 5 分。具体量化标准:建好水平带的得 2 分,建好墓池的得 1 分,建好水平带内墓道的得 1 分,绿化到位的得 1 分;否则不得分。

②骨灰处理(8 分)。按照市委办〔2009〕26 号文件精神,全面推行"绿色殡葬"。具体量化标准:年度内村民死亡人员骨灰处理全部进村公益性墓的,得 5 分,发生 1 起乱葬滥埋的,不得分;年度内该村公益性墓地内无超标准建坟的,得 3 分,每发生 1 起扣 1 分,直至不得分。

③"三沿五区"内的坟墓治理(2 分)。全面完成"三沿五区"坟墓治理的,得 2 分。具体量化标准:按属地管理原则,每发现 1 起"三沿五区"内未治理的坟墓扣 0.5 分,直至不得分。

(3)考核方式:由平时检查和年底考核相结合的方式进行。

(4)考核部门:由市民政局负责本项指标考核。

5."幸福家庭"创评达标比重(25 分)

(1)考核范围:创建村所有农户。

(2)考核标准

①"幸福家庭"创评达标比重指幸福家庭户数占全村总户数的比重。由镇村组织实施,严格按照市文明乡村协调小组制订的"幸福家庭"评定标准,开展"幸福家庭"评选活动。指标值≥60%,得 20 分,每减少 1%扣 1 分,直至不得分。

②"家庭美德"评选活动由镇村组织实施,按照市文明乡村协调小组制订的有关评定标准,开展"好儿女"、"好夫妻"、"好婆媳"、"好青年"四项评选活动的,得 5 分,每少一项扣减相应分值,直至不得分。

(3)考核方式:"幸福家庭"创评采取平时抽查与验收考核相结合的办法进行,验收考核时由考核组随机抽查3%~5%的创建户作为样本进行认定,从中若发现有违反计划生育、家庭或邻里不和、不孝敬父母公婆、庭院卫生不达标,以及有黄、赌、毒、家庭暴力、邪教行为和违法犯罪等行为的,取消"幸福家庭"评选资格,考核按照抽样结果确定创建率。"家庭美德"评选采取平时抽查与验收考核相结合的办法进行,验收考核时由考核组抽查评选活动台账资料等。

(4)考核部门:由宣传部牵头,团市委、妇联配合进行考核,考核结果由宣传部负责汇总。

6."五五"普法教育率(15分)

(1)考核范围:创建村所有有接受教育能力的农民,重点是抓好农村党员、村干部、村民小组长、村民代表的普法教育。

(2)考核标准:村"两委"干部每年集中学法不少于4次(含乡镇轮训),参学率达到100%;村民代表集中学法不少于2次,参学率达到100%以上;组织开展法制宣传活动不少于2次(8分);成立村民法制学校,每年至少上2次法制课(3分);建立专门的法制宣传栏并及时更换宣传内容(2分);利用村级党员远程教育网络、广播等平台积极开展法制宣传教育(2分)。

(3)考核方式:采取平时抽查与验收考核相结合的办法进行,验收考核时由考核组查看现场和台账资料等。

(4)考核部门:由司法局负责本项指标考核。

——美丽乡村(100分)

1. 生猪养殖污染治理率(10分)

(1)考核范围:①村庄民居点内,母猪存栏10头以上或生猪存栏50头以上的规模养猪场;②村庄民居点内,母猪存栏1~9头或生猪存栏1~50头的散养户。远离民居点500米以外的养猪场(户)不作考核。

(2)考核标准

①规模养殖场必须建有相应规模的沼气治理设施,污水达标排放,或全场采用发酵床模式进行养殖,无排泄物排放;散养户应建有相应处理能力的户用沼气池或三隔式化粪池,养殖污水不直接排放。中心村范围内的规模养殖场和散养户治理率达到100%,且整个行政村村庄民居点内规模养殖场和散养户治理率达到90%以上的,得5分,上述任意一项整治率未达到要求的,每减少5%,扣1分,直至不得分。

②有畜禽养殖的村庄,存栏母猪200头以上的村,必须建设病死畜禽集中无害化处理的化尸池,规模养殖场须单独建立化尸池。(化尸池容积按照每100头母猪100立方米建设,但村集中建设的化尸池最小不能小于50立方米,规模养

殖户最小不能小于10立方米）；村里应当建立病死畜禽无害化处理收集监管运营机制。病死畜禽无害化处理的化尸池建设率达90%以上的，得4分，每减少5%，扣2分，直至不得分，建立运营监管机制的，得1分。其中村集中处理的化尸池未建的，本项考核不得分。

（3）考核方式：采取平时检查与验收考核相结合的办法进行，平时发现有病死猪违规处理的，经农业部门认定来源并查处的，没查处一次扣1分。验收考核时散养户由考核组随机抽查30%，规模养殖场检查率须达到100%。考核对象的有关数据以当年统计数为准。

（4）考核部门：由农业局牵头，环保局、水利局配合进行考核，考核结果由农业局负责汇总。

2. 河道、沟渠、水塘整治率（8分）

（1）考核范围：距村庄建成区100米内的河道、沟渠、水塘。

（2）考核标准：河道、沟渠内水流畅通，水质良好；水体周边无污染物，水面无明显漂浮物；堤岸良好无明显垮塌的，认定为已整治。村内整治的河道、沟渠、水塘数达到总数的80%以上的，且中心村内的河道、沟渠、水塘整治率达100%的，得8分。上述任意一项整治率未达到要求的，每减少5%扣1分，直至扣完为止。

（3）考核方式：采取平时抽查与验收考核相结合的办法进行，验收考核时由考核组随机抽查20%。

（4）考核部门：由水利局负责本项指标考核。

3. 村庄建设规划及规划执行率（15分）

（1）考核范围：创建村的村庄建设规划及其执行情况。

（2）考核标准

①完成新一轮村庄规划的编制及修编（规划覆盖全村），并依法报经批准实施得3分，达不到要求酌情扣分。规划是否编制及修编凭规划文本，规划是否依法报经批准，凭市政府批文。

②村庄布局合理、建筑美观实用、房屋错落有致、立面色彩协调有序，具有明显的地方特色和乡土风情得1分，达不到要求的酌情扣分。建设项目按规划主管部门审查同意的设计图纸组织实施。

③行政村范围内所有建设项目（含农民私人建房）符合村庄建设规划和土地利用总体规划，并依法办理审批手续的，得3分，每发现一处建设项目不按规划实施，或未依法办理审批手续的，扣0.5分，直至不得分。是否按两项规划实施，由规划、国土部门在项目许可时认定。

④大力推进农村住房改造，积极开展空心村整治和宅基地整理，按照“一户

一宅”的规定，凡新建住房的，动工前旧房必须全部拆除，拆除后的宅基地使用权由村集体收回进行复垦或重新规划，得2分，每发现一处新建房屋未按规划拆除旧房，扣0.5分，直至不得分(旧房是否拆除由国土部门认定)。进行整村农村住房改造的，得3分，否则不得分(老屋是否拆除凭国土部门认定为依据)。进行整村农村住房改造的，改造户数应达到15户以上，按实施前各村申报的项目实施方案和规划许可情况认定。

⑤“三沿五区”和行政村范围内违章建筑及乱搭乱建得到有效治理的得3分。每发现一处违法建筑及乱搭乱建行为的扣0.5分，直至不得分。违法建筑及乱搭乱建行为按国土、规划、交通部门的巡、检查结果及群众反映举报的情况认定。根据部门职责划分，具体认定以国土部门为主。

(3)考核方式:采取平时检查与验收考核相结合的办法进行，验收考核时由考核组随机抽查20%。

(4)考核部门:由规划局牵头，国土局配合进行考核，考核结果由规划局负责汇总。

4. 村内道路硬化率(8分)

(1)考核范围:根据村庄规划确定的中心自然村内主干道和中心自然村通其他自然村的主要道路的硬化情况，非中心自然村内的主干道不作考核。

(2)考核标准:中心自然村道路硬化类型可采用水泥混凝土、沥青、块石;中心自然村通其他自然村道路硬化类型可采用水泥混凝土、沥青、块石和砂石铺面。中心自然村内主干道硬化率≥90%，得5分，每降10%扣1分，直至不得分;中心自然村通其他自然村道路硬化率≥90%，得3分，每降10%扣0.5分，直至不得分。

(3)考核方式:采取平时抽查与验收考核相结合的办法进行，验收考核时由考核组随机抽查20%。

(4)考核部门:由交通局牵头，农办配合进行考核。考核结果由交通局负责汇总。

5. 生产、生活垃圾收集处理率(8分)

(1)考核范围:创建村村域内，覆盖率为100%。重点考核区域为:①县级以上公路两边100米范围;②村内一条主干道;③村部、村中心区域(广场)视线范围300米范围;④中心自然村。

(2)考核标准

①农村生产、生活垃圾有专人收集，集中运送到固定的垃圾处理场所进行无害化处理，达到收集、运送和处理要求，得5分。路面无0.5平方米以上的成堆垃圾，路边20米之内无成堆生活垃圾，绿化带、花坛、公共活动场地无杂物、无垃

圾，达到路面、路边、绿化带、花坛周围干净的要求。每发现一处不符扣0.3分；农户（含农家乐经营户）房前屋后杂物堆放整齐，垃圾及时收集。随机抽查每发现一处不符扣0.3分；村内垃圾箱（池）、垃圾清运车保持干净整洁、不破损，箱内垃圾不外溢，垃圾清运车要加盖并有明显标志。每发现一处不符扣0.5分。

②村庄环境卫生检查评比，得3分。依据《2010年江山市集镇和村庄环境卫生检查评比办法》（市委办〔2010〕56号），每两个月公布一次评比结果。每次评比排名在全市末十位的村，依序扣0.1分至1分，直至扣完3分为止。

（3）考核方式：采取平时检查与验收考核相结合的办法进行，验收考核时由考核组随机抽查1个自然村。

（4）考核部门：由卫生局牵头，农办、建设局配合进行考核，考核结果由卫生局负责汇总。

6. 卫生厕所使用和污水治理率（12分）

（1）考核范围：创建村所有农户。

（2）考核标准

①卫生厕所是指室内有水冲式卫生间、室外有三隔式化粪池的厕所。卫生厕所使用率是指使用卫生厕所的农户数占本村总农户数的比重，创建村内所有农户卫生厕所使用率≥80%，且中心村范围内农户卫生厕所使用率达100%的，得3分，上述任一项未达到要求，每降5%扣0.5分，直至不得分；拆除村内的所有简易厕所和露天粪坑，得3分，每发现一处扣0.5分，直至不得分；村内建有生态公厕1座以上，得1分，未建不得分。

②生活污水治理可以采用纳管处理、集中处理、分散处理三种模式，也可采用几种模式相结合。采用集中处理模式的，建有符合技术要求的污水集中处理池，污水收集管网埋设规范，做到雨污分流，农户建有三隔式化粪池，所有生活污水接入污水收集管网，认定该农户排放生活污水经过治理；采用分散处理模式的，农户建有“3＋1（三隔式化粪池＋污水净化池）”污水处理设施，所有生活污水按要求接入“3＋1”处理池的，认定该农户排放生活污水经过治理。对生活污水进行无害化处理的农户数占本村户籍总农户数的比重≥80%，且中心村范围内农户生活污水治理率达100%的，得5分，上述任一项未达到要求，每降2%扣1分，直至不得分。

（3）考核方式：采取平时抽查与验收考核相结合的办法进行，验收考核时由考核组随机抽查20%的农户。

（4）考核部门：由卫生局牵头，环保局、农办配合进行考核，考核结果由卫生局负责汇总。

7. 村庄绿化覆盖率(9分)

(1)考核范围:创建村内山体、水体、道路、庭院绿化。重点考核区域为①县级以上公路两边100米范围;②村内一条主干道;③村部、村中心区域(广场)视线范围300米范围;④中心自然村。

(2)考核标准:被命名为衢州市级(含)以上绿化示范村的,认定村庄绿化覆盖率达到30%,得9分。其他村,按以下标准评分:

①村域内宽度3米以上道路、2米以上河渠建有完整的林带,未绿化地段每100米扣1分,缺株断带超过10米的每处扣0.1分。

②村内有连片300平方米以上的休闲绿地广场,面积每少5%扣0.1分。

③村内空闲地宜绿尽绿,出现一个10平方米以上未绿化空闲地扣0.1分。

④各农户及单位庭院绿化面积(含盆花)最低不低于5%,按不达标户数百分比每个百分点扣0.1分(抽查20户以上)。

⑤周边山体出现荒山的,每10亩扣0.1分。

⑥植物配置杂乱、管理粗放、长势过差的酌情扣1~3分。

(3)考核方式:以市林业部门向考核组提供命名文件的复印件或提供的测算数据为准。

(4)考核部门:由林业局负责本项指标考核。

8. 农户"赤膊墙"整治率(8分)

(1)考核范围:重点考核区域为①县级以上公路两边100米范围;②村内一条主干道;③村部、村中心区域(广场)视线范围300米范围;④中心自然村。

(2)考核标准:以户为单位,每户农户的主要住房、附属房、封闭式围墙等,必须全部进行水泥沙灰以上等级粉刷,才能认定为该户消灭"赤膊墙"。"赤膊墙"整治率达到90%以上的,得8分,每降2%扣1分,村部、村中心区域(广场)每发现一处"赤膊墙"扣1分(在建的不扣分),直至不得分。按照统一式样,进行外墙涂料粉刷,总体感觉美观的,酌情加分,但总得分值不超过8分。

(3)考核方式:考核组对照中心自然村的农户名单随机抽查30%的农户,不足20户的查足20户。

(4)考核部门:由农办负责本项指标考核。

9. 农村住房改造建设(12分)

(1)考核范围:村庄内所有住房和附属房。

(2)考核标准:大力推进农村住房改造建设,积极开展空心村整治、自然村撤并,促进人口向中心镇(村)集聚,积极实施土地综合整治。

①严格执行"一户一宅"、"拆旧建新"政策,新建农房宅基地的审批标准符合省、市相关政策要求。凡新建住房的,动工前旧房必须全部拆除,拆除后的宅基

地使用权由村集体收回进行复垦或重新规划，得 2 分，每发现 1 处新建房屋未按规定拆除旧房，扣 0.5 分，直至不得分（旧房是否拆除由国土部门认定）。

②进行整村农村住房改造的，改造户数应达到 15 户以上，按实施前各村申报的项目实施方案和规划许可情况认定，得 3 分，否则不得分（老屋是否拆除凭国土部门认定为依据）。

③对村内无人居住的老房、旧房进行拆除及农村宅基地复垦整理，整治率达到 60%，得 5 分，每降 2%扣 1 分。

④村内有人居住的主要住房和附属房，根据《农村危险房屋鉴定技术导则（试行）》标准界定为危房的，其整治率达到 100%的，得 2 分，每降 2%扣 1 分。

（3）考核方式：考核组随机抽查 1 个自然村的农房情况。

（4）考核部门：由农办牵头，国土局、规划局配合进行考核，考核结果由农办负责汇总。

10. 建立健全各种长效管理制度（10 分）

（1）考核范围：本项指标考核五项长效管理制度，即：农村环境卫生月查制度、农户"门前三包"制度、党员干部责任区包干制度、村内绿化养护道路管护制度、"幸福家庭"评比制度。

（2）考核标准：每项制度考核总分值为 2 分，其中：①建立该制度，并明确具体责任人，得 0.5 分；②该制度在公众场所公开，群众知晓，得 0.5 分；③该制度得到有效执行，效果明显，得 1 分。

（3）考核方式：①是否建立制度主要检查创建村提供的台账资料；②群众知晓率采用随机询问 2%以上村民方式，测评群众对该制度的知晓情况；③执行效果通过考核组对村内环境的目测进行确定。

（4）考核部门：由农办负责本项指标的考核。

——和谐乡村（100 分）

1. 五新争先工作（20 分）

（1）考核范围：村级组织建设工作。

（2）考核标准

1.1　选优配强新班子（6 分）

①全面完成村级四套组织换届选举，选好选足班子成员，选举过程和谐有序；年内按期完成村级各项工作任务，班子成员及时兑现年初承诺，得 2 分。

②深入开展和谐创业型班子创建活动，年内无因村两委班子和村干部基层基础工作造成群众到衢州市级及以上越级信访或上访事件，得 1 分。

③严格执行基层党风廉政建设有关规定，年内两委班子成员没有严重违法违纪行为，未受到诫勉教育和党纪政纪处分，得 2 分，村主职干部因严重违纪受

到党纪政纪处分的，不得分。

④继续深化村民代表、村民小组长和村级各员等三支队伍建设，依托“幸福乡村讲习所”、“村官论坛”等载体，切实加强村干部的经常性教育培训，按要求组织党员干部收看远程教育视频直播讲座，每月集中学习 2 次以上，得 1 分。

1.2　全力打造新风貌(2 分)

按照“六统一四化”要求，全面导入 CIS 城市品牌形象标识系统，制作“中国幸福乡村”建设、五新争先、“三民工程”、创先争优等广告宣传牌，完善活动场所的硬件配套设施和软件资料管理，不断拓宽服务功能，把村级活动场所打造成为干部之家、党员之家、村民之家，得 2 分。

1.3　积极谋划新思路(4 分)

①积极实施“一村一平台”行动，因地制宜，充分盘活村级各类集体资源，确保创建村拥有一个以上稳定的集体经济增收平台，得 2 分。

②认真实施村级五项规划，积极推行村干部绩效工资制度，坚持实行村账乡镇(街道)代理、组账村代理，加强对村级集体资产监管，推进农村的长远可持续发展，得 2 分。

1.4　完善运行新机制(4 分)

①坚持实行村民代表例会、重大村务公决五步工作法、村务公开、财务公开、党务公开等村级民主管理制度，不断完善村规民约，提高基层自治水平，确保村级组织有序、高效运转，得 2 分。

②加强党内民主制度建设，坚持实行农村无职党员设岗定责、发展党员全程票决、两票制评议党员、不作为党员告诫等制度，发展党员工作操作规范、到位，年内没有党员受到党纪处分，得 2 分。

1.5　激励再创新业绩(4 分)

①坚持实行农村党员干部承诺考核制度，年初村干部分别向党员群众公开作出以民生和谐与创业创新为重点的履职目标承诺，年底统一组织实施岗位目标考核，得 2 分。

②坚持实行民主评议村党支部、村干部和退位村主职干部制度，村主职干部基本报酬按照要求发放到位，村两委及各线干部报酬没有出现拖欠现象，如期完成村两委班子年初承诺的发展业绩和为民办实事目标，各项工作在乡镇、街道年度综合考核中名列前茅，得 2 分。

(3)考核方式：采取平时抽查和验收考核相结合的办法进行，验收考核时由考核组实地查看、翻阅相关总结和台账资料等，未达要求的酌情扣分。

(4)考核部门：由组织部牵头，会同市纪委、民政局、农业局对本项指标进行考核，考核结果由组织部负责汇总。

2. 村级运行“3+2”工作机制规范化建设(20 分)

(1)考核范围:村级运行“3+2”工作机制执行情况。

(2)考核标准

①村级运行“3+2”工作机制构架图及“三制两办法”内容全部统一规范上墙,得 3 分。

②村党支部、村民委员会、村务监督委员会和村经济合作社四套班子成员职责分工明确,履职到位,得 4 分。

③村级重大事务按照民主决策“四议”工作程序规范执行,各项会议记录表登记齐全,得 4 分。

④坚持实行村干部“村务值班日”制度和村级周二“民生服务日”制度,全面推行村级“民主议政日”制度,要求“村务值班日”记录表、“民生服务日”记录表、“民主议政日”记录表等登记齐全,得 3 分。

⑤认真开展村级组织考察评议,村两委班子成员的考察评议等次均要求在满意以上,村干部的评价要达到称职以上,党员的评价等次要在合格以上,得 3 分。

⑥对履行职责不到位的党员干部认真开展过错问责和谈心谈话工作,问责处置、谈心谈话资料档案齐全,得 3 分。

(3)考核方式:采取平时抽查和验收考核相结合的办法进行,验收考核时由考核组查看相关总结和台账资料等,未达要求的酌情扣分。

(4)考核部门:由组织部负责本项指标考核。

3. 推进“三民工程”建设(10 分)

(1)考核范围:建立民情档案、定期沟通民情、为民办事全程服务制度执行情况。

(2)考核标准

①按照“一村一册、一户一档、一事一表”的要求建立村情、民情档案,内容翔实、完整,配备档案室、档案柜、档案盒和电脑、信息网络等硬件设施,电子档案信息录入信息管理系统,得 2 分。

②落实“四联五清”要求,对村级实行网格化管理,明确工作责任和分工,加强对每个网格的管理和服务,掌握民情动态信息,及时进行更新、完善,得 2 分。

③不断完善“每日一值班、每周一集中、每月一沟通”的村级工作机制,改进和拓宽民生服务方式,积极开展“民生大集”活动,值班、集中办公、民情沟通等工作有记录台账,得 3 分。

④全面实行为民办事全程服务制度,建立村级便民服务中心,明确办事内容、程序、时限和责任人,相关制度公开上墙,对群众提出的涉及申报、审批等事

项或需上级帮助解决的问题，由村干部无偿、依法实行全程代理服务，切实为村民提供便利，得3分。

(3)考核方式：采取平时抽查和验收考核相结合的办法进行，验收考核时由考核组查看相关总结和台账资料等，未达要求的酌情扣分。

(4)考核部门：由组织部负责本项指标考核。

4."平安幸福连万家"活动(10分)

(1)考核范围：创建村开展"平安幸福连万家"活动情况。

(2)考核标准

①平安建设组织网络健全(2分)。村(社区)建立平安促进会，村党支部、村民委员会主要负责人分别担任会长和秘书长。村综治室及治保、调解、安置帮教、流动人口服务管理、禁毒等工作责任到人，队伍相对稳定。未成立平安促进会及各类综治组织的，扣1～2分，人员变动未及时调整的，扣0.5分。

②网格化管理措施到位(2分)。根据本村实情，合理划分网格，平安促进员责任范围明确，网格划分不合理或平安促进员责任不明的，分别扣1分。建立"平安连万家"工作手册，并发放到每名村民代表(或党员)，未到位的扣0.5分；建立管理手册或服务联系卡，并发放到户，未发放到位的，扣0.5～1分。

③职责制度得到落实(2分)。村两委成员、平安促进员联系农户的网络清晰，"三必到"制度落实。网络、职责不清，联系制度不落实的，不得分。平安促进员作用不明显，致矛盾信息报送渠道不畅或网格范围内发生民转刑案件、越级上访案件或其他重大群体纠纷案件的，扣1～2分。

④工作氛围浓厚(2分)。宣传发动到位，村民对平安连万家、网格化管理知晓率达90%以上，宣传未到位的，扣1分；加强对村民代表等骨干人员的素质培训，结合"三民工程"要求，规范完善平安连万家、综治网格化活动相关台账，台账管理不合要求的，扣0.5～1分。

⑤工作成效明显(2分)。努力实现邻里纠纷不出网格，小事不出村，矛盾不上交。本村矛盾纠纷调处成功率达80%以上，低于80%的，扣1分；低于70%的，扣2分。

(3)考核方式：采取平时抽查和验收考核相结合的办法进行，验收考核时由考核组查看相关总结和台账资料等。

(4)考核部门：由市政法委负责本项指标考核。

5. 民主法治村创建(10分)

5.1　民主法治村创建(5分)

(1)考核范围：创建村开展的"民主法治村"创建活动。

(2)考核标准

依照《浙江省“民主法治村”评分标准》的要求，申报衢州市级“民主法治村”的，考评分值应达到85分以上，申报江山市级“民主法治村”的考评分值应达到80分以上。侧重对依法完善民主自治机制、依法执行各项规章制度、依法实行“四民主三公开(村务、财务、党务)”、扎实推进法制宣传教育和法律服务以及村容村貌、硬件设施等进行考核，被命名为“衢州市级民主法治村”称号的，得5分，被命名为“江山市级民主法治村”称号的，得4分，未获得称号的不得分。

(3)考核方式：以市司法局向考核组提供相关文件依据为准。

(4)考核部门：由市司法局负责本项指标考核。

5.2 无参与“法轮功”等邪教组织和非法宗教活动(5分)

(1)考核范围：创建村两委及所有村民。

(2)考核标准

①领导重视，机构健全，制度台账完善，得1分。

②经常开展反邪教和反非法宗教警示教育，得1分。

③无村民参加邪教组织，无非法宗教活动场所，无村民参加非法宗教活动，无村民参与非法聚会活动，无邪教滋事案件发生，得1分。

④发现有非法宗教活动场所及非法宗教活动，以及“法轮功”等邪教人员滋事能及时举报，得1分。

⑤按照要求开展“和谐寺观教堂”(涉及有宗教活动场所村)和“无邪教村”创建，并经验收达标，得1分。

(3)考核方式：采取平时抽查和验收考核相结合的办法进行，验收考核时由考核组查看相关总结和台账资料等，未达要求的酌情扣分。

(4)考核部门：由市610办、民宗局负责本项指标考核。

6. 落实信访“三无”目标(10分)

(1)考核范围：创建村是否落实信访“三无”目标，即实现无到衢州去省城赴首都越级上访；无到江城集体上访；无恶性上访事件。

(2)考核标准

①每出现1人次赴京的扣5分；每出现1人次去省的扣3分；每出现1人次到衢州的扣2分；每到江山市集体上访1批5～10人次的扣2分，1批11～50人次的扣5分，50人次以上的扣8～10分。

②出现重大恶性越级上访事件的，将视情况扣除5～10分。

(3)考核方式：以市信访局向考核组提供的数据为准。

(4)考核部门：由市信访局负责本项指标考核。

7. 无重大刑事、治安案件和无参与“黄、赌、毒”(10分)

(1)考核范围：创建村所有村民。

(2)考核标准

①发生严重危害社会政治稳定与治安秩序的案件、严重治安灾害事故的;发生大规模群体性事件未及时预警导致发生严重后果;未及时妥善处置、上报涉及公安的信访案件,后果特别严重的或在重要会议、重大节庆期间进京上访被通报的,不得分。

②发生杀人、伤害致死、爆炸、纵火、劫持、投毒、入室(拦路)强奸、入室抢劫、绑架案件和其他严重刑事案件的;发生卖淫嫖娼、聚众赌博、涉毒案件、黑恶势力等违法犯罪活动被公安机关查证属实的,每发生1起扣除全部分值。

③发生打架斗殴、故意伤害等轻微刑事案件的,每发生一起扣1分。

④加强行政村治安防控和群众防范意识。刑事案件发案情况与上年相比,每增加1起,扣1分,直到扣完本项分值为止;治安案件发案情况与上年相比,每增加1起,扣0.5分,直到扣完本项分值为止。

⑤加强群防群治队伍组织建设,积极开展创安活动。组织、人员、制度未落实的各扣1分;群防群治队伍开展日常工作不落实的扣1分。

⑥加强行政村治调组织建设,提高基层组织调解能力。村治调会处理比例不得低于80%,每下降1%扣0.1分;上报乡镇(街道)调解比例不得高于10%,每上升1%扣0.1分;上报派出所调解比例不得高于10%,每上升1%扣0.1分。

(3)考核方式:采取以日常考核为主与不定期抽查考核相结合的办法进行,相关数据以市公安局向考核组提供的为准。

(4)考核部门:由市公安局负责本项指标考核。

8. 食品安全和“四防”工作(10分)

8.1 食品安全(5分)

(1)考核范围:创建村所有村民。

(2)考核标准

①组织管理(0.5分)。村级食品安全工作机构健全,人员到位,目标管理责任制、责任追究制、食品安全方面承诺书等完善齐全,食品安全工作纳入村级年度工作综合考核内容,工作有计划、有会议部署、有日常督察、有工作总结、有工作台账。

②宣传教育与日常巡查(1.5分)。经常利用村广播网、宣传橱窗、黑板报、标语、“民生大集”、“市民学校”等形式开展食品安全宣传,经常组织村级公共安全协管员、食品生产经营业主、村干部等开展食品安全法规和专业知识培训;每季对本村范围内的食品生产经营企业(网点)巡查1次以上,并配合上级开展监督检查。

③农村集体聚餐申报登记(2分)。做好农村集体聚餐申报登记、报告工作,

协助卫生部门进行指导；掌握辖区土厨师名单，培训体检率达 100%，辖区餐饮单位有效餐饮服务许可证持证率达 100%。

④应急管理(1 分)。有食品安全突发事故应急预案及操作规程，村级应急队伍健全，对村级协管员至少开展过一次以上应急培训，3 年来开展过一次以上应急演练；食品安全突发事故信息报告及时，事件处置得当。

⑤年内发生Ⅲ级及以上重大食品安全事故，不得分。

(3)考核方式：采取平时抽查和验收考核相结合的办法进行，验收考核时由考核组实地查看、查看相关总结和台账资料等，有关数据以市食安委办公室及相关部门向考核组提供的为准。

(4)考核部门：由市食安委办公室负责本项指标考核。

8.2　防火、防汛、防疫、防灾工作(5 分)

(1)考核范围：创建村是否有效应对自然灾害、事故灾难等各种风险，认真抓好防火、防汛、防疫、防灾工作，确保公共安全，无严重火情、汛情、疫情、灾情。

(2)考核标准

①组织机构健全(1 分)。建立村防火、防汛、防疫、防灾“四防”组织机构，明确“四防”责任人，得 0.2 分；成立由村两委干部、党员、村民小组长等参加的“四防”预备队，得 0.2 分；以文件形式明确各岗位人员职责，组织机构流程图上墙，得 0.2 分；制订防火、防汛、防疫、防灾工作制度，得 0.2 分；各项工作开展建有台账档案，得 0.2 分。

②注重宣传教育(1 分)。通过广播、宣传画、宣传册、宣传栏等多种形式经常性开展“四防”教育，得 0.6 分；“四防”固定醒目的宣传标语各不少于 1 条，得 0.2 分；在灾害隐患点设置警示牌、人员转移安置示意图，得 0.2 分。

③建立应急预案(3 分)。制订“四防”应急救援预案，得 1 分；发生灾情，能快速作出反应，迅速按预案开展救灾工作，得 0.5 分；及时准确上报灾情，得 0.5 分；落实救灾抢险物资及病死动物无害化处理场所，得 0.5 分；公开公平发放救灾款物，得 0.5 分。

④每发生一起直接经济损失达 50 万元以上火情、汛情、疫情、灾情，扣 3 分；直接经济损失达 100 万元以上，或造成人身死亡事故，扣 5 分。

(3)考核方式：采取平时抽查和验收考核相结合的办法进行，验收考核时由考核组实地查看、查看相关总结和台账资料等，有关数据以市民政局及相关部门向考核组提供的为准。

(4)考核部门：由市民政局负责本项指标考核。

——附加指标

1. 农业特色产业比重(5 分)

(1)考核范围:户籍在本村的所有农业户口村民。

(2)考核标准:村农业特色产业比重=村农业特色产业总产值÷村农业总产值。农业总产值包括种植业、林业、牧业、渔业的产值之和。在粮食、食用菌、畜牧业(生猪、蜜蜂、禽类)、林业(毛竹、油茶、水果)、渔业等特色产业中,选择不超过3个本村特色主导产业统计全村农业特色产业总产值。特色产业比重≥75%,得5分,每降5%扣1分,直至不得分。从2008开始被命名为特色专业村的,本项得满分。

(3)考核方式:考核组随机抽取3%～5%的农户样本进行特色产业情况的验收核实,核实方法采取与农户面对面实地调查,或通过电话咨询等方式进行,然后用核实准确的样本数据推算该村所选择的3个主导特色产业的产值实际数据,样本户人均特色产业的产值作为该村特色产业的人均产值,再推算出全村特色产业的总产值。

(4)考核部门:由农业局牵头,林业局、水利局等配合进行考核,考核结果由农业局负责汇总。

2. 乡村旅游经济增长率(3分)

(1)考核范围:创建村乡村旅游情况。

(2)考核标准:以村为基础测算单位,统计全村以乡村为旅游目的地,以农村文化景观、农村生态环境、农事生产活动以及传统的民族习俗为资源,融观赏、考察、学习、参与、娱乐、购物、度假、餐饮于一体的旅游活动所产生的经济总值。经济增长率≥10%,得3分,每降1%扣1分,直至不得分。

(3)考核方式:验收组根据创建村提供的相关资料及台账测算乡村旅游经济总值,上年创建村乡村旅游经济总值由旅游局评估提供。

(4)考核部门:由农办牵头,统计局、旅游局等部门配合进行考核,考核结果由农办负责汇总。

3. 来料来样加工从业人员比重(2分)

(1)考核范围:创建村从事来料来样加工的从业人员。

(2)考核标准:从事来料来样加工的人员占本村户籍人口比重≥10%,得2分,每降1%扣0.2分,直至不得分。

(3)考核方式:采取平时抽查与验收考核相结合的办法进行,验收考核时以检查台账资料为主。

(4)考核部门:由妇联负责本项指标考核。

4. 工作创新工作典型(5分)

(1)考核范围:2011年创建乡镇(街道)及创建村。

(2)考核标准:乡镇(街道)及创建村在创建工作中成绩突出,创新成果显著,市委、市政府在当地召开经验交流或发文推广的，每次得1分；衢州市委、市政府在当地召开经验交流会的，每次得2分；得到上级领导批示肯定、发文推广的，每次得1分；参加江山市级及以上经验交流会并有典型经验介绍的，每次得1分。同一事项不重复计分，以最高分值计算，最高得分不超过5分。

(3)考核方式：以正式文件、会议通知、领导批示件为准。

(4)考核部门：由农办负责本项指标的考核。

(三)考核程序

1.“五村联创村”考核

年终由各乡镇、街道组织对创建村进行自查，并将自查合格村名单报送市幸福乡村创建办。市幸福乡村创建办将名单提交各协调小组，由协调小组按照本考核细则，组织考核部门结合平时工作对相关创建指标进行考核并打分。考核部门将打分结果、打分依据及有关材料报送协调小组，由协调小组核查把关并分村汇总后，报送市幸福乡村创建办。市幸福乡村创建办对协调小组报送的打分情况及考核材料进行汇总并组织考核组进行实地核查验收，拟出“中国幸福乡村”初步名单，经市建设“中国幸福乡村”行动领导小组审核后，报市委常委会讨论通过确定“中国幸福乡村”名单，予以授牌表彰。

2.“单村创建村”考核

年终由各乡镇、街道组织对创建村进行自查，并将自查合格村名单报送相应的协调小组。协调小组按照本考核细则，组织考核部门结合平时工作对相关创建指标进行考核并打分，协调小组进行汇总并核查，拟出“单村创建”合格村初步名单，经市建设“中国幸福乡村”行动领导小组审核后，报市委常委会讨论通过，确定“单村创建”合格村名单，予以授牌表彰。

三、中国幸福乡村建设进程评价

从前段时间组织实施的考核情况看，江山市以“中国幸福乡村”为载体的新农村建设在经过一年半的实践后，已取得了阶段性的成效，具体主要体现在六个同步：

(一)现代农业发展与农民增收致富的同步跟进

农业转型升级扎实推进，乡村休闲旅游、来料加工等二、三产业快速发展，有

力促进了农业增收、农民致富。2010 年,全市村级集体经济收入 1.47 亿元,同比增加 27.7%;农村居民人均纯收入 9345 元,同比增长 12.7%;年人均纯收入超过 2500 元的低收入农户新增 6447 户,新增比例为 21.18%。一是现代农业发展基础有效夯实。出台了《关于加快推进现代农业园区的实施意见》、《关于加快推进现代农业园区建设的若干政策意见》等文件,在峡口、凤林两镇规划建设了 3.2 万亩的现代农业综合区,2010 年 7 月份列入第二批省级现代农业综合区创建点,成功引进 8 家企业入园发展现代农业。在张村、塘源口等乡镇规划创建 2.1 万亩东部省级现代农业综合区,其建设规划已通过省级评审。编制了《江山市粮食生产功能区建设规划》,2010 年年内完成了峡口镇、凤林镇的农田基础设施建设项目,建成粮食生产功能区 2.05 万亩。全市新增垦造耕地 4316 亩,完成标准农田质量提升工程 2 万亩,标准化建设改造鱼塘面积 1295 亩。成功创建省级主导产业示范区 4 个,省级特色农业精品园 6 个。二是特色农业稳步壮大。积极克服多雨多病虫害等严峻的生产形势,采取有效措施,农业生产实现平稳发展。全市粮油、食用菌、蜂业、畜禽、果菜、茶叶等农业主导特色产业总产值 44.99 亿元,同比增 7.84%。积极开展农产品推介营销,2010 年共组织 48 家企业、16 类 500 多个农产品参加各级各地农博会、农产品展销会、农交会;深化"农超对接",7 家大型超市与 21 家农民专业合作社、12 家种植、养殖大户签订订单金额达 6.51 亿元,全年助农销售农产品同比增长 31%以上。积极拓展农业休闲观光功能,引导农业主体对接旅游资源,开发特色产业文化,发展休闲观光农业。以宣传蜜蜂文化为主的福赐德蜜蜂大观园被省农业厅和省旅游局认定为首批省级休闲观光农业示范园,峡口台湾农民创业园和山里河马场农业观光园等接待观光游客一万多人次。三是二、三产业提质扩面。广泛开展来料加工业务对接、"流动超市"、洽谈对接会、技能培训、技能"大比武"等项目推进活动,充分挖掘网络市场和经纪人协会的作用,加快推进全市来料加工业"扩面、转型、提质"发展。来料加工业实现从无组织向组织化转变,从家庭小作坊向工厂化转变,从家门口向走出去转变的跨越式发展做法,得到省委常委、副省长葛慧君的批示。全市从事来料加工人数 6.3 万人,年发放加工费 2.61 亿元。依托江郎山世界遗产地的带动作用和"中国幸福乡村"建设成果,积极发展以"吃农家饭、住农家屋、干农家活、游农家景、购农家物、娱农家乐"为主要内容的农家乐休闲旅游项目,打造乡村休闲旅游品牌,农家乐休闲旅游业快速发展。全市目前共有农家乐特色村(点)28 个,农家乐经营户 162 户,2010 年接待游客量 105.33 万人次,直接营业收入 4579.26 万元,同比分别增 102%、198%,带动其他农民增收 1600 多万元。四是农民群众持续增收。低收入农户奔小康工程大力推进,结对帮扶、金融扶贫等工作认真开展,低收入群众增收致富奔小康步伐不断加快。召开了“深化结对帮扶·促进低收入农户增收”推进会，完善了结对帮扶低收入农户集中村制度，全市172个低收入农户集中村全部安排部门单位结对。2010年共实施帮扶项目146个，发展特色产业基地面积14450多亩。清湖镇清泉村等5个村被列入2010年度国家级村级资金互助组织试点，468户低收入农户及7个扶贫龙头企业向农村合作银行贷款，贷款金额达1165.35万元，贴息20.13万元。重点突出了房屋拆除、整体搬迁、户口迁移、建房报批等工作程序，有序推进下山搬迁工作，全年共安置下山搬迁农户885户、3111人，拆除老屋1252户。加快推进农民创业就业，全年共举办各类培训341期、16516人，其中农民转移就业技能培训83期、3667人，“两创”培训67期、3377人。积极创新培训模式，组织100多名种植、养殖大户、经营业主赴浙江省农林大学、省农科院参加高级研修班，切实提升农民创业带动能力。成立全省首个复退军人职业技能培训基地，就业率达100%，得到副省长陈加元的批示。全面开展“充分就业行政村”创建工作，全市开发公益性岗位264个，推荐就业1500人次，实现就业1300人。在6月召开的全省“基层平台建设暨创建充分就业村”工作会议上，江山市作了工作经验介绍。

（二）农村公共服务和社会保障水平的同步提高

一是农村社区建设扎实推进。以“一站式”服务大厅为主的农村社区服务中心建设得到发展，建成乡镇社区服务中心7个、村级社区服务中心52个。农村社区服务功能进一步强化，社区范围内的党建、民政、计生、综治、卫生等事务全部纳入“一站式”服务大厅办理，实行“一日一值班、一周一集中、一月一总结”制度，完善代办流程，落实代办承诺，为农民群众提供政策、技术、信息咨询，各类行政审批和行政服务事项。凤林镇社区民生365服务站被评为衢州市十大行政服务创新项目。二是城乡教育事业均衡发展。推进义务教育阶段学校标准化建设，落实义务教育经费保障机制，低收入农户子女就读中等职业学校学杂费免除率达到100%，属于行政事业性收费性质的农村义务教育阶段的学校学生住宿费免除率达100%。全面推进农村成人“双证制”教育等培训，2010年对1116名农村成人开展“双证制”教育培训，对518名未继续升学的初高中毕业生开展职业技能培训，分别完成上级下达的1000名和500名的培训任务。三是城乡公共卫生和医疗服务体系不断完善。继续加强社区卫生服务站建设和规范化社区卫生服务中心创建活动。以创建省级规范化中心为契机，推进规范化社区卫生服务中心创建。贺村镇、双塔、虎山街道社区卫生服务中心通过了省级规范化社区卫生服务中心考核验收，新型农村合作医疗2010年度全市参保45.7万人，参保率达95.5%。四是社会保障救助水平稳步提升。切实做好城乡居民社会养老

保险工作,60周岁及以上符合条件的农村居民基础养老金享受率达到100%。在2010年9月召开的全省城乡居民社会养老保险工作推进会上,江山市作了经验介绍,并被列入国家级试点县。农村低保实现应保尽保,全年共为9319名低保对象发放低保金1274.4万元,平均救助水平达低保标准的60.62%,发放春节慰问金101.2万元,物价补贴164.2万元。全市1368名五保老人集中供养1271人,集中供养率达92.9%,医疗救助金按人均8元标准列入财政预算。启动国有农村环保供养服务机构事业法人登记工作,全市养老机构床位数3185张,达到上年度老年人口的3.4%。认真实施残疾人托(安)养工程,309名重度残疾人实行托(安)养,建立残疾人小康·阳光庇护中心1家,为289名残疾人实施康复工程,残疾人信访工作得到陈加元副省长的肯定和批示。

(三)农村乡土文化和农民综合素质的同步发展

江山市在"中国幸福乡村"建设过程中,注重本地丰富的人文资源和农村精神文明建设有机融入,不断强化"中国幸福乡村"建设的文明内涵支撑,不断提高广大农民综合素质。一是文化活动平台丰富多样。不断加强乡镇(街道)文化站、村(社区)文化活动室等文化活动场所建设。新创建达标乡镇综合文化站5个,送文艺演出到农村215次,送电影到农村4047场,送书下乡21228册,为29个村配送文化活动器材。以市图书馆工作为重点,扎实推进文化信息资源共享工程建设,基本建成全国文化信息资源共享工程市、乡镇、村三级网络体系。全市已经在乡镇(街道)文化站、村社区文化活动室建立了345个基层服务点,使文化共享工程基层服务点普及率达100%。加快农村文化基础设施建设,全面启动农村广播电视网络双向改造工程项目建设,发展农村数字电视2万多户。自办对农栏目8档,连续两年被评为全省广播电视对农节目服务工程建设优秀奖,江山电视台《三农前沿》栏目被抽查的节目获得衢州地区唯一的优秀奖,大陈村党支部书记汪衍君获得新农村建设优秀带头人"金牛奖",是衢州市唯一的当选者。创造性开办"江山大讲堂"、"市民讲坛"、"幸福乡村讲习所"、"农民夜校"等教育平台,定期邀请知名专家学者和本市乡土能人向农民群众传授现代文明知识,提升农民文化素质。二是特色文化得到彰显。整合各方资源和文化力量,注重地方特色文化的挖掘与创新,积极借助音乐这种"人类第二语言"所具有的独特魅力,促进经济社会和谐发展。江山市被中国大众音乐协会授予"中国村歌发祥地"荣誉称号,《碗窑美》荣获第二届"中国村歌十大金曲"。从倡导先进文化、培植民间艺术、适应大众需求、形成自身特色出发,加强农村文化遗产和优秀民间文化的保护与开发,努力将一批有价值的民俗民间传统文化资源转化为文化产品。加快清漾、和睦等特色文化村后续项目、廿八都古镇保护和旅游开发二期工程建设，启动大陈古村落保护与建设工作。充分发挥农村群众的主动性、积极性，先后开展了南坞"三月三"文化活动、"激情新农村·幸福新农民"中国幸福乡村文艺晚会、虎山街道第四届"睦邻文化节"、第二届礼贤古城文化节、第三届峡里风文化节、大桥镇"三山边界民俗文化节"等在全市有一定影响的文化活动，为全市农民送上了丰富的文化精神食粮。各村积极开展了各种群众喜闻乐见、寓教于乐、生动活泼的农民运动会、文化节、排舞比赛等活动 186 场。三是精神文明创建扎实深入。被列为全省 6 个文明县域测评体系试点县（市）之一，建成省、衢州市级以上文明村 25 个，其中省级以上文明村 6 个，衢州市级以上文明村比重占全市行政村总数的 8.5%。率先在全省制订春泥示范县（市、区）测评体系，深入推进"春泥活动"，全市 208 个实施村全部建立春泥讲堂、春泥乐园、春泥书屋，全年共开展春泥活动 2000 多次，受益未成年人 44000 多人。2010 年 6 月 3 日，江山市作为全省唯一一个县（市）在全省未成年人思想道德建设工作会议上作典型发言。扎实开展文明家庭、幸福家庭等基础性创建评比活动，广泛开展好儿女、好婆媳、好夫妻、好青年等"四好"评选活动，进一步弘扬传统美德，促进乡风文明。深入实施婚育新风进万家计划，大力推进生育文化园建设，完成峡口镇峡南村、凤林镇株树村、清湖镇浮桥头村等 3 个生育文化园建设。

（四）农民生活环境和生产基础条件的同步改善

一是村庄环境质量有效提升。通过加强培训、现场督察、注重特色、加大投入等方式，扎实推进"十村示范百村整治"工程建设，促进村庄环境质量提升。全市共投入建设资金 4200 万元，54 个待整治建设村全部完成村道硬化、垃圾处理、污水治理、卫生改厕、村庄绿化等五大整治建设任务。新增硬化村内道路 115.24 公里，配备垃圾箱 1344 个，垃圾集中收集房 264 座，垃圾车 180 辆，完成污水治理 7198 户，新增完成卫生厕所改造农户 8753 户，拆除简易厕所、露天粪坑 1429 个，栽种各类绿化苗木 43 万余株。"十村示范百村整治"工程建设被评为省级优胜单位。二是农村住房改造全面推进。在 2009 年试点开展该项工作的基础上，2010 年在全市面上推开。在农房改造过程中，注重因村制宜，分类指导农村住房改造建设。大胆探索推进农房改造建设的新机制、新方式，建立村级集体土地收储制度、开展跨镇（村）建房试点，促进了农房改造建设快速推进。全年共完成农村住房改造 5012 户，超额完成年度计划，其中农村困难家庭危险房改造 2000 户，拆除旧屋 6208 户，面积 60.68 万平方米，建设用地复垦新增耕地面积 1526.89 亩。三是洁化、绿化运动深入开展。大力推进农村洁化运动，全市 80 个村实施了农村清洁工程，垃圾集中收集处理覆盖率达 100%。创新并不断完善"市查乡镇、乡镇查村、村查组、组查户"的农村环境卫生四级联查制度，该项

联查制度已在衢州市全市推广。全面完成"811"项目建设，投资881万元完成了319个规模化畜禽养殖场治理，完成了省下达的乡镇兽医站、农村户用沼气、农村沼气乡村服务网点、礼贤生猪专业合作社、安山小区沼气综合利用工程等项目建设。全面推进"312"城乡绿化运动，工作经验和做法得到省委副书记夏宝龙的表扬和肯定，在2010年3月10日召开的全省平原绿化工作座谈会上，江山市作了典型发言。四是农村基础设施有效改善。完成病险水库除险加固7座、山塘除险加固17座，完成河道整治里程59.07公里。切实加强河道保洁长效管理，被评为省级河道保洁管理先进单位。通过以城市管网延伸集中式供水为主，独立式供水为辅的方式，大力推进农民饮用水工程建设，新增农村人口安全饮用水人数4.78万人，全年新增城镇集中供水覆盖农村人口2.6万人。充分发挥交通服务发展职能，投资1685万元，新浇筑混凝土路面32.6公里；全市行政村客运班车通村率达到97.05%，城乡客运一体化率100%。创新公路养护机制，建立健全"县道县管、乡道乡管、村道村养"的分组管理体制和乡管村养、企业领养、公司化管养等形式多样、灵活多变的养管模式，切实提高农村公路管养的实效性。江山市农村公路养管体制改革试点工作得到副省长王建满的肯定和批示，并被评为全省先进县(市)。

(五)干部工作作风和和谐发展环境的同步优化

一是基层综治网络建设逐步完善。扎实推进"平安幸福连万家"活动，扎实推进基层综治网络规范化建设工作，强化综治维稳的基层基础。全市21个乡镇(街道)都建立了综治工作中心，12个社区、295个行政村均已建立了综治室，基本实现综治网络在基层的全覆盖。各行政村都建立了平安促进会的组织机构，组建了平安促进员队伍，在维稳、信息上报、矛盾纠纷调处等方面的作用日益显现。全年全市未发生一起恶性上访、群体上访、越级上访和重大刑事、治安案件。二是基层民主建设不断加强。扎实推进以建立民情档案、定期沟通民情、为民办事全程服务为重点的"三民工程"建设。在全市乡镇街道广泛建立民生365服务站，受理政策咨询、困难求助、家政服务和建议投诉等四大类服务项目，构建了服务项目多元化、服务方式便捷化、服务办理高效性、服务对象全覆盖的社区服务体系，方便了农村群众的生产生活。全年共解答群众政策咨询4110余次，上门核查群众诉求2667次，群众投诉328次，民生365服务站得到群众的广泛好评。在江山市凤林镇试点的"三民工程"工作得到中共中央政治局常委、国家副主席习近平和省委书记赵洪祝，省委常委、组织部长蔡奇等的批示。在总结上余镇试点经验基础上，"党员首议制"在全市进行推广，促进了重大村务决策的民主化、科学化，进一步完善了农村基层民主政治建设体系内容。以乡镇干部重心下移五项制度、重大村务公决五步法、发展党员全程票决、村民约谈等制度得到了有效落实。三是基层组织建设有力夯实。坚持经济社会发展和基层基础工作“双争先”导向，不断健全部门联村共建“中国幸福乡村”、农村工作指导员等各类长效机制；继续实行乡镇党委书记向市委、村党支部书记向乡镇党委述职考评制度，建立村民小组长向村两委工作述职考评制度。积极引导农村党员在“中国幸福乡村”建设中争当“五个先锋”的做法得到省委常委、组织部长蔡奇的肯定和批示。全面加强村党支部书记、村民小组长、大学生村官等三支队伍建设，用好农村现代远程教育，抓好农村党员和干部教育培训。“一评两选”后备人才工作机制在大桥镇试点成功后，在全市面上进行推广。通过“一评两选”工作机制，规范了村级后备干部选拔工作程序，储备了一批德才兼备的后备干部，进一步畅通了农村优秀人员入党渠道，为今年的村级组织换届选举储备了大批优秀人才。

（六）短期量化目标与长效保障机制的同步突破

制定出台并认真执行落实《加快推进农村改革发展的若干政策意见》、《关于进一步加强农村基层组织建设的若干意见》、《关于推进农村社区建设的实施意见》、《关于加快农村住房改造建设的实施意见》、《关于全面推进林权抵押贷款工作的若干意见》、《农村住房抵押贷款试行办法》、《关于加快农村土地承包经营权流转的实施意见》等10多个配套保障政策措施。编制了《江山市农家乐发展总体规划（2010—2020）》，明确了江山市农家乐乡村休闲旅游业的发展布局、开发思路、市场定位、长远目标，促进其可持续发展。编制完成了《中国幸福乡村建设十二五规划》、《江山市现代农业综合园区建设“十二五”规划》、《江山市五大特色农业发展“十二五”规划》等一批新农村建设“十二五”专项规划。扎实推进土地、金融等改革试点工作，加快土地流转，建立健全市乡村三级流转服务机构，新增流转面积2.87万亩，累计流转面积10.6万亩，流转率达36.28%，同比提高9.8个百分点。扎实做好林权流转服务工作，新增林地流转面积7212亩。林权和农房抵押贷款稳步推进，全市累计完成林权抵押贷款1.78亿元，农房抵押贷款6302.7万元。

四、中国幸福乡村建设成效评价

建设社会主义新农村，是我国现代化进程中的重大历史任务。为进一步提高新农村建设实效和水平，在深入调研和学习借鉴基础上，江山市于2009年提出并启动实施了建设“中国幸福乡村”的重大举措。

(一)主要成效

2009 年以来，全市上下把“中国幸福乡村”建设作为党委政府的中心工作，高度重视，积极组织，全力推进，成效显著，城乡日趋和谐，为“十二五”时期的“中国幸福乡村”建设奠定了良好基础。

1. 工作体系比较完善

通过调研和实践，已构建了一个比较完善的推进“中国幸福乡村”建设工作体系。形成了包括行动纲要、实施意见、创建标准、考核细则、标志奖牌等内容的一套完整工作方案；组建了领导小组、技术指导组、讲师团、实施小组等一个完善工作网络；出台了《关于全面推进林权抵押贷款工作的若干意见》、《江山市农村住房抵押贷款试行办法》、《江山市农村住房改造实施意见》、《关于进一步推进下山搬迁工作的若干政策意见》等一批配套政策。

2. 共建氛围不断浓厚

“中国幸福乡村”建设已经深入人心，形成了全市上下联动、共同推进的良好态势。以激发农民主体作用为出发点，注重全面发动、持续宣传、积极引导，农民群众的主体意识得到不断强化，参与建设的热情得到有效激发；各行政村也把“中国幸福乡村”建设作为强村富民的难得机遇，争相申报，全力创建；各部门单位、乡镇街道主要领导高度重视，与本单位的职能职责紧密结合，整合相关项目和资金，合力推进“中国幸福乡村”建设；各工商民营企业，积极响应市委、市政府号召，纷纷参与“村企结对共建中国幸福乡村”活动，捐资捐物支持结对村开展建设。

3. 区域品牌初步打响

《人民日报》、《农民日报》、《新农村》、央视 7 套、新华网等各级、各类新闻媒体，都对江山的“中国幸福乡村”建设作了全面报道。省政府办公厅刊发了专报信息，浙江省委常委、宣传部长茅临生 2009 年就江山市的这一做法专门作了批示。2010 年 5 月，举办了“中国幸福乡村论坛”，温铁军等领导和专家对“中国幸福乡村”建设给予了高度评价。在 2010 年全省“千万工程”现场会和 2010、2011 连续两年全省农村工作会议上，江山市都作了“中国幸福乡村”建设典型经验介绍。2010 年以来，来江山考察学习“中国幸福乡村”建设的省内外县(市、区)单位已达 80 余批近 4000 人次。“中国幸福乡村”品牌已初步树立并不断打响。

4. 建设成效日益显现

以“中国幸福乡村”建设为载体，大力实施产业增收、公共服务、农民素质、环境整治、基层基础等五大提升工程，江山市新农村建设的实效和水平得到大幅提升，初步实现了农业增效、农民增收；村庄变美、服务变优；乡风文明、社会和谐的建设成果。至今，全市已累计建成富裕、满意、文明、美丽、和谐的“中国幸福乡村”45个，其中“精品村”7个，建成“单项创建村”150个。2011年，又启动了25个“五村联创村”和55个“单项创建村”的建设。“中国幸福乡村”建设成果，还带动了江山市乡村休闲旅游业的蓬勃发展，“中国幸福乡村游”正成为带动农民增收致富的又一新经济增长点。

(二)主要问题

虽然江山市“中国幸福乡村”建设的推进机制基本建立，成效初步显现，但总体来说，还存在着一些问题，主要有：

1. 创建规划整体滞后

规划是龙头。“中国幸福乡村”建设虽然有一套较为系统的创建内容和评价指标体系，但一些创建村的精品意识不是很强，在建设前没有因村制宜编制科学的“中国幸福乡村”创建规划。各村在创建过程中，特别是在“美丽乡村”建设中，缺乏创建规划的指导，往往随意性较大，存在匆忙决定相关项目建设的现象，造成“中国幸福乡村”建设品位不高，特色不明显。

2. 建设资金依然短缺

“中国幸福乡村”建设是一个系统工程，创建内容多、标准高，投入大。虽然通过加大财政扶持、整合项目资源、推动社会帮扶、鼓励群众参与等措施，部分解决了“中国幸福乡村”建设资金投入，但与庞大的资金需求相比，绝大部分村由于基础条件差带来的建设资金短缺问题依然非常严重，一定程度上制约了“中国幸福乡村”建设的推进速度和建设品位。

3. 服务指导仍需加强

在“中国幸福乡村”建设中，存在“两头热、中间冷”的倾向。市委、市政府高度重视，投入力度不断加大，行政村创建热情也较高，但作为抓指导、抓落实的部门和乡镇，工作有所松懈，力度有所弱化。一些技术指导组和创建指标责任部门的协调、指导、督察等职能作用发挥不到位，下乡进村指导服务不够。部分乡镇、街道的创建主动性、计划性有待进一步加强，在时间和精力分配上没有做到经常性到创建村督促检查。

(三)机遇与挑战

1. 面临的机遇

从宏观背景看，从党的十六届五中全会提出建设社会主义新农村的重大历

史任务，到十七大对统筹城乡发展、推进社会主义新农村建设作出全面部署，再到党的十七届三中全会提出全面加快农村改革发展和党的十七届五中全会继续把推进农业现代化、加快社会主义新农村建设作为当前及今后一个时期的重要工作任务之一，中央对新农村建设政策的延续和深化，为推进江山市的“中国幸福乡村”品牌化建设提供了坚强的政策支持。

从外部环境看，省委十二届七次全会通过的关于推进生态文明建设的决定，明确提出要把建设“美丽乡村”作为生态文明建设的重要内容，并于 2011 年在全省启动实施“美丽乡村”建设。“十二五”期间，浙江将出现一批各具特色的新农村样本，可称为“品牌新农村”，这是新农村建设的趋势。江山市的“中国幸福乡村”建设，已初步得到省内外各级领导、专家、媒体的认同、关注和支持，并被作为“美丽乡村”建设的一种模式予以全省推广，为推进江山市的“中国幸福乡村”品牌化建设营造了良好的外部环境。

从内部基础看，近年来江山市经济社会实现持续快速健康发展，经济增速连续 10 年超过浙江省平均水平。2010 年，全市生产总值达到 170.96 亿元，比上年增长 14.1%；实现财政总收入 12.92 亿元，其中地方财政收入达 8.04 亿元。城镇居民人均可支配收入 20138 元，农民人均纯收入 9345 元。经济健康持续发展，财政实力不断增强，城乡居民收入快速增长，为推进江山市的“中国幸福乡村”品牌化建设奠定了扎实的物质基础。

2. 面对的挑战

创建村基础条件逐年趋差。“中国幸福乡村”建设前 2 年为抓点示范阶段，一批基础较好的村开展了创建工作。“十二五”期间，创建村的村级集体经济、现有基础设施、基层组织建设等各项基础条件，都显著差于前 2 年的创建村，带来创建难度更大。

农民持续增收难度不断加大。由于宏观经济环境的不确定性、农业作为一种弱质产业受市场和自然双重因素制约等影响，农民持续增收的难度逐年加大，必然导致在“中国幸福乡村”建设中，农民的主体参与性难以得到有效发挥。

区域品牌竞争日趋激烈。虽然江山市的“中国幸福乡村”建设品牌已经有了一定的知名度，但各地创建新农村建设区域品牌的意识也不断增强，如果我们不能更大力度地抓好对外宣传推介、对内完善提升，初步树立的品牌知名度将受到严重挑战并趋于弱化。

第四章
品牌特色

一、创新建设理念

(一)品牌特色化:让幸福乡村形神兼具

幸福,既是每个人追求的目标,也是全人类追求的终极目标。统筹城乡发展,建设社会主义新农村,根本目的和最终目标就在于让老百姓感觉到幸福,活得有尊严。这是科学发展观的本质要义,也是各级党委政府的执政之要。江山市委、市政府深刻领会省委"两创"总战略和省委、省政府关于转型升级科学发展的部署要求而提出的"中国幸福乡村"建设,正是对"让百姓幸福"这一执政之要的积极探索和具体实践。

黛瓦粉墙错落有致,村庄道路整洁通畅,房前屋后绿树环绕,家家庭院鸟语花香。耳畔萦绕的是孩子们琅琅的读书声,眼前浮现的是老人们开怀的笑容,嘴里哼着的是温情古朴的村歌,脚上跳着的是欢快喜悦的舞蹈,手里

捧着的是带着故乡味道的面条，幸福的感觉油然而生，这是江山市围绕中央新农村建设20字方针开展“中国幸福乡村”建设的典型缩影。

“东方红，太阳升，中国出了个毛泽东，他为人民谋幸福，呼儿嗨哟，他是人民大救星……”这首唱了几代人的《东方红》响彻在世界自然遗产地江郎山脚下的“江南毛氏发祥地、毛泽东祖居地”——江山市石门镇清漾村的上空，村民们欢快地唱着歌，脸上洋溢的满是幸福的笑容。一首《东方红》，如金灿灿的阳光温暖胸膛，在江山，我们领悟了幸福的内涵，串联起“中国幸福乡村”的历史起源。幸福的歌儿唱起来，这是美丽村庄步入幸福时代的响亮号角；这是希望田野丰收农民致富的快乐和鸣；这是江山创建“中国幸福乡村”的和谐旋律。

近年来，国家将国民的幸福指数提高到前所未有的高度，中共中央在“十二五规划”建议中明确提出要“建设农民幸福生活的美好家园”；国务院领导指出，我们所做的一切都是要让人民生活得更加幸福、更有尊严，让社会更加公正、更加和谐。江山要建设的“中国幸福乡村”，就是要让百姓生活得更加幸福，让百姓开怀唱响“生活富裕、乡风文明、环境秀美、社会和谐、百姓满意”的新生活。江山市委、市政府从加快城乡融合的要求出发，创造性地提出了建设“中国幸福乡村”的工作思路，设立5方面50项指标，让幸福的歌儿溢满江山。

2008年以来，为切实提升新农村建设水平，有效增强农民群众对物质、精神、环境等多方面、多层次的幸福感和满意度，在深入调研、反复论证基础上，江山市委、市政府创造性启动实施了“中国幸福乡村”建设，在全市农村大力推进产业增收、公共服务、农民素质、环境整治和基层基础五大提升工程，以“中心村”培育为切入口，计划通过12年左右时间的努力，抓点成线，连线扩面，整体推进，逐步把江山绝大多数农村建设成为富裕、满意、文明、美丽、和谐的“中国幸福乡村”。

几年来，在省委、省政府主要领导及衢州市领导前后莅临指导下，江山市通过强化领导、广泛发动、加大扶持、整合资源、创新机制等举措，实行“五村联创”和“单村创建”相结合，全面推进“中国幸福乡村”建设，取得了较为明显的成效。全市共投入建设资金18亿多元，建成“五村联创”的“幸福乡村”45个，单项特色村150个。实现了农民持续增收，2010年人均纯收入达9345元，增幅达12.67%；农村更加秀美，人居环境和生活质量得到显著改善；服务不断优化，公共服务和社会保障水平越来越让老百姓感觉到满意。

实践证明，江山的“中国幸福乡村”建设，是一个切合区域实际、顺应群众要求、富有江山特色的新农村建设新模式。我们坚信，通过进一步具体实践和努力探索，一定能不断丰富“中国幸福乡村”建设的科学内涵，使之成为全国品牌新农村建设的样板之一。

(二)幸福指标化:让幸福看得见摸得着

幸福是一种感觉,如何才能看得见摸得着?江山市设计出5方面15类43项指标,推进农村"产业增收、公共服务、农民素质、环境整治、基层基础"等五大提升工程,不断提高全市农民的幸福指数。农民群众的幸福感、满意度问卷调查综合分达不到90分,就不能算幸福。

2010年,峡口镇合新村在创建"中国幸福乡村"时发现,对照43项指标,村民人均纯收入、人均集体可支配收入等少数指标还没有达到创建要求,村民不富,村集体综合实力不强,群众的幸福需求自然是得不到满足的。有了努力的方向,村两委马不停蹄地忙开了。在镇里帮扶下,该村第一件事就是将村里的一片50多亩闲置土地,开发成白菇种植基地,到2010年年底,该基地共种植白菇200万袋,助农增收200多万元,还为村集体带来了近10万元的租金收入。

尝到了白菇种植的甜头,村民曾江青精心准备白菇种植原料,打算扩大种菇规模,力争收入翻番。村党支部书记罗富军说:"下一步,村里还要继续开发利用闲置土地,大力发展生产,保住中国幸福乡村荣誉。"

(三)规划长远化:让幸福乡村有序推进

建设"中国幸福乡村"是一项长期艰巨的任务,是一个循序渐进的过程。江山市按照抓点连线成片的推进方法,其近、中、远期的实施步骤及分阶段目标为"255行动计划",即:开头2年抓点示范打出品牌,中间5年连线扩面打响品牌,最后5年全面覆盖巩固品牌。

1. 近期:抓点成线阶段(2009—2010年)

在完善"中国幸福乡村"创建内容及评价标准的基础上,全面启动创建行动,重点做好一批基础较好村的改造提升工作,确保50个左右村基本达到"中国幸福乡村"创建标准,力争在2年时间内初见成效,打出"中国幸福乡村"品牌。

2. 中期:连线扩面阶段(2011—2015年)

充分发挥第一批"中国幸福乡村"的典型示范作用,以"一轴二线三区"沿线周边村和中心村为重点,每年完成25个左右的"中国幸福乡村"创建,确保高速公路、国省道沿线和旅游景区、城镇周边的125个左右村基本达到"中国幸福乡村"创建标准,力争在省内外有较大影响,打响"中国幸福乡村"品牌。

3. 远期:全面覆盖阶段(2016—2020年)

按照全覆盖的工作要求,基本完成全市其他村的创建工作,并巩固提升已取得的创建成果,将大部分乡镇(街道)建成"幸福乡镇(街道)",全市基本建成"幸

福江山”，最终实现“中国幸福乡村”建设目标，使“中国幸福乡村”成为江山又一个国家级的区域品牌、城市营销推介的又一张金名片。

(四)发展多元化：让幸福乡村因地制宜

幸福是源自内心的感受和真实的生活状态，除了用5方面15类可操作性指标满足农民群众的基本幸福需求，江山市也十分重视村民幸福感和乡村实际状况的结合，换句话说，在江山，幸福是因地制宜。

1. 大陈乡大陈村：幸福是一碗大陈面的浓情

让世界听到“中国幸福乡村”的声音，唱起荣获首届“全国村歌十大金曲”的《妈妈的那碗大陈面》，幸福的感觉就涌上了大陈人的心头。大陈面是大陈村在建设“中国幸福乡村”中实施产业增收的特色主打产品，具有500多年的工艺，也承载着许多人文底蕴。面条是农村人招待客人最好的食品，代表着情意。一位上了年纪的老爷爷说：“寄托了思念和家的味道的大陈面，捧在手里，吃在嘴里，幸福在心里。”

2. 清湖镇和睦村：幸福是陶车慢转中的喜悦

土陶重放光彩，这是和睦村人的幸福。江山市把“中国幸福乡村”建设与乡土特色文化资源的保护开发相结合，推进和睦彩陶特色文化村建设。60余座被考古专家称为活化石的馒头窑，散落在村里，各式花盘壶罐的泥坯泛着泥土芳香，成排成列晒在农家院子里。老陶工悠然地抽着烟，揉一团泥，在陶车上慢慢转动，随着陶器的渐渐成型，幸福就这么一点一滴地转了出来。

3. 贺村镇丰益村：幸福是创新创业中的激情

丰益村紧临木材加工园区，村民洗脚上岸变身“上班族”，日子也一天天殷实起来。依托园区，他们还发展服务业，“村里人都有事做，老人也能在家门口找到活干！”村党支部书记郑仓旺说。严宗富夫妇办了一家木材加工厂，家里新房底楼出租，三楼办旅馆。“我们在创业中体会幸福！”不仅是他的心声，也是广大丰益村村民的内心真实感受。

每个村有每个村的特色，新农村建设要因村制宜，幸福感的增强也要因村制宜。大陈乡、和睦村、丰益村只是江山市众多“幸福乡村”的缩影，还有浙江省首届魅力新农村凤林镇白沙村、古色古香的廿八都古镇浔里村、景色绝美宜居养性的贺村镇耕读村等，都等待着我们去探索，去发现幸福。一个个幸福的村庄，如丰收的果实，五彩缤纷，映得江山如此多娇！

(五)主体多样化:让幸福乡村共享共建

为了使中国幸福乡村建设主体多样化,真正让幸福乡村共享共建,江山市积极发挥农村妇女在"中国幸福乡村"建设中的作用,进一步增强妇女组织的凝聚力,江山在全市农村开展了"农家女幸福行动"。"农家女幸福行动"是江山市推进"中国幸福乡村"建设的一项有效活动载体,是整合社会力量参与新农村建设的一项重要举措。

在指导思想上,紧紧围绕党中央提出的建设社会主义新农村"生产发展、生活宽裕、乡风文明、村容整洁、管理民主"的目标,根据江山市关于"中国幸福乡村"建设的总体部署,整合社会各界力量,动员广大农村妇女参与"中国幸福乡村"建设,促使广大妇女转变思想观念、提高综合素质、弘扬文明新风、建设和谐家园,在实现自身进步和发展的同时推动全市"中国幸福乡村"的建设工作。

在目标要求上,结合"中国幸福乡村"建设工作,以抓点成线、启动见效为重点,在全市农村全面启动"农家女幸福行动""五大工程"的实施活动,重点是在2009年18个已命名的和2010年32个正在创建"五村联创""中国幸福乡村"的行政村展开。活动中要求各行政村以建立一支由村妇女骨干组成的文化活动队伍,并结合各村实际,根据"富裕、满意、文明、美丽、和谐"的要求,因地制宜,彰显特色。活动开展情况将作为江山市"中国幸福乡村"建设的考核奖励加分的依据之一。

在实施步骤上,第一阶段:调查摸底,制订计划。在调查摸底的基础上,按"农家女幸福行动"要求,各乡镇(街道)结合实际,研究确定工作目标、计划和具体措施。第二阶段:统筹资源,组织实施。紧紧围绕全市"中国幸福乡村"建设工作,发挥本地优势,吸引社会参与,整合资源,集中力量,系统开展"农家女幸福行动"。第三阶段:完善机制,巩固提高。不断探索、建立"农家女幸福行动"的工作长效机制,进一步巩固创建成果,使"农家女幸福行动"工作再上新台阶。

在具体措施上,"农家女幸福行动"是妇女组织参与江山市"中国幸福乡村"建设的载体,围绕"富裕、满意、文明、美丽、和谐"的目标,创建活动以"整合资源、凝聚妇女、建设幸福新农村"为主题,着力做好"五大工程",即"女性创业工程"、"和美和谐工程"、"母亲素养工程"、"村容整洁工程"、"家庭建设工程"。

1."女性创业工程"

一是配合有关部门做好农村妇女劳动力的培训工作。积极开展订单式、菜单式、电教式、项目化的培训,培训工作要有计划有措施。进一步完善多层次、广覆盖、开放式信息化的妇女教育培训网络,提高培训覆盖面,18～50岁农村妇女富余劳动力80%以上接受培训。重点抓好农村经济转型升级的女能人、女致富带头人、女经纪人的培训培养,全市年培训人数不少于300人。二是搭建妇女创

业平台，为妇女创业提供优质服务。围绕农业产业结构调整和增收致富的目标任务，引导、组织农村妇女发展种、养、加等产业和服务业，扶持发展具有地方特色的“妇字号”生产经营项目。积极引导女能人发展现代农业、创办和发展妇女领办的专业合作社、建立来料加工集中点、“双学双比”科技示范基地、“妇字号”示范农家乐等，提高农村妇女的组织化程度。三是加强女性创业经验交流，树立创业女性典型。组织开展经验交流、基地参观、技术比武等活动，着力提高妇女增收致富的能力。

2.“和美和谐工程”

一是组建巾帼志愿队。根据本村资源实际，建立健身娱乐队、家教志愿队、生态宣传队、敬老帮扶队、妇幼保健队等活动志愿队，并制订活动计划。二是建立各类活动阵地。以村妇女学校、农民文化活动中心、远程教育基地为主阵地，发挥文化中心户、家庭教育活动点的作用，开辟家长学校、姐妹悄悄话等新的活动阵地，让每位妇女有适合自己的活动场所。经常性开展寓教于乐的文化娱乐活动，村组织比较大的活动每年不少于 2 次。三是开展家庭结对活动。开展以“共建和谐”为主题的家庭结对帮扶和城乡文明家庭互结对活动。招募“爱心家庭”成员，结对帮助老弱病残妇女、儿童，与城市文明家庭互结对，通过互访互动，实现城乡家庭的优势互补和文化交融，共创文明和谐大家庭。

3.“母亲素养工程”

一是通过各种培训班、报告会等形式，向农村妇女做好政治形势宣传工作，受教育面达 90%以上。促使全村妇女深刻领会构建和谐社会、开展中国幸福幸福乡村建设的意义。二是整合各类教育资源，以集中面授、远程教育、咨询服务和菜单式自主学习培训等形式，对全村 18 岁以下未成年人的母亲开展继续教育，每人能轮训一遍。三是成立村家长学校，开设亲子课堂、家庭教育服务、现代远程教育接收点、文化中心户、妇女家庭教育点等形式多样的家庭阵地，拓展家庭教育覆盖面，加强未成年人的思想道德建设工作，提高家庭教育水平。

4.“村容整洁工程”

一是开展“绿色生态庭院”创建活动。增强妇女的参与意识，发动每家每户开展庭园整洁绿化美化活动，使创建率达到 95%以上，合格率达 85%以上。制定适合本村实际的整洁、验收标准以及奖励措施，努力营造优美和谐的人居环境。二是健全村庄保洁员队伍。成立环境宣传巾帼志愿者队伍，参与生态环境保护宣传，定期开展环境整治活动，确保村容村貌整洁美观。三是设立宣传“一条路”。在完成“路平、灯明、水清、地绿”工程的基础上，在路两旁设立公益广告灯箱和文化长廊，营造文明和谐宣传氛围，让村民在休闲中学习和提高。

5.“家庭建设工程”

一是开展“和谐家庭”创建活动。通过形式多样的特色家庭创建，使“遵纪守法、廉洁奉公，男女平等、共同发展，爱岗敬业、勤劳致富，家庭和睦、邻里融洽，为国教子、以德育人，崇尚科学、倡导文明”的和谐家庭建设观念深入每家每户。各类特色家庭创建面达95%以上。二是开展“平安家庭”创建活动。以提高家庭成员的法制观念、道德水平为重点，组织开展形式多样的“平安创建”宣传教育活动，健全村级妇女维权站（室）服务制度，及时调处家庭和邻里纠纷，切实维护妇女合法权益，实现家庭零暴力目标，以家庭平安促进社会稳定。三是开展“三情四心”创建评选活动。围绕构建和谐社会，结合中国幸福乡村“文明乡村”创建中的“四好”，在全村开展以“邻里情、婆媳情、夫妻情”为主要内容的“三情”创建活动；开展以“热心老人、贴心婆媳、爱心父母、孝心子女”为主要内容的“四心”评选活动，努力营造和谐的人际关系。

（六）建设长效化：让幸福乡村日渐成效

建设“中国幸福乡村”不仅仅是一句响亮的发展口号，更是一项立意深刻、内涵丰富的民生工程。通过两年的努力，全市已建成富裕、满意、文明、美丽、和谐等“五村联创”的“中国幸福乡村”45个，建成“单项创建村”150个，基本实现了“255行动计划”的近期目标。

通过“中国幸福乡村”建设，江山初步实现了现代农业发展与农民增收致富的同步跟进，农业特色产业加快培育，村级集体经济不断壮大，农民收入持续增加，“中国幸福乡村”建设的物质基础不断夯实；初步实现了农村公共服务和社会保障水平的同步提高，农村社区建设扎实推进，农村社会事业快速发展，农村社会保障和救助水平持续提升，城乡一体化发展水平不断提高；初步实现了农村乡土文化和农民综合素质的同步发展，农村精神文明建设显著加强，农民综合素质明显提升，乡土特色文化不断繁荣；初步实现了农民生活环境和生产基础条件的同步改善，农村人居条件和生产条件不断改善，生态环境不断优化，可持续发展水平显著提高。

通过“中国幸福乡村”建设，江山市还在很多新农村建设的体制机制上进行了探索创新。自启动实施“中国幸福乡村”建设以来，先后制定出台了《加快推进农村改革发展的若干政策意见》、《关于加快农村土地承包经营权流转的实施意见》等10多个配套保障政策措施，积极探索推进林权抵押贷款、农村住房抵押贷款、土地承包经营权流转、农村宅基地有偿收储和流转等试点工作，有效激发农村改革发展内生力。累计流转土地10.6万亩，流转率达36.3%；林权抵押贷款1.75亿元，同比增长43%；农房抵押贷款发放6302万元，并保持快速增长态势，

有效解决了农民创业起始资金难的问题。

通过“中国幸福乡村”建设，干部工作作风持续优化，农民主体意识显著增强。大力实施以建立民情档案、深化民情沟通、实行为民办事全程服务为主要内容的“三民工程”建设，深入开展以选优配强新班子、全力打造新风貌、谋划发展新思路、完善运行新机制和激励再创新业绩为主要内容的村级“五新争先”活动，并积极推行干部分片包村、民情沟通、镇村干部联合办公、定期蹲点调研、干部重心下移考核管理等乡镇干部重心下移“五项制度”，镇村干部又重新回到了基层群众中去，农村基层组织建设得到有效加强。各村通过“中国幸福乡村”建设这一载体，农民群众抢发展、争先进的意识得到有效激发，主体意识不断强化，形成了你追我赶、争先发展的良好局面。

二、创新建设路径

(一)建设生活富裕型幸福乡村

江山市通过实施农业特色主导产业、来料来样加工业、乡村休闲旅游业等“一村一品”工程，进一步提升产业增收、农民致富水平，推进农业主导产业品牌化发展、农民就业创业多元化拓展，重点突破低收入农户增收问题，努力建设生产发展、增收稳定的“富裕乡村”，显著增强全市农民的创业增收成就感。

“第一批上海客人来我们村，我家16个床位全部客满，两天就进账480元呢！”谈起花园岗村发展“中国幸福乡村游”给自己带来的实惠，村民赖先根乐得合不拢嘴。

现年48岁的赖先根，原先在一家木材加工厂打工，月收入不到2000元。2010年2月17日，她与村里签订了“促进乡村旅游发展合作协议书”，共投入6万余元，将家中二楼以上闲置的房间进行了装修，并于当年3月20日迎来了自己的第一笔生意。

花园岗村，积极抓住江山市全面推进“中国幸福乡村”建设的大好时机，与江山绿业旅游有限公司合作，依托村庄优美环境和农户自有房屋等资源，发展“中国幸福乡村游”项目。通过统一设计、统一施工的方式，按照每建一个标准客房村里补助1000元的标准，对农房进行宾馆式改造，掀起了村民发家致富的又一股热潮。目前，该村已有15%的农户从事第三产业，人均增收5000元以上。

花园岗村是一个下山搬迁小区，既无好山又无好水，深入发展乡村旅游必将受到制约，怎么办？花园岗村党支部书记吴柏发说：“没有资源，我们就要创造资源。现在，我们村结合乡村旅游，开始建设 6 亩左右的杨梅园区和 20 余亩葡萄园区，进一步增强乡村旅游的吸引力。”此外，搭建乡村戏台、配备娱乐设施、建设村级大花园等，都被纳入了进一步发展乡村旅游的计划当中。

从 2009 年 4 月份开始发展农家乐以来，花园岗村每周都有 3 个上海团队 200 多人前来旅游，江郎山申遗成功后，更是天天游客爆满，2010 年接待上海客人达 2 万名以上。

(二)建设乡风文明型幸福乡村

江山市通过实施特色文化保护开发、农村精神文明创建、“五五”普法教育等工程，进一步提升农民综合素质，推进农村乡土文化的个性化展示、农民素质的现代化培育，努力建设乡风文明、健康积极的“文明乡村”，显著增强全市农民的精神文化愉悦感。

“富不俭用贫时悔，艺不勤学长时恨”，翻开清漾毛氏文化村的族训家规，在字里行间，我们看到的是真善美的传承。

江山市实施的“中国幸福乡村”建设，从倡导先进文化、培植民间艺术、适应大众需求、形成自身特色出发，全面加强农村文化遗产和优秀民间文化的保护与开发，努力将一批有价值的民俗民间传统文化资源转化为文化产品。清漾毛氏特色文化村的研究和挖掘，是“中国幸福乡村”建设的重要内容。在创建过程中，加强对毛氏族谱、迁徙沿脉、毛氏名人的挖掘研究和族规族训、礼仪文化、廉政文化的宣传传承；同时将毛氏文化的保护挖掘与特色村建设、发展乡村旅游等相结合，扎实推进项目建设。2009 年 5 月，“毛泽东祖居地在浙江江山”新闻发布会在江山召开，进一步奠定清漾“江南毛氏发祥地”、“毛泽东祖居地”的定位。2010 年 10 月，第二届“中国 · 江山毛氏文化旅游节”开幕，把江山各种有形和无形的文化旅游资源，有效整合到毛氏文化品牌大旗下，搭建起集中展示江山多元文化交融的一个新平台。

据悉，“中国 · 江山毛氏文化旅游节”原则上每年一届连续举办，成为挖掘弘扬毛氏文化、推动旅游经济发展的品牌盛会。

(三)建设环境秀美型幸福乡村

江山市通过实施人居环境改造、生态环境保护、长效机制建立、“3 · 12”绿化运动、洁化运动等工程，进一步提升环境整治效果，推进农村自然环境的生态化保护、人居环境的功能化改造，努力建设村容整洁、生态环保的“美丽乡村”，显著增强全市农民的居住环境舒适感。

“葱葱郁郁鸟蝉喧，日月双塘清其间，万挺翠竹媲劲节，中国幸福乡村尖。”这

是新塘边镇日月村村民王英富创作的《咏幸福乡村·日月村掠景》，让我们对日月村充满了向往。

村的中央，有两个双连塘，上塘是“月塘”，下塘是“日塘”，塘里波光粼粼，鱼儿自由游弋；岸边竹木青青，花儿竞相开放；双塘间一座小石拱桥静卧水中，桥下流水潺潺。行走在日月村，看到如此美丽的景色，你一定想不到，清澈的日月潭原来只是不规则的臭水塘。

村支部书记毛小健说，两年来，日月村先后投资13.5万元，实施村庄绿化工程建设。中心村绿化率由95%上升到100%，新增公共绿地面积2400平方米，居住区人均公共绿地面积达到4.5平方米。村域范围的通村公路和水系两旁绿化率达到100%，村居周围宜林山地绿化率达到100%，基本实现“村在林中，房在树中，人在花中”。同时，为提高村庄整体环境，该村更是投资了90万元，硬化了从中心自然村通往其他村总长8950米的村道，设置了一个大型创建“中国幸福乡村”宣传牌，成立了便民服务中心，完成农户房屋墙体粉刷近4万平方米。

如今，生态环境成了日月村的一大亮点，吸引了很多外来投资者，来自永康的老板就在这里创建了日月村名优果园。

(四)建设社会和谐型幸福乡村

江山市通过实施深化“三民工程”建设、推进“五新争先”活动，实现社会长效化管理等工程，进一步夯实提升基层基础，推进农村基层组织建设和事务管理的民主化运行、公平正义的法制化保障，实现农村政治、治安、信访、生产和公共“五大安全”常态化，努力建设管理民主、稳定祥和的“和谐乡村”，显著增强全市农民的民主管理信任感。

凤林镇白沙村村民毛兆成等5名“村务议员”，相继走访全村30多家企业，了解生产经营情况，帮助排忧解难。这是白沙村“村务议员”开展工作、发挥作用的一个镜头。2002年，白沙村由山区村整体搬迁而来。现在，村民人均纯收入已从移民前的3150元增加到2010年的12000多元，并获得省全面小康建设示范村、省首届魅力新农村等荣誉。

看到村里的巨变，61岁的原村委会主任吴忠昌激动地说：“是不断创新的村务监督管理制度，让村民增强了信任感，从而使得干群心往一处想、劲往一处使。”

白沙村在完善村两委联席办公制度和村民代表议事制度基础上，创新推行“村务议员”制度，通过吸收村里有威望的老干部、党员、村民代表或其他群众担任“村务议员”，积极参与到村务管理活动中，努力拓宽村两委和村民的联系渠道，加强广大群众对村务的了解和监督。截至目前，该村5名“村务议员”已协助村里解决邻里纠纷、基础设施建设、信访维稳等各类事务50多件。

“设立‘村务议员’不是找对立面，而是为了保证村务更加科学、有效的实施。”白沙村党支部书记郑日福表示，“村务议员”将进一步为融洽党群关系、开展民主管理，发挥桥梁与参谋作用。

（五）建设百姓满意型幸福乡村

江山市通过实施农民饮用水、农村中小学“五项工程”、新型农村合作医疗、五保老人集中供养等工程，进一步提升公共服务水平，推进农村社会事业的均衡化发展、社会保障的一体化覆盖，努力建设服务到位、保障完善的“满意乡村”，显著增强全市农民的民生保障安全感。

在淤头镇永兴坞村的社区服务中心，村干部缪瑞恭正在办公室处理村务。他告诉杭州网记者，每周二都有村干部在这值班，集中处理村里的事情。在办公室的西侧，有个民情档案室引人注目。缪瑞恭介绍说，里面都详细记录每家每户的档案。“不管好事坏事，我们也都会记录在案。”通过这种方式，可以掌握村民的动向，也能团结村民。

“群众问题无小事”，这是在村服务中心办公室墙上挂着的一行醒目大字。“我们并不是喊喊口号，而是具体落到实处。”

缪瑞恭介绍说，该村比较容易出现的矛盾是土地纠纷。“遇到村民纠纷，我们都会及时上门协调，尽量把大事化小、小事化了。我们村处理矛盾的满意度达到100%。”他还说，最棘手的是一次土地纠纷，花了5天时间，才使事情得到圆满解决。

如今，村里每年都安排体检。村民说：“以前根本不敢想，除非自己掏钱上医院。现在我们村民也能享受免费体检。这些举措，我们是很欢迎的。”

三、专家学者评价

顾益康（浙江省政府咨询委员会委员、“三农”发展组组长、省农经学会会长）：

江山市把“中国幸福乡村”建设作为提升社会主义新农村建设水平的总目标和总抓手，符合省委、省政府提出的建设“美丽乡村”的战略部署，也充分体现了江山市深厚的文化底蕴和江山市对社会主义新农村科学内涵的深刻理解。江山市作为“江南毛氏发祥地、毛泽东祖居地”提出建设“中国幸福乡村”更具特殊的深刻含义，可以说是深刻阐述了《东方红》这一社会主义第一大红歌所传颂的“东

方红，太阳升，中国出了个毛泽东，他为人民谋幸福，他是人民大救星……”这种共产党人全心全意为人民服务的精髓。为人民服务的最高宗旨就是为人民谋幸福，让全体人民都过上幸福美好的生活。因此，江山市提出打造“中国幸福乡村”可以说是顺乎民心，合乎历史，实至名归。

江山市提出的以17个统筹为抓手，5方面15类可操作性指标来具体推进幸福乡村建设，极具先进性、可操作性和示范性，具有两大鲜明的特点：一是江山的广大农民群众更加自觉地参与到争创幸福乡村品牌的新农村建设热潮中去，对农民群众起到巨大的激励和引导作用，形成共创共富、共建共享幸福美好生活的新农村建设机制；二是对江山的广大干部提出了更高的要求，使广大干部把统筹城乡、建设新农村的各项工作都落实到为人民群众创造幸福生活的服务中去，充分体现了以人为本的科学理念来统领新农村建设。可以说，江山建设“中国幸福乡村”的实践已成为浙江省“美丽乡村”建设的经典案例。江山如此多娇，衷心希望“中国幸福乡村”建设为“多娇江山”、“锦绣江山”再谱幸福新乐章。

江山在全国率先提出的“中国幸福乡村”建设，创新实践意义非凡，是推进社会主义新农村建设的一个“新典型”和“升级版”，具有可操作性。其创新意义主要体现在四个方面：一是体现了以科学发展观统领新农村建设的科学内涵；二是体现了统筹城乡发展，以工业化、城市化引领新农村建设的科学路径；三是体现了新阶段新农村建设的科学方法和步骤；四是体现了全党动员、全民参与、全社会共建新农村的推进机制和组织体系。

温铁军（中国人民大学农业与农村发展学院院长、中国农业经济学会副会长）：

江山的中国幸福乡村建设，在全国新农村建设中具有典型意义。幸福乡村建设，不仅是一般的经济发展，而且还带来了环境和资源效应，体现了生态文明。幸福乡村综合指标体系，秉承多样性原则，结合自身实际，压减经济指标所占的权重，提升社会化、人文化环境指标，找到了最适合自己的发展途径。

赵阳（中央农村工作领导小组办公室局长、研究员）：

江山“中国幸福乡村”建设丰富了新农村建设的内涵，提升了新农村建设的层次，是统筹城乡发展、加快城乡融合的一种有益探索。江山“中国幸福乡村”建设，整合了各种强农惠农政策，制定了50个具体创建指标，从客观和主观的评价相结合来进行测评，使新农村建设成为老百姓看得懂、摸得着、也乐于参与的具体行动，我觉得这是一个非常值得借鉴的做法。

陈建华(农业部农村经济研究中心党组书记、中国合作经济学会副会长兼秘书长、研究员):

社会和谐是中国特色社会主义的本质要求。建设幸福乡村是贯彻党的宗旨、坚持执政为民的体现。江山市委、市政府以建设“中国幸福乡村”为抓手,着力解决人民最关心、最直接、最现实的利益问题,不仅造福于民,也为全国在新形势下深入推进新农村建设,提供了值得借鉴和推广的“江山模式”。幸福乡村建设载体,充分发挥了农民的主体作用,整合了各种社会资源,调动了全社会参与积极性。

许宝健(中国县域经济报社社长、《经济日报》县域经济研究中心主任):

要从幸福发展观的高度来看幸福乡村建设。江山提出的“中国幸福乡村”建设,内涵十分丰富、深刻,体现了江山市领导对新时期新农村建设以及城乡发展的新思维、新认识、新高度。以“中国幸福乡村”建设为载体的新农村建设,做到了更加强调以人为本,更加强调发展的目的,更加强调发展是为了大多数人,更加重视民生和社会事业,更加重视激发人民群众追求的内在动力。

洪绂曾(农业部原副部长、第十届全国政协常委、全国政协经济委员会副主任):

江山提出的“中国幸福乡村”建设,建立了一个具有可行性和可操作性的新农村建设模式,实现了思维的创新,体现了务实的精神,确立了主体的地位,目前效益已经彰显。“中国幸福乡村”建设,一定能走得更好、更持久,更加受到农民的称赞。

四、发展特点

(一)建设内容上凸显科学化整体性

紧扣中央关于新农村建设20字方针,突出“富裕、满意、文明、美丽、和谐”五大方面内容,大力实施五大提升工程,深入开展“五村联创”。①实施产业增收提升工程,建设富裕乡村。就是通过产业增收提升工程,大力推进农业主导产业的园区化、规模化、品牌化发展,促进农民就业创业的多元化拓展,重点突破低收入农户增收问题,努力建设生产发展、增收稳定的“富裕乡村”,不断增强全市农民的创业增收成就感。②实施公共服务提升工程,建设满意乡村。就是通过公共服务提升工程,大力推进城乡社会事业的均衡化发展、社会保障的一体化覆盖,

努力建设生活宽裕、保障到位的“满意乡村”，不断增强全市农民的民生保障安全感。③实施农民素质提升工程，建设文明乡村。就是通过农民素质提升工程，大力推进农村乡土文化的个性化展示、农民素质的现代化培育，努力建设乡风文明、健康积极的“文明乡村”，不断增强全市农民的精神文化愉悦感。④实施环境整治提升工程，建设美丽乡村。就是通过环境整治提升工程，大力推进农村自然环境的生态化保护、人居环境的功能化改造，努力建设村容整洁、生态环保的“美丽乡村”，不断增强全市农民的居住环境舒适感。⑤实施基层基础提升工程，建设和谐乡村。就是通过基层基础提升工程，大力推进农村基层组织建设和事务管理的民主化运行、公平正义的法制化保障，确保农村和谐稳定，努力建设管理民主、稳定祥和的“和谐乡村”，不断增强全市农民的民主管理信任感。

(二)工作推进上凸显系统化有序性

坚持自我加压量化阶段性推进任务，同时充分考虑本级财力基础和各村建设基础，制订了幸福乡村建设“255 行动计划”时间表。近期 2 年(即 2009—2010 年)为抓点示范阶段，重点抓好一批基础较好村的改造提升工作，确保 50 个左右村达到建设标准，打出“中国幸福乡村”品牌；中期 5 年(即 2011—2015 年)为连线扩面阶段，每年争取有 25 个村达到建设标准，确保交通主干道沿线和旅游景区、城镇周边的 125 个左右村基本达到建设标准，进一步打响“中国幸福乡村”品牌；最后 5 年(即 2016—2020 年)为全面覆盖提升完善阶段，基本完成全市其他村的创建工作，并巩固提升已取得的建设成果，把绝大部分乡镇(街道)建成“幸福乡镇(街道)”，全市基本建成“幸福江山”。

(三)资源投入上凸显社会化多元性

建立以“政府前期引导、农民自主参与、社会力量多方支持”的多渠道、多层次、多元化投入机制。充分发挥各级的优农扶农普惠性政策作用，2009 年市财政用于兑现落实各级惠农政策的资金达到 6540 万元；加大对列入当年创建计划村以奖代补的财政针对性政策补助力度，2009 年财政安排专项资金 2000 多万元，2010 年市财政在继续兑现市委〔2009〕1 号文件《关于加快推进农村改革发展的若干政策意见》基础上，将确保再安排当年创建村以奖代补专项资金 2600 万元；积极整合部门支农项目和资金，促进各类项目、资金、指标等要素向“中国幸福乡村”创建村倾斜，2009 年全市各级各部门共整合资源投入各类新农村建设资金 8.5 亿元；开展“部门联村、村企结对”帮扶共建“中国幸福乡村”活动，2009 年有 90 个市级机关部门、102 家规模以上企业参与幸福乡村创建结对帮扶，到位帮扶资金 1200 多万元。

（四）工作考评上凸显定量化操作性

围绕“富裕、满意、文明、美丽、和谐”建设目标，紧密结合实际，制定了一套完整科学的综合考核体系，有效激发各类主体的积极性。一是建立了一套以量化细化为特征的客观评价体系。将创建内容分解量化成5方面15类43项直观、科学、可操作的具体工作标准，一方面突出重点，尽可能客观地反映“中国幸福乡村”的科学内涵、基本理念和价值取向；另一方面注重操作，尽可能做到易于衡量、便于考评、准确可靠，有效地把较为抽象的新农村建设具体化为“看得见、摸得着、乐参与”的一项项实事。二是建立了一套以农民群众直接感受为核心的主观评价体系。设计了农民群众幸福感、满意度调查表，以上门抽样问卷形式进行调查。综合客观和主观评价结果，各单项创建基本分均为100分，对考评得分在90分以上的，给予单项命名并授牌；全面完成“五村联创”的，给予命名“幸福乡村”并授牌。三是建立了一个以严格考评为前提的质量控制体系。年初创建计划安排时，不硬性规定实施创建村数量，坚持各乡镇、村自主性申报和市里指导性申报相结合；年终考评时坚持宁缺毋滥，不搞皆大欢喜，确保“中国幸福乡村”的实效。

（五）推介宣传上凸显品牌化参与性

对内对下，注重全面发动，持续宣传“中国幸福乡村”建设中的先进典型、成功经验等，积极引导、发动全市上下更广泛、深度地参与到“中国幸福乡村”各项建设中。对外对上，坚持高点定位，通过赴上对接、报送信息、专题报道、邀请考察等各种形式，大力向上宣传江山市“中国幸福乡村”建设情况，积极争取各级领导关注和支持。特别是注重加强与中央、省级权威部门、媒体的深度合作，一年来，《农民日报》、《浙江日报》等媒体专门对江山建设“中国幸福乡村”做了通版报道，浙江公共新农村频道《聚焦新农村》栏目制作了相关专题片，在2011年年初的浙江省农村工作会议上江山市建设“中国幸福乡村”工作经验做了书面交流，“中国幸福乡村”品牌已初步树立并正不断打响。

第五章 新农村示范村典型案例

一、推行精细管理助推群众安居乐业的白沙村

白沙村原属江山市定村乡，地处市南70公里外的廿七都深山区，2002年因白水坑水库建设需要，整体搬迁至凤林镇。2008年，经村规模调整，全村设有村民小组11个，共有村民400户、1351人。近年来，白沙村紧紧围绕“富裕、美丽、满意、文明、和谐”主题，积极创新经济发展和社会管理新路子，持续深化幸福乡村建设，取得了显著成效，被江山市委、市政府授予首批“中国幸福乡村”、“中国幸福乡村精品示范村”。

（一）以“富裕乡村”为统领，创建经济发展普惠型制度

白沙村党支部通过实施旱地流转，建好了200余亩木业加工园区，并以园区租金作为集体经济主来源。与此同时，动员35名党员骨干建立生产分工明确、产业连

接紧密、利益分享充分的协作发展模式，有力促进了村民共同致富与充分就业。2010 年，村木业经济总值达 2.0 亿元，集体经济收入达 52.2 万元，村民人均收入达 9548 元。村级集体经济发展壮大后，分步设立了党员关爱基金、老年人关爱基金、教育关爱基金、村庄建设管理基金、经济发展帮扶基金等五大惠民基金，并通过严格规范的投资运作，实现基金的保值增值。每年从增值部分提取一定资金用于相应关爱对象的帮扶，有效提高了民生保障水平。

(二)以“美丽乡村”为基础，持续构建园林村庄模式

白沙村紧紧抓住重建新村的机遇，充分动员村民遵循统一规划，严格统一建设，坚决贯彻“布局优化、道路硬化、四旁绿化、路灯亮化、卫生洁化、水塘净化、住宅美化、服务强化”的八化要求，分步实施生活配套设施建设。截至目前，村主干道、消防通道、宅间支路共 30 条总长 24000 米的道路全部实现水泥硬化。房前屋后的杜英、银杏、桂花、柏树、栀子花已绿树成荫。占地面积达 15 亩的环村休闲公园已成为村民休闲健身的好去处。“森林村庄”已成为白沙的一张金名片。优美的居住环境极大提高了村民生活舒适度。此外，白沙村还建立了党员环境卫生包户落实制度、群众生活行为评议制度，助推村民珍惜美好家园，爱护一草一木，注重卫生保洁。

(三)以“满意乡村”为根本，推行重点民情分类管理制度

依托村办公楼建立了便民服务中心，并配套建立一日一值班、一周一集中、一月一沟通制度，确保服务型村组织落实到位。为有效化解各类潜在社会矛盾与群众诉求，该村探索建立了以发现重点民情为切入点、以动态收集制度、处理反馈制度、分析评估制度和考核激励制度为保障的重点民情分类管理模式。截至目前，该村已建立了生活困难、违规违法、涉访涉稳、发展受阻、特定需求、安全隐患、紧急事项、镇村效能等 8 个大类 19 个子类的重点民情库。同时，落实专人负责各大类重点民情的跟踪管理，做到真心关爱、真情服务、真实化解。

(四)以“文明乡村”为目标，不断提高村民组织化程度

为推进村级组织与群众之间以及群众相互之间的融合，真正营造一种亲民爱民、邻里互助的良好生活氛围，白沙村根据经济社会发展需要，在村党支部统一领导下，先后成立了库区山场经营合作社、老年人协会、村级商会、文体运动协会等四个专项组织。村里每年均拨付一定的资金保障四个协会正常运转，各组织则全力抓实抓好各项活动，真正让广大会员受益。如库区山场经营合作社通过分类入股、统一管理，极大提高了林木培育效益。通过设立村级商会实现互通

信息、共享技术、促进管理的目标,不断推动白沙木业经济又好又快发展。通过设立文体运动协会,白沙村培育了篮球、乒乓球、妇女排舞、腰鼓等运动队伍,并经常组织比赛,提高竞技水平,激发运动情趣。此外,还投资140余万元,兴建了白沙文体广场,设置有篮球场、网球场、排舞场、游泳场,从而极大提升了文体活动条件。

(五)以"和谐乡村"为核心,深化网格化管理体系建设

探索创建了党员发展户与一般户组合的互助型党小组,把全村55名党员划分为5个党小组,每月举办一次党小组活动,共同学习政策文件,共同破解各类难题,真正把党支部建成党员之家。以村民小组为网格,以优秀村民小组长、党员、村民代表为网格员,以考核制度为保障,建立低成本高效能网格化管理与为民办事全服务体系,切实提升村级组织服务群众能力。此外,还从退位村主职人员、离退休在家的老干部、各级代表及优秀群众当中选配了6名村议员,并赋予他们参与权、建议权、批评权、监督权,不断完善村级民主管理制度。

下一步,白沙村将按照省级中心村的要求,全面完善村庄建设规划,重点对村口的环境进行美化提升,加快休闲广场建设的进度,巩固一月一次的农户环境卫生评比;利用和深化"三民工程"平台,致力于提升服务能力、细化服务举措,最大限度地联动村民人人参与到幸福乡村建设上来;进一步壮大和完善五个基金的规模和运作方式,切实提高基金在管村、管事、管人中的作用,营造和谐文明村风;加快木业提升,寻找商机,引进和拓展其他经济项目。

二、筑巢迎凤积极创建幸福乡村精品村的定村

峡口镇定村村是一个有着600多年悠久历史的山区村庄,原是廿七都定村乡定村村。2002年9月,因白水坑水库建设的需要,整村移民安置于峡口镇林场路口。如今的定村,民风淳朴、环境优美、交通便利。村庄区域面积0.14平方公里,耕地841亩,山地面积18975亩。有11个村民小组,农户359户、1245人,党员38人。2010年,农民人均纯收入8380元,村级集体经济总收入31万元。2009年,定村村被评为江山市第一批中国幸福乡村。2010年,定村村又被评为江山市第一批精品村。

(一)加强领导,明确分工

村里确定创建精品村目标后,就立即成立以支部书记为组长,班子成员及村

民小组长为成员的工作领导小组。村班子成员之间因人而异作了分工，责任到人。根据上级文件要求，结合本村实际，制定了相应的工作目标和实施方案，坚持高标准、高投入、严管理、强服务，着力创建一个舒适、优美、安全、文明的人居环境。

（二）加大宣传，积极创建

村里不断通过广播、标语、宣传栏和召开村民代表会议等渠道开展宣传，做到家喻户晓，人人皆知，使精品村的创建深入人心，营造创建精品村的浓厚氛围。同时，发动全村党员群众积极投身到创建精品村的行动中。为开阔眼界，采取了“送出去引进来”的方法，村里组织党员、村民小组长到安吉横溪坞村、龙游钱家村及本市的永兴坞村、日月村、白沙村等地参观学习，借鉴他人先进的工作方法和经验。结合本村的实际，邀请相关专家来村讲座及现场指导，有力促进创建精品村的速度。

（三）完善配套，提升品位

为创建中国幸福乡村精品村，定村村坚持因地制宜、科学规划，按照“环境美、功能全”的目标，坚持高起点的规划、高标准的建设，大绿化的提升，进一步完善基础设施配套，形成了一个集生态、环保、人与自然和谐统一的合理格局。村内主干道笔直，建筑美观实用，房屋错落有致，立面色彩协调和谐，具有明显的地方特色和乡土风情。除对村主干道、宅间道进行提升绿化外，还发动农户房前屋后、农户庭院进行绿化，扮靓了村庄，使整个村庄形成了“人居景中，景在村中”。

（四）弘扬文化，凝聚人心

定村村利用文化和体育建设来引领村风建设，倡导文明健康的生活方式。村里建设了休闲广场、灯光球场和其他的一些体育健身用品，完善了“一校、二栏、三室、四队、五站”功能设施。草坪、花坛、健身路径井然分布，赏心悦目，成为村民茶余饭后的栖息处。为丰富和活跃农村文化，组织党员干部和广大群众开展各类文体活动，节假日举办丰富多彩农民运动会，形成了一股强身健体的浓厚氛围。除此之外，村里组建的舞蹈队、腰鼓队每天晚上都会在休闲广场上尽显她们的风采，为本村业余生活增添了一道亮丽的风景。村民在充分享受整洁设施的基础上，精神生活得到了丰富，情操也得到了陶冶。2010 年江山市第十四届运动会“新辉杯”中国象棋比赛在定村村举行。此外，江山市诗词学会组织会员还专门来定村采风。

(五)立足村情,筑巢迎凤

定村村利用得天独厚的地理位置,充分利用仙霞关和廿八都古镇这两个风景名胜的旅游资源优势,把发展休闲旅游业作为助农增收的重要途径。在镇党委、政府的大力支持下,形成了由镇、村、户多层推动的乡村休闲旅游业发展格局。为规范管理,为游客提供一个安全、洁净的环境,村里对照统一标准,改造接待设施,并举办了如何礼仪接待的培训。村里出台了一系列扶持政策,加大投入,鼓励更多的农户发展农家乐,推动农家乐精品化发展。2010 年,定村村发展了 8 家农家乐,目前,已接待上海、杭州、宁波等地游客 60 多批次 7500 多人次,直接经济效益 30 多万元。

下一步定村村将做大做强定村:一是做好农家乐规模扩大和档次提升工作,让更多的村民从中得到实惠。二是准备将工业园区边上的 30 亩集体土地进行规划,建造标准厂房,并引进商家来投资发展。三是巩固精品村的成果,加大对本村美化、洁化的投入,增加一名护绿保洁员,做好绿化养护,确保村庄环境整洁。总之,定村村将加大力度来巩固精品村的成果,以巩固促发展,促进经济社会快速发展;以巩固促提高,提高村民的综合素质;以巩固促提升,提升村庄环境的整体质量,让定村村的村民真正“定”下心来,安居乐业,幸福提速。

三、强化村民主体性打造精品村的毛村山头村

毛村山头村位于江山市西南部,浙赣铁路边,距离市区 26 公里,全村区域面积 1.4 平方公里,现有耕地面积 530 亩,水田 510 亩,辖 7 个自然村,9 个村民小组,共有 312 户、1140 人。近年来,通过村两委和全村党员、群众的不断努力和创新,毛村山头村先后获得了浙江省“文化示范村”、“卫生村”、“绿化示范村”、“全面建设小康示范村”、“民主法治村”等殊荣,并在 2009 年成功创建了“中国幸福乡村”、2010 年成功创建精品示范村。

(一)坚持以村民为主体,推进新农村建设

让更多的村民参与到新农村建设当中,实现“要我做”向“我要做”的观念转变是毛村山头村建设新农村的基础。多年来,毛村山头村充分发挥村两委在新农村建设中的核心作用,通过加强宣传力度,提高了村民的自觉性和积极性。一是提高村民创业技能,培育发展特色产业。村民致富是提高幸福感的关键,激发村民创业热情是村两委工作重点,针对毛村山头村养猪户多的特点,多次组织

村民围绕科学化养猪开展农民素质培训，积极鼓励在外发展好的村民以传帮带的形式带领别人到外出创业。如今毛村山头村已成功摸索出了在家兴养猪，在外做消防的致富道路。二是提高村民自身素质，树立农村新风气。以深化各类精神文明建设为载体，引导村民不乱扔垃圾、不乱堆乱放等，增强村民环保卫生意识。三是提高村民文化水平，树立农村新生活。以推进村文宣队建设为抓手，组织在家适龄妇女积极参加腰鼓队、排舞队活动，增强村民对生活满意度。

（二）坚持因地制宜为原则，推进新农村建设

2002 年，毛村山头村提出了新农村建设的“三部曲”，即一看路、二看环境、三看住，通过加大对农村基础设施建设的投资力度，提升村民居住环境，真正让老百姓体会到了居住在毛村山头村的幸福感。一是全力做好全村道路硬化。通过发动村民捐款，积极向上争取项目等方式共投入 200 多万元用于道路硬化工程，完成了村内 13.5 公里主干道、7 个自然村道路和宅间道的硬化，成为了全镇第一个实现自然村之间通水泥路的行政村。目前村内主干道硬化率达到 100%。二是全面改善村民居住环境。作为养猪专业村，如何保障村庄环境，改变农村脏、乱、差的现象是人民生活水平提高凸显出来的一个问题。2008 年至今，毛村山头村共投入 200 多万元建成沼气池 170 多个。投入 70 万元对村庄主要干道进行绿化，并发动村民开展庭园绿化工程，打造生态绿色示范村。结合创建“中国幸福乡村”工作在村内建设生态公厕 7 个，新增垃圾池 7 个，垃圾桶 5 个，并建立垃圾处理长效机制。三是全程服务村民住房建设。通过深入到村民中去调查了解，2009 年 5 月村里确定在毛村山头和水山竹两个自然村规划建设小区，以满足村民的建房需要，两个规划小区的实施得到了大家的一致好评。在给村民办理建房报批等手续时，要求村土管员一定要积极主动，全程为群众办事，提高服务质量。

（三）坚持多方筹资为手段，推进新农村建设

毛村山头村的集体经济收入并不是很好，为投入大量资金来改善村民生活环境、提高生活水平、加快新农村建设步伐，村两委尽一切能力筹集资金。一是部门项目资金。自 2006 年开始，通过向上争取各部门的新农村建设项目资金支持 500 余万元。二是发动村民捐款达到 60 多万元。三是村民小组自筹 70 余万元。四是通过盘活村集体资源，将土地、山场等转包给村民筹集了 100 余万元。这些资金的筹措，为村集体的建设提供了强有力的保障。

下一步，毛村山头村将以更积极的态度、更扎实的工作投入到新农村的发展建设中去。一是决定在本村文化广场边建造一个老年活动中心，丰富村民业余

文化生活。二是做好水山竹自然村与毛村山头自然村两个居民建房规划小区建设。三是进一步巩固“养猪专业村”的优势，并鼓励村民从事来料加工等行业，大力拓宽村民就业渠道。四是继续推进和谐农村、和谐家庭建设，做好“好婆婆、好儿媳、好邻里”、“五好家庭”、“幸福家庭”“环境保护先进家庭”等工作投票评选。

四、保护人居环境提升群众幸福指数的日月村

2010年，日月村对照幸福乡村精品村的要求，自我加压，认真查找不足，不断完善创新，提升创建水平，成功创建了中国幸福乡村精品村。

（一）注重“三支队伍”建设，提升为民服务水平

农村党员、村民代表、村民小组长是农村工作的骨干力量，能否充分发挥这三支队伍的作用，关系到能否做好村里的各项工作。为此，日月村做好了这三支队伍的管理工作。一是建章立制，工作常规化。要让三支队伍充分发挥作用，就必须建立相应的规章制度，来保证工作的顺利开展。比如：日月村推行党员考核积分制，给每个党员发一本积分手册（外出党员也邮寄给他们），要求党员平时加强学习，加强与村党支部的联系；实行党员首议制，村里的大事在决策前，都经过党员会议先行讨论等。通过这些制度，使党员能更广泛地参与村务管理，实现民主决策。二是加强教育，提高队伍素质。每月定期组织党员干部、村民代表集中学习，加深对上级政策、法律法规的理解，从而在参与村务管理和决策时能更科学、有效。三是深化综治网格化管理。选出优秀党员、村民代表或村民小组长，每人联系10～15户，了解各户动态。深入推进“平安联防”工作，从技术上将网格内的农户紧密联系起来，互相帮助，彼此照应。四是党员卫生监督制。卫生工作是关系到村容村貌的重点工作，也是农村的一项难点工作。日月村实行党员干部卫生洁化包干管理制度，将全村分成若干个区域，由党员干部分头包干联系，各负其责。既要协助保洁员清扫，也要对区域内的农户进行监督、管理，强化卫生意识和责任。确保保洁“网格化”模式正常运行，真正实现村庄面貌“洁、净”目标。

（二）不断创新工作举措，促进农民增收致富

为增加农民收入，提高村民就业与创业，引导本村富余劳动力从第一产业转向第二、第三产业，日月村采取了几个措施：一是加强引导群众就业。通过对走访各家各户，掌握了村民就业的第一手资料，又通过职业介绍、来料加工、开发公

益性岗位等方式，增加村民当地就业机会；与消防基地内的企业签订合同，建立就业基地，特别是近年，在各企业招工难的情况下，日月村动员外出人员回家就业，一方面缓解了企业的招工问题，另一方面在基地内就业的村民还能照顾家庭，减少农村留守儿童、老人的数量，促进家庭和睦，社会稳定。二是加强职业培训，增强村民就业与创业能力。如鼓励村民参加“万名农民素质工程”，参加“两创”人员培训、葡萄种植培训、荸荠种植培训等。三是增加农民土地性收入，通过土地流转，将成片土地租给承包户，收取一定数额的租金。对于农户闲置土地，日月村采取“返租倒包”的形式，提高土地利用率，从而增加农户收入。

(三)加强精神文化融入，实现各项工作和谐

建设社会主义新农村，离不开农村文化建设；农村的发展需要文化，农民生活质量的提高需要文化。实现和谐乡村的建设，更需要在文化建设方面下工夫。一是坚持每年举办村农民运动会，通过设立贴近农村生活的体育趣味项目，吸引村民参加。如 2010 年正月举行的运动会，全村有 100 多人参加比赛，前来观看的村民更是达到了 700 多人，整个运动会气氛热烈，来村指导工作的体育局领导连声称赞，并当场将浙江省村级体育俱乐部的牌子授予日月村。二是组织村妇女建立了腰鼓队，村两委的女干部带头参加，现已有十几名妇女进入了腰鼓队。她们利用晚上空闲时间，勤加练习，提高水平。现在村里每逢大事喜事，总是能看到腰鼓队矫健的身影，听到响亮的腰鼓声。三是积极关爱留守儿童。设立了春泥书屋，购置了一批适合少年儿童阅读的书籍。在假期里，组织村里的孩子，有计划地进行课外阅读，扩大他们的阅读量，提高他们的知识储备。

(四)保护生态人居环境，提升群众幸福指数

一个良好的生态环境不仅能够让人心旷神怡，更能对村民起到良好的环保宣传作用。日月村因地制宜地开展人居环境提升工作。一是通过加大宣传力度、实地查看，及时与相关人员沟通交流等做法对种植、养殖大户进行思想动员，根据文件要求建立三隔式化粪池、沼气池以及化尸池，本村 9 户养殖场均建有相应规模的沼气池、化尸池，污水和排泄物排放均符合要求。二是编制完成本村村庄规划，具体建设按照上级审查同意的图纸实施，严格审批。成立专门的住房改造领导小组，制定住房改造实施措施，严格实行“一户一宅”、“先拆后建”政策。2010 年日月村住房改造达 8018 平方米，其中连片拆除两处共 6023 平方米。三是进一步完善各种长效管理制度。制定五项长效制度，包括：农村环境卫生月查制度、农户“门前三包”制度、党员干部责任区包干制度、村内绿化养护道路管护制度、“幸福家庭”评比制度。

下一步，日月村将本着谦虚谨慎的工作态度，巩固已经取得的成果，团结一心，力争使工作再上一个新的台阶。一是建设一个占地面积960平方米的村民活动中心、一个塑胶篮球场以及一个门球场。二是在村庄亮化方面，在妙里圳至黄塘底自然村路段新建4盏高架灯。三是在已经完成3000多平方米农房改造的基础上，完成26户农房改造的工作任务。四是加强村务管理，增强村两委成员为民服务意识，提升为民服务水平，提高为民服务和村务办事效率。

五、凸显“五化”理念建幸福乡村的永兴坞村

永兴坞村位于江山市淤头镇西南部，共有8个村民小组，221户，927人。2010年，村集体经济收入25万元，村民人均收入8669元。近年来，在上级党委政府的坚强领导下，在各单位部门的大力支持下，在全村村民的共同努力下，永兴坞村先后成功创建“中国幸福乡村”、“中国幸福乡村”精品村。

(一)目标高端化

2009年永兴坞村提出“五强五升”的工作思路，即强产业提升实力，争创富裕乡村；强环境提升魅力，争创美丽乡村；强文化提升活力，争创文明乡村；强服务提升合力，争创满意乡村；强素质提升民力，争创和谐乡村，着力实现江山市首批“中国幸福乡村”的成功创建。2010年为力争“中国幸福乡村”精品村创建，永兴坞村确定了“一目标两战略三确保”的工作思路，即创建成为江山市首批“中国幸福乡村”精品村的一个目标；实现创先争优当先锋、三民工程树标杆的两个战略；做到五新争先走在全市前列、中国幸福乡村建设二位数向一位数进军、全村村民人人享受幸福感的三个确保。目标定位后，永兴坞村主动向幸福乡村创建先进村学习，通过开展“帮帮带”活动，近处学习金坞村，远处学习奉化滕头村、江阴华西村，不断借鉴他们在建设工作方面的好做法、好经验。

(二)发动全民化

一是成立领导组织。在创建工作开始之际，村里即成立了创建工作领导小组，做好工作安排，明确两委班子职责，分工抓好落实。二是突出村民主体。通过召开村民代表、党员、村民会议，组建排舞队、腰鼓队，举办“幸福之夜”及以“建中国幸福乡村，创文明礼仪家庭”为主题的第一届重阳节活动，激发村民主体作用，形成创建共识。三是营造创建氛围。通过广播、宣传栏、标语、制作广告牌等载体广泛宣传创建工作，形成人人关心创建、人人参与创建的良好氛围。

(三)方案科学化

一是明确创建模式。在幸福乡村创建过程中,永兴坞村充分利用村形地貌的原生态优势,注重培育生态绿色、古色古香的农居环境,充分考虑休闲观光旅游发展思路,开发农家乐、观光农业、休闲项目等产业,大胆摸索符合永兴坞村实际的创建模式。二是优化创建规划。2010 年依据村庄特色、布局,制订了"乡村欢乐世界"总体规划及方案,并与台商毛正积极对接,计划筹建集休闲、农家乐、采摘游、垂钓、客栈寄宿等各种项目为一体的"农家园"。三是制订创建计划。按照创建要求,列出创建重点,表格式分解任务,明确创建责任人、完成时限,切实做到创建任务件件有落实、人人有担子。四是出台创建政策。永兴坞村先后出台了赤膊墙整治、庭院绿化、卫生洁化、农房改造、发展农家乐等十多项扶持政策。

(四)重点突出化

坚持按照"高标准、严要求、破难题、创先进"的原则,重点抓住赤膊墙整治、农房改造和村庄卫生洁化等瓶颈工作,切实做到底子清、情况明,因地、人、户做好工作方案,强化督察,倒排时间,逐步推进创建工作。两年来共拆除露天厕所 2 座,整治赤膊墙 15 户,全面实现零露天厕所、零赤膊墙的整治目标。先后实施对村中心沟渠河塘进行有效清淤清污、更换或重装原破旧路灯、在村道主要景观带添设围栏。在农房改造工作中,面对修缮古祠堂、古大厅的巨大资金缺口压力;一方面广泛征求党员、村民代表意见;一方面厉行节俭,筹资筹劳,积极主动向上争取支持,克服重重困难,如期完成了村民们一直所盼望的两大"民心"建筑。两年来,拆除或保护房屋 37 户,面积 5546.5 平方米;整治危房 42 户,面积共 3985 平方米。2010 年 3 月,被市委、市政府授予 2009 年度农房改造示范村荣誉称号。大力推行"3.12"绿化工作,以打造"茶花村"为目标,树立庭院示范户 20 多户。2010 年 4 月,被衢州市授予"衢州市十大魅力乡村"。建立一站式便民服务大厅及农村社区卫生服务站,基本实现村民朋友"看病有诊所,科普学习有学校,娱乐活动有场地,计生就业有指导,矛盾纠纷调解不出村"的目标。2009 年 8 月,全市农村社区建设现场会在永兴坞村举行,2010 年 10 月获得"衢州市农村社区示范点"殊荣。

(五)创建特色化

一是立足本村实际发展特色经济。全村有 100 多名劳力在全国各地经营消防器材,是远近闻名的消防专业村。永兴坞村一方面鼓励做大做强,进一步巩固

提升；另一方面，也鼓励这些外出务工人员返乡创办羽毛球厂、家具厂、消防器材厂。引进根根生物开发有限公司，建成年产500万袋白菇基地，以“公司＋基地＋农户”模式，实现食用菌现代化企业生产。成功创下“永兴坞”清香梨品牌，发展种植户20多户，种植面积247亩，户均年增收入1.5万元。二是以特色文化创建为载体，注重特色人文资源的挖掘开发。投资60多万元修缮了古祠堂，并建有文化会馆，将太平天国石达开勇敢作战、清廉带兵的故事制成图画绘制在墙上。建立村级文化活动中心，馆内“毋不敬”匾牌在醒目位置悬挂，“我为父母上红榜”、“‘春泥’五小”等特色标榜牌吸引着各方门客。此外，村里还组织成立体育队、唱戏班、腰鼓队、排舞队，开展各种节庆活动，2010年10月成功举办以“礼仪为先、孝敬为重、幸福大家园”为主题的第二届重阳节活动。又投资3万余元进行新村歌《莲心曲》的编制与创作，并被评选为第二届全国村歌优秀作品。三是凝聚民心，不断加强勤政廉政建设。村两委干部都要在村民代表大会上公开诺廉，并将承诺书贴在村务公开栏上，接受群众监督。实行党员干部挂牌做事制度，对每个党员家庭户悬挂“共产党员牌”，为每位党员设岗定责，量身定做绿化监督、卫生监督、财务监督等不同岗位，并将岗位职责上墙对外公布，确保职责执行到位，使先锋模范作用发挥到位。规范村级重大事项民主决策，坚持村民代表公决制，坚持发展党员全程票决制，坚持村干部工资浮动评议制。

下一步，永兴坞村将进一步抓产业促发展，打算开发白菇基地对面的山场80亩，盘活集体资源，建立永兴坞村“幸福创业园”，通过招商引资建立项目或探索跨乡镇建房新模式。同时，计划实施建设村级事务管理服务中心工程项目，进一步优化村级工作环境，提高接待、会议、办公层次，拓宽永兴坞村发展新空间、新视野。

六、围绕古镇旅游做实民生文化宜居的浔里村

浔里村距市区61公里，全村16个村民小组，人口1532人，党员58人。2010年，村农民人均纯收入7915元，村级集体经济总收入102.7万元。近年来，浔里村依托独特的区位优势和旅游文化资源，按照“中国幸福乡村”建设的标准和要求，坚持“一手抓古村落文化保护，一手抓新村建设的规划与发展”，先后荣获浙江省特色旅游村、浙江省级民主法治村、衢州市特色文化村、绿化示范村、法治村，江山市“首批中国幸福乡村”及“中国幸福乡村精品村”等荣誉称号。

(一)做实旅游配套产业提升文章，建设富裕乡村

一是抓农家乐提升。目前村里有农家乐20余家，浔里村在充分研究的基础上，提出了农家乐发展“放手”与“规范”相互协调的发展思路，一方面充分利用炉峰小区、珠坡岭小区及古镇区内农户的闲置房屋，鼓励农户按照农家乐标准进行建设，让更多的农户享受到古镇开发带来的益处；另一方面集中资金和精力，重点扶持培育2～3家具有廿八都古镇特色的农家乐龙头，通过龙头的示范，带动全村农家乐的提升发展，名都农家乐、隆兴斋均被评为省三星级农家乐，隆兴斋还在2010年“十全十美”江山菜比赛得了首席制作能手餐馆称号。二是抓特色种植、养殖业发展及旅游商品加工销售。积极宣传镇政府发展各项旅游配套产业的优惠政策，鼓励农家乐业主与农户签订收购协议，让群众消除顾虑；借助浔里老街优越的地理位置，鼓励古街两侧的农户盘活房产，采取房屋出租或者自己开办等方式，开展适合古镇旅游的商业活动，全村2010年新增铜锣糕厂2家，铜锣糕销量从往年的3万余个增加到6万余个；古街两侧新增土特产店、古董店、西砚店近20家。

(二)做实民生工程文章，建设满意乡村

一是完善便民服务中心建设。2009年，浔里村在原有社区服务中心基础上，设立了“一校二栏三室四队五站”及一站式便民服务窗口，将便民服务中心职能延伸到村一级，有效解决了群众办事难的问题。为增进村民间感情，营造一个“家”的感觉，村里建了老年活动室、文体活动室、图书阅览室、篮球场、休闲广场等，让村民在生产生活之余，既锻炼身体，又陶冶情操。二是推进社会保障救助体系建设。认真落实计划生育家庭奖励、农村五保老人集中供养、大病医疗救助、困难群众住房救助、低收入农户青少年“三免一补”和“春泥行动”等政策措施，加快推进农村民生事业建设，切实抓好医疗卫生、文化教育、就业、下山脱贫等工作，加大新型农村合作医疗及社会保险宣传力度，2011年全村新型农村合作医疗参保率、社会保险参保率均达95%以上。

(三)做实特色文化文章，建设文明乡村

一是积极弘扬传统文化。近年来，浔里村依托古镇开发，深入发掘自身特色文化，在保护与传承的同时将其融入到新农村文化建设中去，为文明乡村建设添砖加瓦，积极参加镇里举办民间文化艺术节、中国幸福乡村江山游欢迎仪式、山歌培训班等活动，腰鼓、旱船、花灯等节目受到了游客的一致好评。二是提升群众素质。组织人员将镇里下发的以古镇新面貌、文明习惯“十要”、“十不要”为内

容的年画，挨家挨户送到农户家中；借助“农民讲习所”等载体，邀请镇党政班子成员开展文明礼仪、环境卫生、古镇文化等方面内容的宣讲，提高古镇农民的素质，展现山区农户淳朴、热情、好客的精神风貌。

(四)做实宜居宜游文章，建设美丽乡村

一是多渠道筹措资金开展环境整治。在镇党委、政府及文广新局、团市委等挂联部门的帮助支持下，村里想方设法，投资 90 万元，完成古镇区改造道路 80 米、珠坡岭新区安装路灯 10 盏、绿化村庄面积达 2000 平方米及其他古镇环境综合整治。二是多举措巩固环境卫生整治成果。继续开展村级卫生检查评比，奖优罚劣，有效地巩固了村里整治“乱堆、乱放、乱倒、乱晒”成果。同时，积极鼓励群众提出合理化建议，发扬群众首创精神，制定村庄整治、美化环境守则和农村居民“门前三包”责任制。

(五)做实基层基础文章，建设和谐乡村

一是推进三民工程建设。利用人口普查时机，组织干部挨家挨户走访，核实、补充及更新民情信息。扎实开展民情沟通，及时梳理存在问题，化解基层矛盾。如炉峰小区因建设时间紧，任务重，小区内路面硬化等配套设施建设一时难以跟上，安置户反映强烈。得知情况后，村里及时向镇党委、政府汇报，并与驻村干部上门做有关安置户思想工作，及时完成了路面硬化任务，得到了安置区群众的好评。二是健全各项规章制度。定期召开民主生活会、两委联席会议，制定集体领导分工负责、重大财务联章联签制度，积极利用远程教育、农民信箱等平台，加强对村干部及村民小组长的教育培训。深入实施村务、财务公开制度，使村务、财务透明化。建立“民生服务日”制度、无职党员设岗定责等制度。三是严格落实维稳安全举措。针对古镇开放后，外来游客增多，治安状况复杂的情况，进一步加强组织治安巡防队建设，坚持古镇打更巡逻，通过层层签订“防火、防盗、防塌”等“三防”工作责任制，进一步明确责任，落实专人，扎实做好古民居防火等工作。

古镇旅游带动了中国幸福乡村创建，中国幸福乡村建设促进了古镇旅游发展。下一步，浔里村将发动村民利用闲置房屋发展农家旅馆和餐饮，力争新增客房 100 间、餐饮 5 家；加大土地流转力度，扩大蔬菜种植面积，力争全村土地流转率达 50%以上，蔬菜种植大户达 3 个；引导村民加工销售农特产品，力争新增铜锣糕厂 2 家、土特产销售户 5 家；开办村民夜校，加强古镇荣我荣，古镇衰我耻教育；健全机制，规范村民日常生产生活习惯；加大投入，对操场坪、上街等地方绿化美化投入，不断巩固提升在幸福乡村创建方面所取得的各项成果，打造一个更加富有魅力的幸福乡村。

七、借品牌资源发展农家休闲旅游的花园岗村

花园岗村是由白水坑水库库区7个自然村的移民与清湖镇原上坞村组建而成的行政村。靠党和政府的惠农富民政策，靠各级党委、政府的正确领导和大力支持，靠花园岗村人“生态立村、工业强村、旅游旺村”的科学发展理念和奋力拼搏，改变了面貌，闯出了一片新天地。到2010年年底，村集体经济收入127万元，村民人均纯收入9847元，改变了建村初始村集体经济负债1.7万元的局面。

2010年，花园岗村依托江郎山、清漾毛氏、和睦彩陶等周边丰富旅游资源的优势，打响“中国幸福乡村”品牌，率先成立“江郎山农家乐协会”，全村把发展乡村生态休闲农家旅游产业作为促农增收的重要途径。目前，花园岗村已开办农家乐16家，建成农家标准房75间。全村从事第三产业人员占全村总人口的15%，从事第三产业人员每年人均收入超万元。

(一)注重政府引导，强化政策扶持

近年来，在市委、市政府的正确领导下，在清湖镇党委、政府的大力支持下，花园岗村突出把发展乡村休闲农家旅游作为推进“中国幸福乡村”建设的重要举措，制订出台了许多相应的发展计划、发展目标和发展策略，形成了由镇、村、户多层次推动的乡村旅游发展格局。花园岗村为更好地推动乡村农家旅游有序、较快发展。一是加强村庄基础设施建设，提升村庄环境卫生。进一步完善村民自主开展基础设施建设的鼓励政策，主要对村庄绿化和庭院环境整改情况进行鼓励。如对建房户主动消灭“赤膊墙”的每户给予500元奖励，对发展农家乐建成标准间的村民每床奖励500元，村民之间每带出一家农家乐的村里奖励“师傅”100元。二是对村民进行素质培训，提升整体服务水平。村里加强对业主和从业人员的业务、技能、礼仪礼节等培训工作，对发展户进行创业知识辅导，落实卫生措施和服务措施，提高服务水平。目前，全村“一户一人”培训覆盖率达到100%。三是出台优惠政策，提振发展信心。村里利用“信用村”品牌，与农村信用合作银行协商，对发展第三产业的村民提供信贷优惠政策。同时，加快土地流转，支持规模产业发展，指导农户建好白菇、蔬菜、杨梅等种植基地，作为打造乡村休闲农家游辅助的一大特色。

(二)注重村民意愿，抓好宣传发动

观念一转天地宽，花园岗村为发展休闲农家游活动，村两委干部积极地做好

宣传发动工作，让村民充分认识到人均拥有60平方米空闲房屋，如无利用其价值，就是一种资源的浪费。村里采取"走出去参观考察，请进来上课培训"等方式，让村民加快转变观念，主动投入到发展休闲农家游项目建设中。在此基础上，村里尊重每个村民的意愿，发动民间投入，由村民自己主动出资，依靠他们的智慧和双手，大力促进乡村旅游的快速发展。现如今全村共发展农家乐16家，拥有床位208张，直接从业人员达150多人。自2010年3月20日开业到年底，9个月的时间就已经成功接待了省内外游客169批2万多人次，其中仅每床每天15元的住宿费收入，就达17.8万元。业主户平均创收1.1万元，其中曹立明农户创收1.6万元。2011年，江郎山农家乐已经接待了5000多名游客。目前，花园岗村已与上海一家旅行社签订了每年不少于2万人来村休闲观光的协议。

(三)注重本地特色，用好品牌资源

要打响休闲农家旅游品牌特色，就要挖掘本地的农耕文化。花园岗村充分利用创建"中国幸福乡村精品村"这一契机，依托江郎山、仙霞关、戴笠故居、廿八都古镇、浮盖山洞群等核心景区，围绕"原生态、农家屋、特色菜"做文章，突出"寻古镇遗风、逛和睦土窑、游移民新村"的独特主题，借助天然美景及丰富的文化内涵，吸引都市人的眼球，形成了与众不同的乡村风格和乡村特色，增强了乡村休闲农家旅游的生命力。

(四)注重管理创新，引导规范发展

花园岗村对农家乐宾馆房间的布置建设都严格参照星级宾馆房间的标准，进行统一规划招标建设，结合村庄布局，突出农家特色。依法注册成立江郎山农家乐协会，对目前的16家农家乐实行星级管理。在管理过程中，不断探索创新管理手段，切实加大管理力度，确保了乡村旅游业的规范发展。村干部认真落实管理体制，确保有人管事，有人理事。2011年花园岗村将广发动、深挖潜，计划年内再发展30家左右农家乐成员，力争日均接待游客量1000多人。

八、以基层社会管理创新促村庄和谐的横渡村

坛石镇横渡村是一个山多田少的半山区，地处坛石镇正东，距离集镇7公里，距江山市区9公里，辖10个村民小组，437户、1476人，东邻虎山街道金坞村，西接五圳村，南连郭丰坞村，北与上溪村及虎山街道店前村接壤。从2003年开始，先后被列入江山市"十村示范、百村整治"村、全市40个重点整治村之一和

全市 60 个示范村创建重点村之一。2006 年，村被评为江山市五星级党支部、“文明村”、“文化特色村”和衢州市“绿化示范村”等。从列入“市 40 个重点整治村”到“60 个示范村创建重点村”再到被评为“浙江省卫生村”、“江山市新农村建设示范村”。坛石镇横渡村人如今村庄和谐，村民幸福。在三年间转变如此之快的秘诀在哪里？安装“电子警察”、组建村民巡逻队、兴建农贸市场……村党支部书记王喜祥嘴里说出的这一项项新举措，给了我们答案。[①]

(一)七名“电子警察”促和谐

每年至少发生六起交通事故，数十起偷盗和车辆伤禽事件，且 90%以上都无果而终……翻开 2008 年之前横渡村的历史，一起起血的教训让村民们谈“车”色变。原来，横渡村东邻虎山街道金坞村，西接坛石镇五圳村，南连坛石镇郭丰坞村，北与坛石镇上溪村及虎山街道店前村接壤。因地理位置独特、交通方便，一直以来，途经村庄的外来车辆和人员比较多，在促进横渡村经济发展的同时，也给村民的财产带来不少的安全隐患。

“交通事故，偷盗猖獗是横渡村早就存在的老问题，它们的出现有很多客观因素。不过安全是幸福的前提。”提起整治的决心，村支书王喜祥言语坚定。面对如此复杂的治安环境，2007 年 12 月刚刚上任的村支书王喜祥和村两委班子发扬“只要工夫深，铁杵都能磨成针”的吃苦精神，啃起了这块“硬骨头”。对照历年的交通事故、偷盗事件，发现：村主干道江青线、王圳线的车辆比较集中；由于分布着横渡小学，村服务中心，村文体俱乐部等人口较密集的场所，是村庄各类事故的频发地区。2008 年，村两委班子建议在江青线路中心，江青线与王圳线交叉口安装减速带和七个“电子警察”——摄像头，实现对村庄环境的全覆盖监测。

变化随之而来：“电子警察”“上岗”一个月，就协助派出所破获了一起盗窃家禽的案件，抓获 12 名犯罪嫌疑人……如今，“电子警察”已“站岗”三年，村里交通事故直线下降，社会治安得到了很大改善。

(二)一支村民巡逻队保安宁

横渡村有 25 位村民，打扮很“时髦”：他们个个头戴巡逻帽，身穿迷彩服，胸配巡逻章。不管风吹雨打，他们寒来暑往，全天分时段在村庄的各个角落进行不间断巡逻，被大家亲切地称为“护村使者”。原来，横渡村是 2007 年 12 月底由横渡自然村、中心自然村、际上自然村三村合并而来的新村，村庄的人口由先前的

---

① 案例来源：江山新闻网，作者：祝海青，日期：2011 年 9 月 16 日。

1000人不到增加到现在的近1500人。“一直以来，横渡村因独特的地理位置，村民在财产安全的问题上吃了不少的苦头。”王喜祥说，加上村庄合并，人口剧增，村民财产失窃问题有愈演愈烈之势。

群众利益无小事。如何才能破解这个难题，确保村民们的财产安全，让村民睡上“放心觉”？村两委班子“开门纳谏”，走村入户，向广大村民要起了“金点子”。最终，组建村民巡逻队这剂“良方”进入了王喜祥的视线。

“效果是显而易见的。”村巡逻队队长、村支部委员王琪民说，巡逻队上岗不久，就在村主干道王圳线上发现一辆牌照被遮的可疑面包车。检查时发现面包车内装了5个电瓶车电瓶，巡逻队及时上报给了城中派出所，最终协助派出所破获了一起由七人组成的团伙盗窃案件……“如今，巡逻队已经和‘电子警察’一样站岗三年，他们相得益彰，互为补充，为横渡村村民的幸福生活立下了‘汗马功劳’。”说起巡逻队，村民徐方青自豪地说。

(三)一个农贸市场助民富

村里有农贸市场，这可不是新鲜事。在横渡村的村文体俱乐部旁，一幢投入42万元建造的2层小洋楼格外醒目。说起农贸市场的兴建起因，村主任徐方洪说，在2008年以前，一些村民都以经营农贸业务为主业，由于没有统一规范的经营场所，村民经营中乱搭乱建的现象比较严重。

村民们乱搭乱建的行为与新农村建设中村容整洁的定义背道而驰。徐方洪说，以强制性拆除的方式来换取美丽的村庄形象，却要以牺牲一些以经营农贸业务为主业的村民利益为代价的。怎么办？村两委班子决定另辟蹊径。2008年，在争取村民意见的基础上，兴建村农贸市场这一方案破茧而出。

在农贸市场兴建之前，村民祝世祥一直在江青线路中心搭建着一间小卖部，以经营水产品为主业。说起兴建村农贸市场的好处，祝世祥喜上眉梢。他说，以前因风吹、雨打、日晒，经常担心水产品因没能及时卖出而导致变质的日子已经一去不复返。农贸市场既破解了村民们乱搭乱建的难题，也保住了一些村民赖以生存的饭碗。

第六章 新农村建设典型人物聚焦

一、全省最大种粮户后继有人[①]

秋日下午，一位时尚漂亮的年轻姑娘，出现在大桥镇陈家村白马垄畈割稻现场。隆隆机声中，她招呼机收的农民稍作休息，吃几块西瓜解渴，并聊起了明年将这畈170多亩山垄田全用来种有机米的打算。

她是谁？回乡接起“种田班”的80后——林项霞。

以前当过多年生产队长的大桥镇农民林发忠，这两年的每年承包粮田6000多亩，是浙江省承包田面积最大的种粮大户。同时，他还办起粮油加工厂和巾英农机服务专业合作社。但毕竟他已60岁了，又只读过高小。林发忠说：“这几年我渐渐感到力不从心，理念又跟不上时代要求，早想找个人‘接班’，可儿子经营生意，女儿在外干得不错。”

① 案例来源：江山新闻网，作者：王荣泽，日期：2011年9月19日。

老爸的烦恼,林项霞不是不知。可是她自2004年在杭州电子科技大学毕业后,一直在杭州的一家中外合资电梯公司上班,年薪有七八万,还在杭州买了商品房。要回家接爸爸种田的班,思想斗争怎能不激烈?但想到年轻人应当自己创业,国家又有许多惠农政策,回来肯定更有发展前途之后,林项霞于2010年8月毅然辞职回乡,由一个大都市白领变成了创业农民。“刚回乡时,我不懂种地,不懂机器,感到管理真的很难……”林项霞说,她就请教爸爸,向种田人学,并动手实践,连“闺房”的花盆里也种着菜苗,逐渐懂得了机械操作和农事管理。林项霞把新的管理理念用到规模种粮中。比如林发忠管理承包田采用的还是派工、实误实记的生产队管理模式。林项霞就将企业管理办法用到承包田管理上,对差田包工不包产,好田包产包成本,超产全奖承包者。为适应规范化管理需要,2010年10月,她还招聘了3名大学生从事会计、物流、市场营销。针对原来种常规稻效益低的情况,她让爸爸引种试种了省农科院的“杭优3号”香米(俗称“山稻米”),并得到市农业局支持,包装的“幸福乡村香米”1公斤卖到了24元,现又在筹划发展更多有机米。由于生产有机米的水稻大多种在山垄田,需要土地平整,她与当地农民协商后,通过提高租金的办法,将目前的5年大田承包期延长到10—15年。她还准备到浙江农林大学进修三年,提高种粮生产管理本领……

见女儿管理有一套,6000亩承包田的效益也由2009年的70多万元,增至2010年的逾百万,2011年比2009年接近翻番。林发忠高兴地说:“等项霞实践经验丰富些,翅膀再硬些,我就把这全副担子让给她挑了。”

谁来接种粮大户的“班”?

无人接“种田班”,并非大桥镇种粮大户林发忠一个人在担忧。现在当种粮大户的,许多人年纪都已五六十,他们怀有对土地的深厚感情,吃苦耐劳,承包耕种着成片的土地,为保障国家粮食安全作出了重要贡献。但许多人年龄大了,力不从心,思想观念又往往跟不上时代的要求,迫切需要有文化的年轻人回来接他们的“班”。问题是,许多种粮大户的子女与村里的其他青年人一样已在外发展,不愿意回农村面朝黄土背朝天。林发忠的“千金”,昔日的都市白领林项霞,毅然回乡接“种田班”的举措,让我们看到了希望的曙光。她回来的一年多实践初步证明,农村是个广阔的大舞台,有文化的年轻人是可以在那里实现自己的人生价值的。但愿种粮大户的子女们,从林项霞身上得到启示,创业不分出处,农村规模种粮一样能成气候!接过老爸的“种田班”,同样可以成就一番大事业。

当然,接“种田班”不一定非要种粮大户的子女。上余镇一位年已六旬的邹姓种粮大户就说,他将通过与人合伙承包种粮的方式,逐渐将种粮大户的担子转让给有志于农村创业的年轻人。他相信,随着国家强农惠农政策力度的加大,必将会吸引更多的青年人回乡当种粮大户，为农村经济的跨越发展作出应有的贡献。

二、养殖大户“鸡司令”的致富经[①]

一人管理着占地1400多平方米的养鸡场和鸡场里的14000多只鸡，两年来，卖出肉鸡4万多只，获利近20万元。说起长台镇花园村厚隆自然村的村民朱建火，村民们个个亲切地称他为山脚下的“鸡司令”。

厚隆自然村风光旖旎，山清水秀，雨水充足，不仅宜居，更是发展生态农业不可多得的“宝地”。30岁的朱建火，看准了该村的这笔“宝贵财富”，在2009年就投资20多万元在厚隆自然村的西边山脚下建起了一个生态养鸡场。两年来，朱建火的养鸡事业红红火火，在当地传为美谈。近日，记者走进厚隆自然村，见到了创业养鸡的朱建火。

千里来江，爱情修正果

30岁的朱建火原本是江西省上饶市人，如今却是个地地道道的江山人，他有个特殊身份——“上门女婿”。故事还要从8年前说起，朱建火在2003年成功竞聘为杭州上江朝阳轮胎有限公司的一名员工，在公司上班期间，和同公司的江山姑娘张小姐擦出了火花，坠入爱河，两人的感情迅速升温。

2008年，因工作调动，张小姐回到了江山发展，在其父亲创办的幼儿园里，当了一名幼儿园教师。江山与杭州相距甚远，聚少离多，朱建火决定放弃在杭州公司月薪五六千元的工作，来到了张小姐工作和生活的厚隆自然村。

最终爱情修正果。2008年5月，朱建火和张小姐步入了婚姻的殿堂，从此，过上了幸福的生活。

破釜沉舟，创业赢美名

和周边的青山、田野相比，厚隆自然村西边山脚下的三座楼房就显得格外显眼。村民们说，这就是“鸡司令”——朱建火的养鸡场。秋天的乡村早晨，清风瑟瑟，已有些凉意，沿着羊肠小道，记者慕名而去。见到朱建火时，他早已和鸡场里的小鸡们“混”在了一起。朱建火说，他是这14000多只鸡的“保姆”，照顾着它们的“饮食起居”。“这些鸡一天喂两次，每天要吃掉每包重40公斤的黄氏鸡料13包。目前，一批1600多只达到75天养殖期的肉鸡即将出卖，而新一批的鸡苗很快就会‘入住’。”

① 案例来源：江山新闻网，作者：祝海青，日期：2011年10月17日。

"厚隆自然村环境优美，植被茂盛，雨水充足，是个原生态的好地方。"朱建火说，这里优越的自然条件是激发他规模养鸡的缘由之一，但更主要的是，在外多年，有点"闲"不住，想找点事做。

然而当初的创业之路却困难重重。朱建火说，首先便是"小山沟规模养鸡，是不是用钱打水漂"这种来自外界的质疑；其次是源于自身对规模养鸡技巧一无所知的"短板"。朱建火说，最终他决定筹资20多万元，在村西边山脚下上马了该项目。

如何克服因自身养鸡技术"盲点"而带来的养殖风险？朱建火一方面通过上网查资料、看书籍，提高自身的养殖技术；另一方面巧用"外援"，积极加盟温氏养鸡集团，破解难题。经过两年的苦心经营，如今，朱建火的养鸡事业风生水起，被村民亲切地称为山脚下的"鸡司令"，至今卖出肉鸡4万多只，获利近20万元。

朱建火在村里兴建养鸡场，也算小有成就。只要维持现状，朱建火就是一个赢家。

不过，年轻气盛的朱建火是个有想法的人。他常说，自己富了不算富，重要的是带领村民共同致富。朱建火打算以工厂化的形式扩大饲养规模，以此吸纳农村剩余劳动力就业，增加他们的收入。

"这是我的一个想法与展望。"朱建火说，但要让这一想法成为现实，可能还有很长的一段路要走，如办厂的基地选择，前期巨额资金的投入，鸡肉市场的调研……

短评：年轻人乡村创业天地宽。心有多宽，舞台就有多大。山清水秀、风景秀丽的农村就是一个给广大年轻人施展才华的大舞台。只要深入乡村，扎根乡村，结合乡村实际，充分发掘乡村本身拥有的资源，敢想敢干，相信广大年轻人一定会在乡村干出一番大事业，闯出一片新天地！

三、帮山区百姓圆梦的村干部[①]

双溪口乡老佛岩村地处大山深处，离城区63公里，交通不便，信息不灵，山区百姓世世代代日出而作，日落而息，靠山吃山，生活十分贫苦。但大家都有一个共同的梦想，那就是离开大山，到外面去发展致富。2005年，市里的下山脱贫政策出台后，给山区百姓带来了希望。作为村党支部书记的郑兰香敏感地捕捉

① 案例来源：江山新闻网，作者：周晓华，日期：2011年9月27日。

到了这一信息，她立即带领村两委干部挨家挨户宣传发动。但下山脱贫在当时来说，毕竟还是个新生事物，群众对政策还不是很了解，加上有恋土情结，一开始工作并不好做，她就自己带头，然后发动党员骨干、民兵带头搬迁。经过几年的努力，全村已有279户、886人在清湖、碗窑等城郊乡镇村安家落户，下山脱贫户数人口占全村总户数的82.06%，总人口的81.06%，达到整体搬迁村的标准。

老佛岩村大部分群众下山脱贫后，尚有61户、207人因种种原因没有选择外迁，而是继续留守在大山深处。对这一部分人，郑兰香没有放任不管，而是继续替这一部分人“操起了心”。她结合山区特点，因地制宜，大力鼓励、引导留守群众发展茶叶、猕猴桃等特色产业。为起示范带头作用，她鼓励民兵先发展，老佛岩村民兵廖江土在郑兰香的鼓励下，发展了20亩猕猴桃，年收入达到5万多元。到目前为止，全村已发展茶叶200多亩，猕猴桃500多亩，全村增加收入150多万元。为了帮助解决老百姓发展特色产业中遇到的资金困难，她和村两委一班人积极到省扶贫办争取，成立了老佛岩村资金互助社，获得启动资金20万元，让老百姓在家门口就可以得到贷款支持。老佛岩村共有山林面积32389亩，为保护生态资源，增加农民收入，她大力倡导封山育林，争取国家生态公益林资金补助。全村共封山育林20380亩，获得国家补助资金22万多元，人均200多元，最多的一户每年可以得到补助5000多元。这笔收入成为当地老百姓最稳定，也是最省力的收入来源。

郑兰香是个女同志，但在急难险重任务面前，她毫不逊色。2011年的2月份和5月份，双溪口乡境内发生两起森林火灾，作为民兵连指导员的郑兰香，一方面发动民兵积极参加扑火战斗：一方面利用从小在山区长大的优势，带头扑向火海。最终，在大家的共同努力下取得了扑火战斗的胜利。2010年5月13日，双溪口乡十罗洋发生崩塌，一辆挖掘机和一名挖掘机驾驶员被埋，郑兰香接到抢险指令后，发动20多名民兵步行3个小时到达事发现场，配合消防官兵清理石块、抢救人员。经过两天的艰辛努力，挖掘机和驾驶员被清理出来，但郑兰香等很多抢险官兵的手却磨出了鲜血。郑兰香很忙，她自己经营着一家木材加工厂，年收入达到10多万元，还要操心全村的大小事务，但她觉得很充实。能为老百姓实实在在办点实事、增加点收入是她最大的心愿。为了改善村民的出行条件，在村集体经济十分困难的情况下，2010年，投资20多万元对黄沙坑口至塔心坑口的路面进行了硬化。为了增加全村耕地面积，她还和村两委一班人积极谋划宅基地整理，几年来，共拆除老屋180多座，新增耕地面积150多亩，为美丽的新农村建设添砖加瓦。

四、油漆工承包荒山创新创业[①]

茂密的红豆杉随风摇曳，翠绿的桂花树生机盎然，这是笔者日前在江山市峡口镇广渡村上步坑山上见到的喜人情景。

“这里原是一片荒山，是凤林镇凤溪村有志青年周勇武跨乡出村来到这里承包荒山、植树造林，使昔日杂草丛生的荒山野坡，如今披上了绿装。”在木材行业上摸爬滚打十几个春秋的郑老板，指着不远处上步坑山上一片郁郁葱葱的“绿色银行”相告。周勇武是位头脑活络敢闯敢干的山村能人，他初中毕业后种过田，学做过油漆。1989 年 8 月，有一手做油漆技术的周勇武，来到广东南海市一家红木家具厂做油漆工，五六年后，他又来到杭州、上海等地做油漆工，一干就是 20 个春秋。2009 年年初，一心想创业赚大钱的周勇武，怀揣做油漆赚来的一笔钱，毅然返乡创新业。

当年 6 月初，周勇武获悉峡口镇广渡村有 200 多亩荒山，要对外承包的消息后，他喜出望外。经实地察看，他果断地承包了这片荒山，走上了发展种植名贵苗木及油茶园的创业之路。创业的路上充满了艰难与险阻。峡口镇广渡村上步坑荒山地处海拔 600 米的高山上，这里杂草丛生，野藤缠绕，布满荆棘，有些地方的泥夹石十分坚硬，给荒山开垦带来了许多难处。每天一大早，周勇武就带领雇来的员工上山砍茅草、斩野藤、挖荒山、劈荆棘。开垦那坚硬的泥夹石使他的双手磨出了血泡，荆棘把他的双腿划出了一道道血口子，每天夜里，劳累了一天的周勇武浑身像散了架得难受。然而，在苦水里泡大、历经风雨的周勇武一声不吭，从不叫苦叫累。第二天他戴上手套，咬咬牙又干开了。为了早日开垦好荒山种上苗木，不久，周勇武又雇来两台挖机上山“作战”。这些“铁牛”威力真大，仅 20 多天时间就开垦出荒山 70 亩，并开挖好一条条宽 60 厘米、深 50 厘米的植树沟，还开辟出一条长 1.5 公里宽三四米的上山通道。接着，周勇武又在山上搭建了四间房屋，在山上安营扎寨，奋战不止。2010 年年初，在江山农村合作银行的支持帮助下，周勇武又投资 30 万元，购运来苗木，在上步坑山上种下了 6000 株红豆杉及一大批桂花、罗汉松。谁知，2010 年夏季，因老天久晴无雨，缺技术无经验的周勇武由于放松了管理，结果红豆杉被晒死 200 多株，罗汉松和桂花树苗也夭折 100 多株，损失了 2 万多元。困难和挫折接踵而来。由于上步坑山高风大，周勇武对每株种下的苗木只用 2 根木棍及铁丝绑扎支撑固定。岂料，每逢大

① 案例来源：江山新闻网，作者：赵小燕、严林法，日期：2011 年 9 月 15 日。

风来临时，弱不禁风的苗木被大风吹得左右摇摆，那些用木棍和铁丝固定被绑扎的树苗被铁丝磨破了树皮。细心的周勇武就用布条把树苗的“伤口”一根根包扎好，并又把支撑固定树苗的木棍由2根增加到3根，形成了“三脚架”状，从而加大了支撑固定力度。在这同时，善于动脑筋的周勇武又在半山腰建起了3个蓄水池，并买来3台水泵，把水抽上山顶给树苗浇水，切实加强了管理。一系列有效的措施，终于使这批树苗成活了。随着时间的流逝，周勇武种的60亩红豆杉、罗汉松及桂花一天天长大，满山满坡生机盎然，昔日的杂草丛生的荒山坡披上了绿装，朴实能干的周勇武看在眼里，喜上心头，越干越有劲。

“多亏了江山农村合作银行的大力支持和帮助。”还在山上忙碌的周勇武说。2011年1月初，他计划对另外130亩荒山进行开垦发展油茶园时，遇到了资金周转困难，他怀着忐忑不安的心来到江山农村合作银行求援，要求贷款4万元。想不到仅10分钟，周勇武就“一路绿灯”如愿以偿贷得4万元。有了这笔资金，2011年1月份，他雇来了几台挖机，进行土地开垦，3月份就全部开垦平整好，4月份则种上了130亩油茶。目前在他精心管理下，油茶树长势良好，他正努力使油茶树早日成为“摇钱树”。头上挂着晶莹汗珠，正带领员工在山上管理油茶园的周勇武信心十足。

五、产业带头人成致富领头雁[①]

“说起来，白沙村可能是全市在外务工人员最少的村，全村90%以上的劳动力都在本村的各家木材加工企业上班，月均工资1800多元。”近日，在凤林镇白沙村采访时，同行的镇组织委员钟炳根介绍说，“这都是村支书郑日福带头带得好啊，不仅自己富了，还让村民们一起致富。”

白沙村是2002年在白水坑水库建设中整体搬迁下山的移民村，如何让走出大山的乡亲们在新家园创造新生活，真正实现市里“移得出、安得下、富得起”的工作目标？郑日福把眼光放在了搞活经济上。

2003年，郑日福动员6名村两委成员和自己一起，率先在村里建菇棚，各种白菇1万袋。在大家的辛勤努力和技术人员的悉心指导下，7个人的白菇每袋纯利润1元。其他村民眼见种菇收益好，次年就有14户村民种下了14万袋白菇，随后又发展到20多万袋。白沙人通过种菇，掘到了第一桶金。

结合白沙村的实际情况，郑日福又萌发了投身木材加工产业的想法。很快，

① 案例来源：江山新闻网，作者：周满，日期：2011年7月26日。

他与其他两名村民合伙办起了一家木制品厂。投产经营了半年后，当地村民见地板等木制品经营效益不错，加上郑日福的支持引导，2004年就有10多名村民先后办起了16家木材加工厂。到2005年，村民已办起木材加工厂20多家，总产值达3000多万元，吸纳本村劳动力100多人，绝大多数村民不用出村务工，月工资也有800多元，这在当时属于不错的收入。

随着企业的发展，郑日福感觉到：村里的20多家木材加工厂都要到贺村木材市场进购木材，不仅运输路途远、成本高、不方便，而且容易受木材资源短缺的制约。“应该办个木材中转站，确保产业健康发展。”于是，他与两名合伙人投资百万元，于2005年在村里办起了木材中转站，由江西、福建等木材产地的客户直接将木材运送到白沙。此举使白沙村的木材加工厂就近就可以采购到木材，而且每立方米要便宜几十元。郑日福为当地木业的发展又做了件好事。

紧接着，郑日福意识到，村里这些木材加工厂都是产品附加值较低的粗加工，不加快转型升级，向附加值高的深加工发展，很容易被市场淘汰。为此，他积极努力，向邻村租赁了100多亩山地，用于产业提升的新发展基地建设。在完成“三通一平”的基础设施建设后，郑日福又带头租赁了20多亩场地，与人合伙投资500多万元，创办了郎峰木业有限公司。2007年8月，郎峰木业的高档细木工板投产，从而告别了白沙木业只有粗加工的历史。次年，郎峰木业又投资500万元，创办了深加工指接板产品的分厂。在使企业产值翻番增长、利润大幅提高的同时，公司吸纳的员工已达到400多人。

村民郑木旺原来在杭州打工，每月收入2000多元，且不稳定。2009年年初，郑日福为他借来20万元资金，作为到郎峰木业的入股基金，并安排他到公司当车间主任。目前郑木旺每年的入股分红加工资收入超过10万元。

白沙人富起来了，2002年刚下山搬迁时，村民人均纯收入仅3150元，2010年达到了9548元。郑日福常说：“大家富才是真的富。”如今，他又在谋划村民的持续增收，准备扩大创业平台和提升木业档次，更好地带领白沙村民致富。

六、老娘舅当上十大江郎先锋①

江山市碗窑乡政府公安员姜晋柏三十多年如一日，扎根基层，深入群众，将维护农村社会稳定治调工作当成自己的品牌，被乡村干部称为调解疑难矛盾纠纷的能手，更被群众公认为“老娘舅”。他曾先后获得江山市“十佳优秀乡镇干

① 案例来源：江山新闻网，作者：徐仁庚，日期：2011年7月21日。

部”、“优秀公务员”、“优秀驻村干部”等称号。最近在江山市“十大江郎先锋”评选中，又被江山人民评选为“十大江郎先锋”，成为乡镇干部中唯一获得者。在江山市庆祝中国共产党成立 90 周年大会上受到了双重表彰，既是“十大江郎先锋”，又是“市级优秀共产党员”。

姜晋柏今年 55 岁，于 1978 年参加工作，先后在淤头、凤林、江郎、坛石等乡镇任党委和政府领导成员，从 1987 年开始担任公安员、司法助理员，25 年来，每年都要调处 50 多起矛盾纠纷。2007 年调到碗窑乡后，仍一直做公安员工作，继续为社会维稳冲刺。仅 2010 年就成功调处宅基地、家庭赡养等矛盾纠纷 78 起，2011 年已成功调处 23 起，经他调处纠纷几乎再无争端，得到了当事人和邻居们的交口称赞。府前村村民王江青因为宅基地问题，去年 11 月，与邻居发生了纠纷，虽然村里出面调解，但矛盾仍没有化解，还发生打架事件。姜晋柏得知后，就主动上门了解事情原委，多次听取双方当事人意见，并进行左邻右舍调查，最后终于达成了协议，得到双方的认可。事后，王江青逢人就称赞老姜处事公正，是群众真正信得过的“老娘舅”。

姜晋柏解决矛盾纠纷，工作上一丝不苟，脚踏实地，直到把矛盾纠纷处理妥善为止。2009 年以来，碗窑乡辖区内接连发生 5 起人员非正常死亡事件，姜晋柏配合公安等有关部门，整日奔波化解，起早摸黑，中饭常到下午 3 点钟才吃，晚上调处纠纷常到深夜一点多钟。2010 年 6 月 22 日，乡境内一农家乐饭店配菜员毛某擅自前往碗窑水库洗澡不慎溺水身亡，姜晋柏接报后，迅速投入事件化解中，密切关注发展状况，有效制止死者家属到农家乐闹事等险情，并组织双方进行多次调解，圆满解决了死亡补偿。

每次出现不正常死亡事件，姜晋柏都用经验和智慧一桩又一桩化解棘手矛盾，为全乡社会稳定和百姓安宁作出了积极的贡献。姜晋柏在 25 年调解工作中总结了一套调解矛盾纠纷的制胜法宝，即以情感人、以理服人、以德树人、以法治人，做到真心、真诚、公正、公平。3 月 7 日，碗窑村有一姓祝的村民向姜晋柏反映，称其母亲被本村一养牛户的黄牛撞倒在坎下。送医院治疗共花费九千多元，除去合作医疗报销后，自费四千多元，要求养牛户负责赔偿支付。接到案件后，姜晋柏和村主任一同前往调查情况，结果双方对事实存在很大分歧，养牛户坚持说自家的牛没有将她撞倒，而对方硬说是被牛撞倒的，双方争论不休。姜晋柏认为此事不妥善解决，事态要升级恶化，而要公正解决必须查清事实真相，于是姜晋柏和村干部去察看了现场，向帮助抢救者和目击者了解当时情况。他们调查后了解到事实与原告所说不符，加之原告儿子和母亲所说的也有出入，母亲是说被牛头撞倒的，儿子是说被牛身撞倒的。因此，他们把老人单独叫到一处，做了老人的思想工作，进行耐心开导，动员她说出当时实情。最后弄清了事实真相，

原来老人身有残疾，身体虚弱，在等待黄牛进牛栏时，不慎摔下路坎，头部受伤，背骨骨折，而黄牛并未撞到她。但考虑老人虽然出院，仍卧床休养，从乡里乡情入手，姜晋柏动员养牛户主动看望老人，并送上500元慰问金。受伤老人也很感动，使得双方和好。事后，凡知情群众都赞扬姜晋柏处理纠纷真正做到"理顺脉络定责任，从情入手促和谐"。

俗话说，清官难断家务事，但在碗窑乡都流传着"十五年兄弟之墙一夜拆"、"三十年宅基纠纷一朝解"的故事，充分反映了姜晋柏是破解矛盾纠纷能手。姜晋柏说，家庭纠纷比较啰唆，公说公有理，婆说婆有理，但你真正以事实为根据，以法律为准绳，多听干部群众反映，兼听则明，偏听则暗，自己要有解决纠纷的决心、信心、耐心，家务事也完全可以断清。

在前段村级换届选举期间，农村社会维稳工作是重中之重，就在那时，达河村有一87岁老人无处安身，4个儿子为赡养老人发生打斗。姜晋柏得知这一情况后，就马上赶到老人家中，和村干部一道分别走访了4个儿子，调查事情来龙去脉。接着把4个儿子和老人共同请到了乡调解室，坐在一起，让老母亲讲述拉扯4个儿子长大的艰辛，由情入理，使子女明白赡养父母的责任。经过母子间敞开心扉的交谈，加上老姜教育引导，4个儿子都认为把母亲晾在一边是不对的，表示今后兄弟间要相互谅解，共同照顾好母亲，当场签订好赡养协议。兄弟间打架按照谁伤人谁负责医药费的原则，进行赔偿，一场涉及一大家庭的纠纷，迅速地得到了化解，对换届工作没有造成影响。

姜晋柏出色地调处疑难矛盾纠纷，促进了社会和谐稳定，保障了农民幸福生活，得到江山、衢州政法部门多次表彰，所在坛石、碗窑乡镇并获得省委、省政府社会治安综合治理先进集体。碗窑乡党委副书记冯红霞说，姜晋柏是一位工作热情高、作风实、能力强的老党员，不管8小时内还是8小时外只要群众需要，他都积极主动把工作做好。他把群众反映问题当家事，把群众工作当家业经营，是深得群众信赖的"老娘舅"。姜晋柏也说，我要名副其实当好"老娘舅"，为创新社会管理、促进农村和谐，干它一辈子。

七、眼看得远心境宽阔村支书①

"我们村干部做了哪些工作，做得好不好，群众的心里是最明白的……"日前，双溪口乡东积尾村党支部书记叶德贵在接受记者采访时，平静的话语，让人

① 案例来源：江山新闻网，作者：郑积亮、姜芳，日期：2011年7月21日。

感觉到一种犹如大山般沉稳的自信与坦荡。

叶德贵出生于1950年,是个土生土长的"山里汉"。1991年,他满怀一腔无比崇敬与热爱之情,加入中国共产党,成为当时村里为数不多的党员之一。此后,在工作与生活中,他一直以更高标准严格要求自己,日渐赢得群众的赞许。

1998年,叶德贵参加村委会组织换届,在激烈的竞争中以较高得票率脱颖而出,成功当选村主任职务。刚接手时,村里有不少问题需要解决,尤其是负债5万余元。这些钱对于许多富裕村来说是小意思,但对于没有什么集体经济来源的小山村来说,是个大数目!叶德贵深感自己所肩负的担子之重。

发展是硬道理,只有经济发展了才能更好解决问题。面对如此之差的"家底",叶德贵没有丝毫心灰意冷,而是全身心投入到打"翻身仗"之中去。一方面,他和村干部认真分析本村实际,因地制宜创办村木材加工厂,盘活有限资源,增强集体经济的"造血"功能;另一方面,他和村干部约定逢年过节什么都不发,一道勒紧裤腰带过日子。经过几年的不懈努力,村集体经济终于扭"负"为"正",消灭了赤字。

"当村干部,眼睛要看远,心境要够宽。"叶德贵这样说的,更是这样做的。1999年夏天,村里的一台变压器被雷击坏,全村600多人用不上电,生产生活受到严重影响。叶德贵急忙跑到信用社,想以村委会名义贷款7000多元买变压器。然而,因为当时村里已经负债累累,信用社没有答应。无奈之下,叶德贵就找了个担保人,由自己出面贷款,解决了买新变压器缺资金的难题。当时,尽管心里有压力,甚至暗自感到有点委曲,但是看到家家户户亮起了电灯,看上了电视,传出了欢声笑语,叶德贵的心底油然而生一种欣慰、自豪与幸福。

谁把群众的利益放在眼里,群众就把他放在心上。在担任村主任期间,叶德贵付出许多汗水,也得到不少收获——在村党员干部中树立了良好榜样,在群众中享有较高威信。2004年3月,叶德贵光荣当选村党支部书记。在这更高更宽阔的平台上,他一如既往地秉承勤政廉洁的优良作风,并及时转换角色,带领干部群众扎实推进新农村建设。

一个篱笆三个桩,一个好汉三个帮。叶德贵认识到要做好农村基层基础工作,必须发扬民主,充分发挥集体的智慧与力量。他认真抓好党支部组织建设,每年都从一些青年中择优发展2名有文化、愿意献身农村工作的新党员,保持党组织有足够的新鲜血液。如今,全村610多人中,共有党员33人。村两委的4人中,除他本人之外,其他3人都很年轻,只有30多岁。工作中,他以身作则挑重担,兼任村经济合作社社长、民兵指导员和治保主任,并且充分尊重、鼓励、信任同事,使村两委班子形成强大的凝聚力、战斗力。

东积尾村是江山市一个低收入农户集中村。为了更好带领群众脱贫增收,

叶德贵积极响应乡党委、政府有关发展特色产业的号召，承包四五亩山地种植猕猴桃。由于管理科学，每年收入都超过2万元。同时，他和村干部们又经常不分白天黑夜地走家访户，动员群众扩大猕猴桃、茶叶等产业的种植规模，提升品质。现在，全村农民基本上种植了猕猴桃，共有600多亩，年产值180多万元，茶叶500多亩，年产值150多万元。产业发展鼓了农民的钱袋子，2010年，该村农民人均纯收入为4012元。

带动农民增收的同时，叶德贵不忘为民办实事。几年来，他想方设法筹措资金，争取项目，村里有线电视入户率达100%，硬化了1公里多长的宅间路，修建了一条500多米的水渠，开通了十罗洋林区道路……群众的生产生活环境得到极大改善，生活质量水涨船高。广大群众也惊喜地发现，原本经常发生的山林界线等邻里纠纷，不知不觉"销声匿迹"了。一些低保户等弱势群众得到更多关心、关爱，他们的幸福感也与日俱增了。2009年，一村民廖某因车祸不幸身亡，叶德贵一听到消息就立即前往慰问其家属，并跑前跑后帮助与交警、派出所、保险公司进行多次交涉，参与和肇事方进行的七八次调解工作，不仅令受难者家属深为感激，也让广大群众打心底里把他当做"主心骨"。

金杯银杯，不如群众的口碑。今年，叶德贵虽然已经年过六旬，但在村支部换届选举中又以高票再次获得连任。对此，村里82岁的老党员、曾担任过十多年村党支部书记的毛介敏由衷评价道："叶德贵为人好、无私心，组织信任，群众拥护，他当村党支部书记当之无愧！"

"今后，我们村要根据市委、市政府的决策部署，在乡党委、政府的领导下，与时俱进，奋发有为，特别是要在下山搬迁、农房改造、宅基地整理、土地流转等方面加大力度，狠下工夫，让群众过上更稳妥、更安康的小生活……"谈到新的工作目标与方向，叶德贵显得胸有成竹。

八、村民健康守护神"赤脚医生"[①]

他，年均出诊600多次，服务村民总计14000多人；他，不是正统的医疗科班出身，仍持农业户口，没有纳入正式医生的编制，坚持"半农半医"。他，没有正规的洁白的医生工作服，但却是广大村民健康的"守护神"，用他最真最热的为村民服务的心，用朴素而实用的模式，提供了当地乡亲们的初级医疗护理的需要。他就是被冠名"赤脚医生"的上余镇塘岭乡原毛村村人王立林。

① 案例来源：江山新闻网，日期：2011年5月23日。

赤脚医生圆了儿时梦

王立林，这个土生土长的上余镇塘岭乡原毛村村人，在1987年成了一名赤脚医生，那一年，他19岁。如今已过不惑之年的他，在这样的角色扮演上，一干就是24年。

中学毕业，没有进城务工，而是子承父业，当起了农民。19岁的他以乡政府推荐的名义，来到了当时的"市卫生学校"，接受了长达6个多月的行医知识培训，最终不孚众望，成了一名赤脚医生。

几片普通药片、一支针筒、几块纱布和一个听诊器的药箱，是他早先行医的全部行当。随着时代的发展，如今的配备已满足不了现代医护事业发展的要求。如何才能在社会快速发展的今天既服务村民又不掉链子？在过去的几年时间里，王立林回归书本，自学了内科学、外科学、病理学、药物学、护理学等数门课程，为自己"蓄水充电"，并在2004年取得了"乡村医生执业资格证"，成了一位名副其实的"乡村医生"。

作为乡村的"赤脚医生"首要的是尽职尽责、满腔热情为乡亲们服务，心中的难苦自不用说。据王立林介绍，其保守的日均出诊量是每天两次。"干我们这行，其实更像'服务员'，没有正常的作息时间，不管刮风下雨、严寒酷暑、路途多远，只要病人有需求，都是随叫随到。"王立林不由感慨地说，白天出诊是"家常便饭"，有时候晚上12点多了还要"出勤"。"一年365天，每天都是工作日。"风雨无阻是他的"口号"。从医24年来，他的足迹已遍布整个塘岭乡，年均出诊600多次，服务村民总计14000多人。王立林坦言，在他行医的生涯过程中，最多的时候一天跑了6个村，步行20多公里，仅250毫升的盐水就带了22瓶，加上各种药剂的重量，药箱共计30多斤。"以前出诊都是步行，累不说，而且费时，一天下来，腿都直了。"王立林说，为在第一时间到达村民患者家中，并不富裕的他，在2009年买了一辆"嘉陵"牌摩托车。这样他的服务效率大大提升，可以说形成了一个十分钟的医疗服务圈。

当了24年的乡村医生，其中的艰辛迷茫只有他自己最清楚。然而怀着对故土和乡亲们的厚重的爱，乡村医生的这条路，他还要一直走下去。

第七章 经验启示

一、基本经验

江山市深入贯彻中央、省和衢州市的各项决策部署，真抓实干，创先争优，全市经济社会保持快速健康持续发展，市域综合实力显著增强。2010年，全年实现生产总值165亿元，同比增长13%以上；财政总收入12.92亿元，同比增长20%，其中地方财政收入8.04亿元，同比增长22%。一年来江山市新农村建设工作坚持以科学发展观为统领，以推进“富裕、满意、文明、美丽、和谐”的“中国幸福乡村”建设为总抓手，着力推动实现农业增产增效、农民增收致富、农村和谐稳定。2010年，全市实现农业总产值28.4亿元，粮食总产量21.95万吨，农民人均纯收入9345元，同比增长12.7%，财政预算内资金用于“三农”的实际投入为10.82亿元，同比增长26.2%，计划生育率92.27%，全面圆满地完成了省、衢州市各项新农村建设任务。江山市新农村建设的创新经验主要有：

1. 树立先行先试建设理念

江山市，地处浙、闽、赣三省交界，是华东沿海地区与中部地区的交通节点，素有“东南锁钥、入闽咽喉”之称。这座60万人口的旅游名城，山川秀美，文风昌盛。从2008年开始，这里的人们又吹响了建设“中国幸福乡村”的号角。各级党委、政府从江山实际出发，确立了社会主义新农村建设走在全省前列的发展目标，树立解放思想、与时俱进、先行先试的建设理念，率先制定了指导全市中国幸福乡村建设和发展的纲领性文件《江山市建设“中国幸福乡村”行动纲要》、《幸福乡村“255”行动计划》等，率先统筹规划中国幸福乡村的空间布局规划，率先在全国提出统筹城乡的“中国幸福乡村”战略思路，率先推进城乡综合配套改革，积极探索破解城乡二元社会体制的实践路径，使中国幸福乡村建设成为全市上下的统一认识和一致行动。

2. 形成合力推进建设机制

江山市深入开展“中国幸福乡村”建设，在全市农村大力推进“产业增收、公共服务、农民素质、环境整治、基层基础”五大提升工程，还创造性设计出5方面15类43项指标，计划从2009年到2020年用12年的时间，逐步把江山市绝大多数乡村建设成为农民幸福生活的美好新家园。并且，进一步探索构建全省乃至全国新农村建设的“江山模式”，成为中国新农村建设的新样板。江山市在推进中国幸福乡村建设中明确了以城带乡、以工促农、城乡统筹推进中国幸福乡村建设的总体思路，形成了三个层次的合力推进中国幸福乡村建设机制：一是致力于形成党委领导、政府主导、农民主体、社会参与、市场运作的统筹城乡建设中国幸福乡村的机制体制；二是致力于形成城乡经济建设、政治建设、精神文明建设和生态文明建设协调推进机制，使与四大建设相关的各个部门形成了齐心协力、合力推进的工作机制；三是致力于形成以新型工业化、新型城市化引领和带动中国幸福乡村建设的体制机制，把中心城市建设、小城镇建设和新农村新社区建设有机结合起来，充分发挥中心城市对小城镇和新农村新社区的辐射带动作用。

3. 创新“四民”发展建设载体

在不到三年的时间里，江山“中国幸福乡村”新农村建设模式已经初见成效。农村面貌焕然一新，浔里、白沙、花园岗、永兴坞等一批“富裕、满意、文明、美丽、和谐”的社会主义特色新农村正闪亮登场！江山市推进中国幸福乡村建设坚持以人为本的理念，把实现农民全面发展和共同富裕作为中国幸福乡村建设的根本出发点和落脚点，把统筹城乡的各项工程建设作为“四民”发展，即“惠民、富民、新民、安民”的工作抓手。各地通过中国幸福乡村目标要求的基础设施、文化体育、医疗卫生、公共交通、供水供电、通信信息网络等建设，有效缩小了区域差

距、城乡差距、工农差距，提高了农民文化素质和身体素质，快速改善了农村生产条件和生活环境，拓展了农民创业就业致富门路，基本做到了城乡居民"幼有所学、壮有所为、病有所医、老有所养、住有所居"，现代文明为农村和农民共享，有效提高了全市城乡居民生活的幸福指数。

4. 探索因地制宜建设路径

这片点石成金的神奇土地，一头连着小桥流水的千年沧桑，一头连着现代乡村的锦绣前程。从桑基鱼塘的田园牧歌到现代都市的锦绣前程，从烟水迷离的深院幽庭到富足安康的人间天堂，江山中国幸福乡村前行的脚步，一刻都没有停止。在收获了中国幸福乡村建设第一阶段成果后，江山市委、市政府已经把眼光投向了更远处。从江山市地域多样性和差异性明显的特点出发，各地积极探索因地制宜的统筹推进中国幸福乡村建设，积极探索中国幸福乡村建设的路径。在中心城区、城市郊区和中心镇区，抓住城镇快速扩容、扩域和扩权的机遇，按照以人为本的城市化思路，整体推进城中村、城郊村、镇中村的改造，加快就地农民市民化和进城农民市民化的进程；在平原农区，着力推进现代农业园区建设和中心村新社区建设，促进传统农业加速向规模化、专业化、产业化的现代农业转变，促进农民居住和住房建设向中心村新社区集中，促进城市基础设施和公共服务向中心村延伸和覆盖；在丘陵山区，把生态富民与生态屏障建设有机结合起来，充分发挥生态资源优势，积极探索发展绿色经济、建设绿色村庄、实现生态富民。

二、保障举措

(一)切实加强领导，建立坚强有力的推进体系

江山市的新农村建设之所以能顺利推进，并取得初步成效，最大的关键在于领导重视，建立了坚强有力的工作推进体系。一是强化组织领导。在市级层面调整完善了由市委书记为组长、市长为第一副组长、分管副书记和分管副市长为副组长、51 个相关部门主要领导为成员的新农村建设领导小组。制定下发了《2010 年江山市社会主义新农村建设主要工作任务》等文件，对各项新农村建设考核指标按部门进行细化分解，并严格规范了相关考核程序。市委书记傅根友、市长陈锦标等领导高度重视新农村建设工作，经常性地组织开展相关调研，协调解决工程推进中存在的问题。二是加强督察指导。建立了季度通报、半年小结、年度总结的督察协调制度和信息报送、大事记报送制度，定期了解工作进展。同时建立健全督察制度，实行定期督察与不定期抽查相结合，督促各乡镇采取有效

措施扎实推进新农村各项工作开展。领导小组还深入基层对工作进行检查指导,通过召开推进会、联络员会议等,激发各乡镇(街道)工作的主动性、积极性。乡镇(街道)每月对创建工作开展一次督察,及时掌握创建进度,并对发现的问题认真处理解决。三是严格考核奖励。把以"中国幸福乡村"建设为载体的新农村建设成效作为考核各级领导班子、领导干部工作实绩的重要依据。市财政安排专项工作经费,对在实施新农村建设工作中做出显著成绩的先进单位和先进个人给予鼓励。同时,把"中国幸福乡村"建设情况作为对乡镇(街道)年度考核的重要内容。

(二)创新保障机制,构建多元筹资的投入模式

江山市建立了以"政府前期引导、农民自主参与、社会多方支持"的多渠道、多层次、多元化的新农村建设投入机制。一是坚持政府主导,不断加大财政投入。建立了财政支农资金的良性增长机制,逐年增加市财政对新农村建设的扶持力度。2010 年,市财政用于"三农"建设资金达 10.82 亿元,同比增加 26.2%,其中预算安排村庄整治资金 1200 万元,农村住房改造资金 500 万元,中国幸福乡村建设资金 2600 万元。当年可用建设用地指标用于新农村建设项目的土地 410.6 亩,占当年可用城镇村新增建设用地指标的 29.32%。金融机构积极支持新农村建设,2010 年前三季度全市涉农贷款余额达 125.92 亿元,同比增加 24.7%,增幅高出衢州各县(市、区)平均水平 0.46 个百分点;实现新增 27.16 亿元,有力地缓解了新农村建设中的资金短缺问题(因金融机构 2010 年第四季度数据统计尚未出炉,此处引用前三季度数据)。二是坚持以农民为主体,引导群众积极参与。农民群众是新农村建设的受益者,也是主要的参与者。只有充分发挥和实现农民主体作用,才能够把这项工作不断推向深入。在推进新农村建设中,江山市始终十分注重农民主体作用的发挥,通过持续、广泛的宣传发动,结合财政投入的激励和杠杆作用,不断探索农民群众投资投劳参与建设的方式和途径,充分调动农民参与建设的积极性和主动性,最大限度地发挥广大农民在建设新农村中的主体作用。三是坚持社会支持,开展部门结对帮扶。加大"以工促农、以城带乡"力度,积极搭建社会支持、参与新农村建设的平台,大力开展了"部门联村、村企结对"帮扶共建"中国幸福乡村"活动。全市所有市级机关部门参与了结对帮扶,到位帮扶资金 800 多万元。

(三)优化资源配置,营造合力共建的良好氛围

新农村建设是一个系统工程,要求高、任务重、涉及面广,单靠一个或几个部门的力量,都无法抓好这项工作,需要各个部门单位的通力协作、合力共建。

一是完善中期规划。制订了“中国幸福乡村”建设总体规划，确保各职能部门能够按照规划来谋划项目，进一步提高重点建设项目与“中国幸福乡村”建设的契合度。同时，我们在前2年抓点示范的基础上，修编了《江山市土地利用总体规划》、《江山市域村庄布点规划》，编制了《江山市“中国幸福乡村”建设“十二五”规划》。二是抓好项目整合。继续推行“3+X”办法整合各类涉农项目和资源，发挥项目在推进新农村建设中的叠加效应。各职能部门积极整合资源，实行项目、资金倾斜，各乡镇（街道）和创建村主动对接，真正形成了以项目来推进“中国幸福乡村”建设的格局。2010年，江山市“中国幸福乡村”建设共整合各部门项目资金9亿多元。三是推动部门参与。全市各相关部门都能紧密结合自身职能，积极参与“中国幸福乡村”建设，形成齐抓共管、合力共建的良好氛围。如组织部出台了《关于深入实施三民工程全力推进“中国幸福乡村”建设的实施意见》，进一步夯实农村基层基础；统战部开展了军民共建“中国幸福乡村”活动；妇联在全市农村开展了“农家女幸福行动”活动，充分发挥了农村妇女在推进“中国幸福乡村”建设中的作用等等。

（四）着力宣传推介，打造知名的区域建设品牌

打造区域性的新农村建设品牌，不仅可以提高江山市对外影响力，改善区域发展环境，还能使“中国幸福乡村”建设这一工作得到上级领导、专家的智力支持，得到上级部门、单位的资金支持等。我们主要通过三种途径提高“中国幸福乡村”建设的对外知名度，目前已实现了初步打响品牌的目标。一是积极争取上级领导支持。充分利用各种机会向上级相关领导、专家汇报江山市“中国幸福乡村”的创新做法，积极邀请各级领导来江山市实地考察指导“中国幸福乡村”建设，编印“中国幸福乡村”画册和书籍送相关领导专家阅读，推动江山市的“中国幸福乡村”建设在官方和专家层面上得到认可。在2010年的全省农村工作会议、全省村庄整治暨农村住房改造现场会、全省美丽乡村座谈会上，江山市都作了典型经验介绍。全年来江山市考察学习“中国幸福乡村”建设的省内外县（市、区）单位达60余批2600多人次，“中国幸福乡村”品牌初步树立。二是在全国主流媒体上作广泛宣传。2010年“五一节”前，在中央7台《聚焦三农》制作并播出了长达20分钟的《乡村旅游新观察——走进中国幸福乡村·浙江江山》专题片，深受好评；6月10日，《人民日报》对江山市的“中国幸福乡村”建设进行了通版报道；中新社等数十家网络媒体也对“中国幸福乡村”建设进行了报道，信息量达42万多条。三是举办“中国幸福乡村”论坛等大型活动。5月28—31日，江山市成功举办了高规格、大规模的“中国幸福乡村论坛暨全国村歌之星走进浙江江山”活动，全国政协副主席王志珍发来贺信，中农办、农业部、省农办等领导及温

铁军、顾益康等国内知名“三农”专家到会，并对“中国幸福乡村”这一新农村建设的新模式，给予了充分肯定和高度评价，认为在全国范围内具有借鉴和推广价值。活动期间，共有30多家央级主流媒体走进了“中国幸福乡村”，对该活动进行了全方位报道。

在强有力措施的保障下，江山市在2009年完成18个“五村联创”村和83个“单项创建”村的基础上，2010年又将32个“五村联创村”、55个“单项创建村”列入了年度建设计划，实现了路径创新、体制改革创新、建设机制创新。

三、实践启示

到2010年年底，江山市按照既定的目标，全力推进“中国幸福乡村”建设工作，共建成“中国幸福乡村”精品村7个、“中国幸福乡村”27个、单项创建村67个，江山市也再次被评为全省新农村建设优秀单位。回顾“中国幸福乡村”的创建工作，江山市以“中国幸福乡村”建设为抓手的新农村建设实效和水平稳步提升，取得了明显成效，带来了重要的实践启示。

1. 健全组织领导机制是重要保障

江山市“幸福乡村”创建办和五个协调小组充分发挥牵头协调职能，在任务部署、政策完善、督察指导、考核验收等方面积极发挥作用。江山市“幸福乡村”创建办制定了“中国幸福乡村”建设进展情况月报表制度，动态掌握创建村建设进度，并编制了《江山市中国幸福乡村建设十二五规划》。各协调小组均成立了相应的专家技术指导组，经常到创建村开展进度督察和技术指导等。各乡镇(街道)也都把“中国幸福乡村”建设作为了“三农”工作的总抓手，党政一把手负总责，并明确了分管领导，制订了工作措施，工作合力真正形成。

2. 营造合力共建浓厚氛围是环境条件

党政主导、部门服务、社会参与、农民主体的“中国幸福乡村”建设格局全面形成，投入力度进一步加大，2010年全市共投入各类新农村建设资金达11亿多元，其中市财政安排“中国幸福乡村”建设以奖代补资金2600万元，比上年增加62%。市农办、水利局、交通局、林业局、农业局、移民办等部门将本单位牵头实施的农村住房改造建设、村庄整治、农民饮用水、农村联网公路、312绿化、“811工程”等工程项目优先整合到“中国幸福乡村”创建村，有效发挥了项目资金的整合叠加效应。其他各相关部门也能紧密结合自身职能，积极参与“中国幸福乡村”建设，真正形成了齐抓共管、合力共建的浓厚氛围。全市92个市级机关部门

和部分规模骨干企业参与了结对帮扶共建“中国幸福乡村”活动，到位帮扶资金500多万元。

3. 提升新农村建设水平是基本要求

江山全市各乡镇(街道)从提升农民的幸福感出发，精心组织实施产业增收、公共服务、农民素质、人居环境、基层基础等五大提升工程，“中国幸福乡村”建设取得明显实效，全市农民收入持续增长，村级集体经济稳步壮大，农村生产生活条件加快改善，民生保障水平加速提升，农民生活质量不断提高。在推进“中国幸福乡村”建设的过程中，上余镇、双塔街道、大陈乡、凤林镇、新塘边镇、大桥镇、峡口镇、淤头镇等乡镇(街道)工作尤为突出，值得肯定。

4. 打响区域建设品牌是有力支撑

在抓好项目建设的同时，江山市同样非常重视品牌宣传，市“幸福乡村”创建办及各相关部门在“中国幸福乡村”建设品牌宣传上做了大量工作。先后编制了“中国幸福乡村”画册、“中国幸福乡村”邮册等宣传品，制作了《走进“中国幸福乡村”——浙江江山》专题片并在中央7台《聚焦三农》栏目中播出，《人民日报》、《浙江日报》、《衢州日报》等各级党报也都作了专版宣传。在2010年、2011年的全省农村工作会议以及全省千万工程暨农房改造现场会、全省美丽乡村建设座谈会上，江山市都作了典型经验介绍。2011年2月份，由省农办和浙江日报社联合举办的寻找“美丽乡村、幸福家园”浙江样本评选活动中，江山市的“中国幸福乡村”被评为样本之一在全省推广。“中国幸福乡村”品牌已显著打响，在浙江省内外有了较高的知名度，自2010年到2011年，来江山考察学习“中国幸福乡村”建设的省内外县(市、区)单位已近70批2600多人次。

当然，我们也要清醒地看到，在“中国幸福乡村”建设工作推进中，仍然存在着一些问题和不足，主要有四方面：一是在拓宽资金筹措渠道上缺少有效途径，各村建设“中国幸福乡村”资金需求较大，资金来源渠道相对单一，创建资金压力较大；二是资源整合力度仍需进一步加大，项目、资金、指标等要素应进一步向“中国幸福乡村”建设的倾斜；三是建设品位仍较单调，创建村在挖掘自身人文元素、文化底蕴上还需进一步深入；四是建后的长效管理机制还不够完善，部分村对建后成果的巩固提升不够重视，在卫生保洁、基础设施养护维修等方面的常态化管理机制仍不够健全。

第八章

发展展望与战略举措

一部人类的文明史，总体上都经历或必将经历农业文明到工业文明，最后归于绿色文明的进程。乡村，是最自然的人类聚居形态，也是现代人们回归自然的平台，是宜居生活的必然选择。然而，随着城市化进程的加快，乡村的发展相对于城市出现了滞后，“幸福”一词对于农民群众曾经一度变得模糊。村舍农居错落有致，大道小路整洁通畅，房前屋后绿树环绕，家家庭院鸟语花香。远处传来的是琅琅读书声，近处看到的是老人们开怀的笑容，这是浙江省江山市众多中国幸福乡村最常见的风景，也是很多人进入江山市中国幸福乡村的第一印象。远看青山如黛，近观绿水微澜，这里是江山，这里有许多的“中国幸福乡村”，这里有许多的幸福故事！巍巍仙霞岭，浩浩须江水，将见证着一个富裕、文明、和谐、奋进的新江山的崛起！

一、深入推进中国幸福乡村建设战略要求

(一)中国幸福乡村的总体要求和具体内容

根据省委、省政府提出的把美丽乡村建设作为深入推进"千村示范万村整治"工程和提升新农村建设水平的主抓手的精神,"十二五"时期,江山市中国幸福乡村建设的总体要求是坚持协调推进新型城市化、新农村建设与生态文明建设,以连片联动推进"千村示范万村整治"工程、农房改造工程、农业园区建设工程和生态环境建设工程为重点,着力推进"科学规划布局优美、村容整洁环境秀美、创业增收生活恬美、乡风文明素质健美、管理民主服务完美"的江山市中国幸福乡村建设。

"十二五"时期,江山市中国幸福乡村建设的具体内容是,把绿色城镇建设与美丽乡村建设加以整体规划,对一定面积区域的乡村功能区块中的村庄整治、农房改造、土地整理、中心村建设和农业园区建设加以整体规划,形成农民居住社区、农业生产园区、生态涵养区的合理布局,全面优化乡村生态环境,改善农民生产生活条件,全面提升新农村建设水平。按照因地制宜、分类指导的原则,对城中村、镇中村、城郊村要结合城镇化的推进,有序改建为城镇新社区;鼓励高山远山和地质灾害频发的自然村,整体搬迁到城镇的下山脱贫发展小区;在平原和丘陵盆地,要加强中心村为重点的农村新社区建设,合理推动自然村的迁并,引导农民建房和居住向中心村集中,把中心村建设成为农村基层公共服务中心;在生态优美的农业专业村和山区村,要把精品农业园区、特色专业村的建设与村庄整治、农房建设有机结合起来,把特色农业专业村、农家乐专业村、历史文化名村等整体打造成桃花源式的美丽村庄。

(二)以中心村(镇)建设为重点的农村新社区建设工程

中心村(镇)是农村人口的主要载体,统筹城乡规划建设,形成绿色城镇与美丽乡村相得益彰的建设格局,这是江山市中国幸福乡村建设必须遵循的重要原则和重要任务,也是提升社会主义新农村建设水平的必然要求。抓住江山市中国幸福乡村建设外部环境良好的契机,把培育中心村作为全面提升"百千工程"的重点工作,到 2015 年全面完成高水平的村庄环境整治和农村新社区建设任务,努力按照人口集居、布局合理、环境优美、服务健全、文化丰富、管理民主、社会和谐、生活舒适的要求建设好中心村(镇)和特色村为载体的农村新社区。

1. 统筹做好村镇布局规划

各乡(镇)要做好中心村的村庄规划编制工作,并努力提高保留村的村庄规划编制。要按照推进中国幸福乡村建设的要求,进一步完善城乡布局规划,明确市域中心镇、中心村的数量与定点,以“公共服务中心”为建设重点,启动市级中心村的试点工作。按照“重点建设中心村、全面整治保留村、有效保护特色村、科学治理撤并村”的建设思路,抓住市域土地利用总体规划修编的有利机遇,搞好村镇布局规划与土地利用总体规划的有机衔接。

2. 加快推进土地整理置换

把土地整治试点与中心镇中心村培育紧密结合起来,按照“先复垦后使用、增减挂钩、平衡有余”的原则,推进土地综合整治,整理复垦后的新增耕地指标优先用于满足农村人口和村庄集聚需要。对市区下达用地指标时,同步要明确用于新农村建设的指标数;采用中期评估结果直接与用地报批相结合的形式,确保农村在发展过程中的合理用地需求。用足用好示范项目申报中按新一轮土地规划报批用地、建新地块 1∶1 核拨城乡双挂钩指标、农用地转用方案同步审批等优惠政策。

3. 积极建设中心村(镇)新社区

按照“群众自愿、政府引导、市场运作”的原则,在中心镇区、中心村和特色村规划建设农民安居小区,引导有条件的农民放弃在农村建房,集中到安居小区居住,使安居小区成为新社区。安居小区按照城市居住区的标准,科学规划,高标准建设。同时以中心村为重点,加大基础设施和公益事业建设投入,加快旧村改造和新居住区建设,集聚周边农户进入中心村(镇)建造新房,以增强集聚和承载能力。

4. 不断提升农村公共服务水平

以促进农民全面发展为导向,推进中心村社区综合服务中心建设,建立功能齐全的村务活动、医疗卫生、警务治安、文化娱乐、体育健身、放心购物、幼儿教育等服务场所,增强对农村人口集聚的吸引力。参照城市社区管理模式,全面完善社区规划、社区保洁、社区保安、社区文化、社区卫生、社区教育、社区健身、社区绿化、社区购物、社区管理等十大社区服务,以农村社区文化建设为载体,加强农村文化阵地建设,分批在村级配置图书室、运动场所、公园等文化体育设施,逐步形成农村“十分钟文化活动圈”;以社会福利服务、便民便利服务、就业服务为重点的“十分钟生活服务圈”;以为农村居民提供集预防、医疗、保健、康复、卫生教育、计划生育等服务为重点的“十分钟卫生服务圈”,并建立长效服务机制,让农民享受到便利、安全、高效、多样的社区公共服务。

5. 加快建设特色生态村

在以农为主的农区、山区和渔区，要按照“一村一品、一村一业、一村一园、一村一景、一村一韵”的思路，打造一批特色产业专业村，充分发挥农区、山区、渔区的资源优势、生态优势和产业优势，使它们成为各具特色的梦里水乡、梦幻山村、梦想田园，成为规模化的无公害、绿色、有机农产品基地，成为集体经济发展壮大的新载体，成为农家乐的旅游休闲精品村，成为农民就地创业就业的新平台。

（三）以污染治理为重点的农村生态环境建设工程

要按照“宜居宜业宜游”的江山市中国幸福乡村建设要求，把打造秀美的生态环境作为重点工程，深入实施“千村示范万村整治”工程和农村环境“五整治一提高”工程，以“道路硬化、垃圾处理、污水治理、卫生改厕和村庄绿化”为重点，连片推进村庄环境整治和生态建设。

1. 着力推进区域连片整治

按照“统一规划、联合整治，城乡联动、区域一体”的要求，编制区域一体化的村庄整治建设规划，加大串点成线、连线成片的综合整治力度，提高整乡整镇的整治比例，着力打造一批各具特色的江山市中国幸福乡村建设风景线。加大农村生态环境建设投入，倡导生态民主，改变农村环境治理滞后的状况，整体推进城镇与农村的生态环境整治建设。

2. 扎实推进村庄分类整治

按照“重点培育中心村、全面整治保留村、科学保护特色村和合理整治撤并村”的要求，深入推进村庄分类整治，特别是对欠发达地区尚未整治的村庄，要根据其地理位置、人口规模和集体经济实力，开展分类整治，对那些处于萎缩状态的偏远小村不宜再去整治，而应引导其异地搬迁重建，相关的村庄整治和基础设施建设补助可用到重建地的相应项目上来。

3. 大力开展村庄绿化美化

围绕改善农村环境质量和景观面貌，以科学规划为基础，以增加绿量为重点，以花果进村、庭院经济为特色，建设一批绿化示范村和村在林中、林在村中的森林村庄。

4. 强化农村工业污染防治

结合经济转型升级和节能减排要求，鼓励发展无污染、少污染、具有一定科技含量的产业。加强对农村设备简陋、工艺落后且污染影响较大的乡镇企业和家庭作坊的整治，深化印染、造纸、化工、医药、制革、电镀、食品酿造、电力（热电）

和农副产品加工等重点行业污染治理。优化农村工业布局，引导农村工业进入工业园区或村镇规划工业功能区，实现集中治污。按照《衢州市生态环境功能区规划》要求，执行农村地区工业项目的环境准入和产业准入要求，限制污染企业在农村地区布局，防治工业污染向农村转移。

5. 深化农村生活污染治理

按照城乡一体化要求，统筹规划城乡环境基础设施，将农村环境基础设施建设布局作为市域总体规划、城镇总体规划的重要内容，优化布局城乡生活垃圾收集和无害化处置设施，统筹考虑城镇（或工业区）及其邻近村庄生活污水处理设施建设，加强农村医疗垃圾的收集和处理，逐步提高农村生活污染的治理水平。加快农村生活污水治理，全面推进农村生活垃圾治理，加强对“农家乐”旅游点的环境监管，深入推动农业面源污染防治，加强畜禽养殖污染防治，控制水产养殖污染。

6. 深入推进生态示范系列创建

将生态创建作为推进农村环境保护的有效载体，深入开展生态村、生态乡镇（街道）、生态县创建活动。大力支持各地开展国家环境优美乡镇、国家生态村等国家级生态创建。继续开展绿色系列创建活动，启动乡村生态旅游区建设，努力营造优美的城乡人居环境。

（四）以生态文化建设和教育培训为重点的乡风文明素质工程

要把弘扬生态文化和提高农民文明素养作为江山市中国幸福乡村建设的重要内容，推进农村生态文化和乡风文明建设，加强农民教育培训，树立农村生态文明新风尚，提高农民文明素养，倡导文明健康生活。

1. 全面提升农民生态文明意识

通过广泛开展形式多样、内容丰富的宣传教育活动，引导广大农村干部群众牢固确立人与自然和谐相处的思维方式和生态优先的发展理念，增强生态环保的意识和责任，激发农民群众参与美丽乡村建设的积极性、主动性。

2. 切实保护和建设特色文化村

要把保护和建设充分体现生态文明的特色文化村作为建设江山市中国幸福乡村的重要内容，编制保护规划，制定保护政策。在充分发掘和保护历史文化遗存的基础上，优化美化村庄人居环境，把历史文化底蕴深厚的传统村落培育成为与现代文明有机结合的特色文化村。同时，要提炼特色文化村的生态文化，在推进村庄整治建设、农房改造建设和中国幸福乡村建设中，吸收和弘扬地方生态文化与优秀传统。

3. 大力倡导健康文明的生活方式

要深入开展“文明清洁户”示范评选等群众性的生态文明创建活动，倡导农民使用生态产品、发展生态消费，加强农村生态文化设施建设，提倡健康文明的娱乐方式。

4. 深入开展农民素养教育与培训

要在继续深入开展农民技能培训的同时，多途径、多方式全面提高农民的文化素养、科学素养、道德素养、礼仪素养、卫生素养、生态素养等文明素养，全面提升农民的整体素质。

二、扎实推进中国幸福乡村建设各项工作

(一)新时期江山市中国幸福乡村建设的重点

“十二五”时期是江山市深入推进“中国幸福乡村”建设和落实中国幸福乡村建设“255 行动”计划的关键时期，抓好这一阶段的“中国幸福乡村”建设工作意义重大。江山市“中国幸福乡村”建设的目标任务已经明确：要按照“品牌新农村”的建设思路，积极推进精品村、“中国幸福乡村”和“单村创建村”建设。“中国幸福乡村”创建要求高、内容广，共有 43 个具体的考核指标，涉及“三农”工作的方方面面。各村在创建过程中，除了对照创建内容和标准抓好各个项目建设外，还要善于突出重点工作，抓住关键指标。下一步江山市“中国幸福乡村”建设的各方面重点主要有：

1. 富裕乡村建设的工作重点

富裕乡村建设的关键是要通过强化“外输内生”的手段来解决好农民和村集体“钱从何处来”、“如何富起来”问题，结合当前江山市农村实际，重点是要抓好三方面工作。一要大力推进农村土地流转。考虑到各地的区域差异性，土地流转率没有被作为“中国幸福乡村”建设的一项具体指标，但土地流转这项工作和农村经济发展密切相关。只有通过农村土地流转实现农业规模经营，才能加快发展现代农业，才能更好地促进农业劳动力转移，助农增收。各创建村要根据实际，积极将推进农村土地流转作为富裕乡村建设的有效途径，力争土地流转率达到 40%以上。二要努力壮大村级集体经济。壮大村级集体经济是顺利推进“中国幸福乡村”建设的有力保障。各创建村一定要紧密结合本地实际，充分发挥当地优势，努力探索盘活闲置集体资产、建设标准厂房出租、建立农村宅基地有偿

收储机制等途径，不断壮大村级集体经济。三要全力推动农民创业就业。提升农民收入水平是富裕乡村建设的根本出发点和落脚点，要通过发展农家乐休闲旅游业、壮大特色种植、养殖业、培育来料加工经纪人等措施，促进农民持续增收和普遍增收。

2. 美丽乡村建设的工作重点

美丽乡村建设内容可以概括为“三改四化五整治”，即“改房、改厕、改水；绿化、洁化、硬化、亮化；整治面源污染、整治河塘沟渠、整治赤膊墙、整治乱搭建、整治乱堆放”。在“三改四化五整治”项目建设中，要按照先地下再地上、先村内后村外的次序，重点做好以下工作：一是抓好村庄绿化。绿化工作季节性很强，一年中最好的绿化时间在2、3月份，这项工作不能拖。二是抓好农房改造。农村住房改造建设，是有效整治空心村，推进“中国幸福乡村”建设的重点工作之一。要在“中国幸福乡村”建设过程中，结合农村住房改造建设、土地综合整治等工作，全面拆除村庄内部的破败房、违章房，改造好危旧房。三是抓好农村户厕改造和污水治理。各创建村要结合卫生局实施的中央改厕项目和农业局实施的“811”工程项目建设，大力抓好户厕改造和污水治理工作，根本消除村内简易厕所和露天粪坑随处可见、生产生活污水到处乱排现象。四是抓好村内宅间路硬化。目前全市大部分村的村内主干道已基本硬化，但宅间路硬化率仍然不高。各创建村要全面提高宅间路硬化率，同时在能绿化的路段留足绿化带、提升绿化率。

3. 满意乡村建设的工作重点

一是要完成农村社区服务中心建设。要围绕“群众自治、管理有序、设施配套、服务完善、生态和谐、文明祥和”的农村社区建设总目标，建成集管理、教育、服务、活动等功能为一体的农村社区服务中心。二是要提高农民安全饮用水普及率。要按照市里农民饮用水工程建设的总体规划，扎实做好农民饮用水建设工作，切实提高入户率，确保入户率达到80%以上。三是要积极做好村民新型农村合作医疗、城乡居民养老保险的参保工作。

4. 文明乡村建设的工作重点

一要深入挖掘和保护乡土特色文化。要在充分挖掘并保护名人、古道、古窑、古码头、古村落、宗祠、族谱、族训等历史文化遗迹遗存的基础上，努力把历史文化底蕴深厚的传统村落培育成传统文明和现代文明有机结合的特色文化村。二要积极开展群众性特色文化活动。要结合“好儿女”、“好婆媳”、“好夫妻”、“好青年”、“幸福家庭”等评选表彰活动，举办运动会、文艺晚会、排舞、唱村歌等村民参与度较高的群众文化活动，丰富群众精神文化生活，弘扬传统美德，倡导现代

文明，努力营造邻里和睦、家庭和美的社会氛围。三要大力加强农民教育培训。要完善“幸福乡村讲习所”、“村官讲师团”、“农民夜校”等教育平台，定期向农民群众传授现代文明知识，全面提升农民的整体素质。

5. 和谐乡村建设的工作重点

一是继续推进“三民工程”建设。坚持热心办事，贴心服务，真心为民，进一步健全完善村情、户情、事情档案，全面推进便民服务项目代办点的规范化建设。二是继续加强基层民主制度建设和基层组织建设，积极推行村级运行“3＋2”工作机制。三是切实加强农村矛盾纠纷排查化解工作。合理调节农村利益关系，有序引导农民合理诉求，有效化解农村矛盾纠纷，维护农村社会的和谐稳定。

（二）新阶段切实提高江山市中国幸福乡村建设水平

“十二五”时期的“中国幸福乡村”建设，既有品牌逐步打响、氛围日益浓厚等机遇，又面临着申报创建村基础较差、村两委刚刚换届等挑战。面对新形势、新任务，要切实增强责任感和使命感，继续保持热情和干劲，强化工作举措，狠抓工作落实，切实提高工作水平，持续推进“中国幸福乡村”建设，努力使江山市新农村建设跃上新的台阶。

1. 切实重视规划引领

科学合理的规划，是建设“中国幸福乡村”的基础；强化规划的引领和导向作用，事关“中国幸福乡村”建设的品位。要充分认识规划在“中国幸福乡村”建设中的重要性，精心制定好规划，推动“中国幸福乡村”建设有计划、有步骤、有重点、循序渐进地开展。要在市域村庄布点规划指导下，按照“生活宜居、环境优美、设施配套”的要求，科学编制“中国幸福乡村”建设规划，细化区域内生产、生活、服务各区块的生态功能定位，明确垃圾、污水、改厕、绿化等各类项目建设的时序和要求。同时，在规划中要注意谋划好村庄绿化、河塘整治、景观建设等项目。

2. 切实强化综合协调

要把延伸部门服务、整合部门资源、强化部门协同作为推动“中国幸福乡村”加快建设的基本力量和基本途径。各级各相关部门要把“中国幸福乡村”建设作为推进江山市“三农”工作的总抓手，更加自觉地将本职工作和服务延伸到“中国幸福乡村”建设领域，更大力度地将资源和要素配置到“中国幸福乡村”建设领域，更为有效地将资金和项目整合到“中国幸福乡村”的建设项目上，进一步形成公共资源向“中国幸福乡村”建设倾斜配置和协同配置的机制，努力构筑合力共建“中国幸福乡村”的格局。

3. 切实加大资金投入

2011年市财政预算安排“中国幸福乡村”建设以奖代补资金2600万元，并且将富裕、满意、文明、和谐等四个“单项创建村”的以奖代补资金从2.5万元提高到5万元。各乡镇(街道)也要千方百计加大资金投入，要尽量腾出一块专项资金，用于支持创建村的相关项目建设，进一步发挥出公共财政对“中国幸福乡村”建设的支撑、引导和保障作用。要在坚持政府主导的基础上，努力发挥市场机制的作用，引导各类民间资本以不同方式参与“中国幸福乡村”建设。2010年年底，江山市成立了农村公益基金会，工商民营企业通过农村公益基金会对创建村进行定向捐赠，将享受税前列支等优惠政策，希望各新闻媒体以及各相关部门、乡镇(街道)要加大宣传，引导工商民营企业积极参与捐赠。此外，要创新农村金融体制改革，加大农村金融服务力度，加强财税政策与农村金融政策的有效衔接，进一步完善农村小额信贷办法，不断完善农房抵押贷款和林权抵押贷款等管理办法，继续抓好农村资金互助合作社试点，努力拓宽建设“中国幸福乡村”的投融资渠道。

4. 切实发挥主体作用

建设“中国幸福乡村”，既是长期的战略任务，也是庞大的系统工程，既需要各级各部门的合力联动，更需要广大农民群众主体作用的充分发挥。只有把广大农民群众的积极性调动起来，“中国幸福乡村”建设才会有巨大的力量源泉。要通过广泛宣传发动、尊重农民意愿、完善激励政策、健全运行机制等，不断探索农民群众投资投劳参与建设的方式和途径，充分调动农民参与建设的积极性和主动性。对宅间路硬化、赤膊墙整治、饮用水入户、户厕改造等农民直接受益的项目建设，要引导依靠农民自己投入完成，切忌由村集体统包统揽。

5. 切实加强督察指导

要建立健全进度督察通报制度，“五村联创村”由市“幸福乡村”创建办牵头、各“单项创建村”由相应的协调小组牵头，每季度开展一次项目建设进度现场督察，并将督察结果进行通报。根据市建设“中国幸福乡村”行动领导小组意见，从2011年开始，要组织对“五村联创村”进行实地全面考核验收，“单项创建村”由各协调小组结合平时工作掌握情况进行考核，原则上年底以抽查方式到实地验收，因此，各协调小组更要加强对平时情况的掌握和督察。要充分发挥技术指导组的作用，进一步加强对“中国幸福乡村”建设的工作指导，确保质量和品位。各乡镇(街道)也要经常性地开展督察指导工作，及时掌握进度，及时发现问题，及时协调解决。

三、同步推进中国幸福乡村综合配套改革

(一)综合配套改革总体要求

体制机制改革与创新是中国幸福乡村建设的根本保证。要从城乡二元结构的体制与制度仍然是阻碍中国幸福乡村建设和城乡一体化进程的主要因素,改革创新仍然是科学发展的最强劲动力的实际出发,把率先推进城乡综合配套改革、集成推进各个领域的创新作为江山市中国幸福乡村建设的最重要的动力,形成与中国幸福乡村建设和城乡一体化发展相适应的体制机制。按照江山市中国幸福乡村建设的战略定位,实现率先构建起城乡一体化的中国幸福乡村建设规划体制、资源要素配置体制、投融资体制、社会管理体制、社会保障体制、收入分配体制、公共财政体制和行政管理体制,为城乡经济社会的一体化发展和中国幸福乡村建设提供强大的动力和保障,形成发展动力持续增强、创富活力不断迸发、管理机制运行顺畅、社会环境安定和谐、城乡人民富裕幸福的新局面。

"十二五"时期江山市中国幸福乡村建设的主要任务是要统筹城乡配套改革,整体推进城乡经济政治文化社会各个层面的改革,要以服务为重点,打造服务型政府、服务型基层组织和服务型社会组织,形成中国幸福乡村建设的创新型政策制度体系。

要把深化城乡综合配套改革作为推进江山市中国幸福乡村建设的强大动力,围绕新型城市化与新农村建设互促共进、农民市民化和资源要素配置市场化,优化城乡生产力人口布局,拓展城乡发展的新空间,以联动推进土地流转制度、户籍管理制度、住房制度、社会保障制度、集体资产产权制度等的改革创新,全面实现农地经营规模化、进城农民市民化、农民居住社区化、养老保障社会化、集体资产股份化。

(二)农村土地制度改革

以转租、入股、互换等多种形式进行土地流转,规范土地流转的流程,建立由政府主导服务、市场化运作的土地、林地流转中介市场和完善流转服务体系,建立土地产权交易市场与服务组织,建立流转档案、调解流转矛盾纠纷等职能,依法调处土地承包纠纷。积极开展农村宅基地和村庄整理与复垦,保障复垦耕地质量,维护农民利益,农村宅基地和村庄整理后节约的土地仍属农民集体所有,鼓励农民、农村集体经济组织和社会力量开展农村宅基地和村庄整理。农村宅

基地和村庄整理所节约的土地，首先复垦为耕地，调剂为建设用地，优先满足集体经济发展、村庄整治建设和下山脱贫等农村集体建设用地。加强农民建房管理和服务，严格农村宅基地管理，促进农民建房规范有序进行。全面开展农村土地综合整治，加快农村宅基地流转服务组织建设。加快农村集体土地所有权、宅基地使用权、集体建设用地使用权等确权登记工作。

（三）农村住房制度改革

要按照江山市加快中国幸福乡村建设步伐和大力推进以人为本的城市化的要求，将区域中心城市和中心镇的扩容建设与农民居住向城镇和中心村社区集中、村庄整理农居点撤并、改革宅基地和农民建房制度结合起来，允许宅基地异地置换、农民异地建房、农村非农建设用地异地调剂为城市建设用地。

一方面要把江山市中国幸福乡村建设与中心城区扩容、卫星城建设、中心村培育工程结合起来，要抓住土地利用总体规划修编的机会，按照建设衢州市区域性中心城市和中心镇的定位，做好中心城区和中心镇扩容规划，让愿意进镇进城居住的农民以宅基地或农村住房换购城镇住房。政府要建立农村宅基地置换城镇住房操作平台，使在城镇稳定就业且有社会保障的农民能够落户城镇、转变为城镇居民。

另一方面要积极推进城中村、镇中村改造，按照城镇街区和社区发展要求进行整体建设改造，按照城区的规划，积极引导建设多层公寓和高层公寓，节约出来的土地用于发展商业楼宇、商贸市场。特别要鼓励建设外来务工者公寓，为外地农民工提供安居乐业的条件。对这些已经在城镇建成区的村庄集体建设用地和农民宅基地一次性转为国有土地，让农民的住宅和村集体房产获得城镇房地产证，让农户拥有处置、继承等财产权利，允许农民将房产作为创业资本。

加快改造各类村庄住房。在优化村庄布点的基础上，对农村社区、中心村、基层村，要积极探索推广宅基地置换办法，引导其按照农村社区建设标准进行统一规划、统一改造、统一建设集中住宅区，提倡建设公寓式住宅，推行建设联立式住宅，控制建设独立式住宅。在改造建设过程中，要注意村庄新区建设与旧区改造的有机结合，要与下山脱贫、地质灾害点搬迁、库区移民安置点等有机结合，促进农村居民点相对集中和集聚发展。严格控制农村居民点人均建设用地、农村宅基地面积和农村住房建筑面积。

（四）集体产权制度改革

村集体经济是江山市中国幸福乡村建设的重要支撑，村集体经济组织应该全面推进社区股份合作制改革，明确把所有的集体的资源资产量化为社员股东

的股份，并建立社区股份合作社或股份制的企业集团，积极探索新时期发展壮大村集体经济、促进集体资产保值增值的有效途径。通过这种改革，使农民从依附于集体经济的社员身份转变成具有自由身份的股东，使集体经济的产权制度不再成为影响农民市民化的因素。同时，江山市中国幸福乡村建设可以采取强村带弱村的做法，因地制宜地推进村庄撤并、资产重组，多培育村企集团，成为在建设共同富裕的新农村中发挥模范带头作用。在城中村、镇中村、城郊村改造和中心村建设中，村集体可以改制为股份制公司，作为村集体经济成员为股东的集体资产经营公司，代表村民行使集体资产投资经营和保值增值的职责，并承担起为村民提供社区服务、公共管理、劳动就业、互济互助，提高民生福祉，实现共创共富理想目标的任务。由这些股份公司代表村民、村集体与有实力的投资开发公司进行村庄地块的整体的合作开发建设，提高改造建设的水平，把这些地块改造建设成为时尚的现代社区和商贸街区。

（五）社会保障制度改革

一方面要把建立完善新农村养老保障制度作为江山市中国幸福乡村建设和全市城乡公共服务均等化的战略重点，要从建设“特色产业城市、文化休闲城市、生态宜居城市”的目标要求出发，切实解决农民养老保障金与城镇职工养老金标准差距悬殊的问题。按照政府财政补助、集体经济补贴、农民个人缴费各三分之一的比例筹集养老金，加大对农民养老金的专项补助力度，要较大幅度地提高财政补助标准，真正解除农民养老的后顾之忧。另一方面要把农民工全面纳入企业职工养老保险制度，让农民工享受到与城镇职工同等的待遇。通过建立新农保，为农村土地流转和农民市民化解除后顾之忧。

（六）农村金融制度改革

推进农村金融体制改革，发展村镇银行、小额贷款公司、资金互助社等新型农村合作金融组织。一是加大政策支撑力度，要积极创新金融产品。出台完善林权流转、农房抵押贷款、农村住房改造建设、下山搬迁等一系列配套政策。大力组织和引导社会工商资本、民营企业、农村先富起来的群体支持参与“创业创新、走在前列”的战略部署，以建设项目为纽带，以互惠互利为目标，吸引大量民营资本、金融资本和外资积极参与到新农村建设中来。二是推进农村信用体系建设。鼓励金融机构探索发展符合农村实际的各类抵押贷款，简化规范业务流程。不断健全完善林权抵押贷款制度，积极推进林权抵押贷款。继续推进信用工程建设，评选一批信用县市、乡镇、村、户，构建信用社、乡镇政府、村委会和农户“四位一体”的农村信用服务体系。

(七)公共财政体制改革

转变乡镇职能，深化乡镇机构改革，增强乡镇政府社会管理和公共服务功能。进一步完善乡(镇)财县管乡(镇)用的财政管理体制，规范乡镇财政收支行为，防范和化解乡镇财政风险。充分发挥政府在农村改革发展的主导作用，健全“三农”投入保障制度，保证县乡财政对农业投入的增长幅度高于经常性收入的增长幅度，大幅度增加对农村基础设施建设和社会事业发展的投入，提高土地出让收益、耕地占用税新增收入用于农业和农村的比例，增加对农村公益性建设项目的投入。加强财政支农资金的整合，完善资金使用监督和绩效评估机制，预防违法违规行为发生。

四、全面推进中国幸福乡村建设保障措施

(一)加强组织领导

1. 加强组织领导

各级各部门要从统筹城乡发展和构建和谐社会的高度，进一步提高对创建“中国幸福乡村”重要意义的认识，切实增强责任感和紧迫感，加强组织领导。市建设“中国幸福乡村”行动领导小组及协调小组，要切实加强对创建工作中的组织领导，切实做好计划安排、督察指导、考核验收等工作。各乡镇(街道)、各相关部门也要把“中国幸福乡村”建设作为本单位的一项中心工作，完善相应的领导机构和工作机构，结合自身实际制订具体的实施意见和年度工作计划，特别要明确建设“中国幸福乡村”的有效工作载体，精心组织，周密部署，认真实施，努力将“中国幸福乡村”建设的各项任务真正落到实处。

2. 加强督察考核

加强对“中国幸福乡村”建设工作的督察考核，把工作成效作为考核各级领导班子、领导干部工作实绩的重要依据。建立健全工作督察制度，开展定期督察与不定期抽查，制订出台考核办法，使各项工作目标具体化和责任化；要全面引入农民幸福感、满意度调查，并将此作为评定“中国幸福乡村”的重要标准；要抓紧修订考核细则，制订工作考核办法。市财政安排专项工作经费，对在实施“中国幸福乡村”建设工作中做出显著成绩的先进单位和先进个人给予鼓励。同时，把“中国幸福乡村”建设情况作为对乡镇(街道)“双争先”考核的重要内容。

(二)加大资金投入

1. 加大政府资金投入

一是加大财政扶持力度。"十二五"期间,要进一步完善政策,建立财政扶持新农村建设资金稳定增长机制,逐年加大对"中国幸福乡村"建设的扶持力度。对通过命名验收的"中国幸福乡村",按照农村户籍人口数实行分段奖励;通过考核验收的"单项创建村"和"中国幸福乡村精品村",也要给予一定的资金奖励。二是整合部门项目资源。继续推行"3+X"办法整合各类支农政策和项目资源,合力推进"中国幸福乡村"创建。各部门单位都要主动与"中国幸福乡村"建设做好衔接,将各类建设项目优先安排到"中国幸福乡村"建设村,发挥项目的叠加效应。市农办、财政局、审计局要切实履行职能,对各项支农项目申报、立项、实施、考核验收、资金拨付等进行审核把关。

2. 加大社会资金投入

一是充分发挥农民主体作用。农民群众既是"中国幸福乡村"建设的实践者,也是受益者。通过持续、广泛的宣传发动,结合财政投入资金的激励和杠杆作用,不断探索农民群众投资投劳参与建设的方式和途径,充分调动农民参与建设的积极性和主动性,从而最大限度地发挥广大农民在建设"中国幸福乡村"过程中的主体作用。二是继续推行结对帮扶共建制度。加大"以工哺农、以城带乡"力度,继续广泛开展"部门联村、企业结对"的共建新农村活动,"中国幸福乡村"创建村优先安排部门和企业挂联结对。通过市农村公益基金会,大力组织和引导社会工商资本、民营企业、农村先富起来的群体支持参与"中国幸福乡村"建设。

(三)深化农村改革

1. 创新农村金融体制改革

加强财税政策与农村金融政策的有效衔接,引导更多信贷资金投向"三农",切实解决农村融资难问题。加大农村金融服务力度,大力开展农业开发和农村基础设施建设中长期政策性信贷业务,积极推广农村小额信用贷款。积极扩大农业保险保费补贴的品种和区域覆盖范围。继续抓好农村资金互助合作社试点,积极推行农民专业合作社与农村资金互助合作社"二社合一"试点。扩面推广粮食订单质押贷款、林权抵押贷款、农房抵押贷款、青年创业贷款等贷款方式。

2. 规范农村土地承包经营权流转

稳定和完善农村基本经营制度,现有土地承包关系保持稳定并长久不变。

大力鼓励和支持农民按照“依法、自愿、有偿”原则，采取转包、出租、入股、质押、置换等各种方式，流转农村土地承包经营权，促进农村土地向种植、养殖大户、专业合作社、龙头企业等生产经营主体流转，发展农业适度规模经营。鼓励开展季节性流转，提高土地利用率。加强流转服务平台建设，构筑市、乡镇、村三级服务网络，加强对农民和规模经营主体的服务工作。

3. 探索建立宅基地整理和利用新机制

大力开展“空心村”整治和农村住房改造建设工作，积极引导和支持农民住宅建设按规划、有计划地向中心镇、中心村集中。建立农村宅基地管理和流转机制，鼓励通过差价置换、有偿收储等措施盘活现有集体存量建设用地。积极探索跨乡镇、村建房审批制度改革。对村内通过整治整理出来的旧宅基地、空闲地等集体建设用地由村集体统一管理、统一规划、统一安排使用。

(四)建立长效机制

1. 建立经济持续增长机制

财政投入要积极从“输血型”向“造血型”转变。在创建过程中，要把发展壮大村级集体经济放在突出位置；在创建成功后，要努力探索加快成果转化机制，大力发展乡村休闲旅游，增强村级“造血”功能，以强大的村级集体经济巩固建设成果。

2. 建立健全各项管理制度

建立健全保洁、护绿、道路养护、文化活动开展、幸福家庭评比、村民素质教育等一系列制度，使各项工作经常化、制度化，不断提高村民的荣誉意识和文化素养，增强村民维护建设成果的自觉性。

3. 建立健全考核复评机制

实行“中国幸福乡村”跟踪复评制度，“中国幸福乡村”授牌后，每3年进行一次复评，复评合格的给予认定保牌，两次复评不合格的取消“中国幸福乡村”称号。鼓励对“中国幸福乡村”进行再提升，建设精品村。

附 录

附录 1：江山市"中国幸福乡村"标志

中国幸福乡村标志定稿

中國幸福鄉村
Chinese Happy Village
富裕 · 满意 · 文明 · 美丽 · 和谐

纸质印刷用稿

中國幸福鄉村
Chinese Happy Village
富裕 · 满意 · 文明 · 美丽 · 和谐

其他材质应用稿

创意说明

* 本标志运用写意的手法，巧妙地融合了江山市市标、乡舍、田野、小河等元素，体现了建设“中国幸福乡村”是江山市认真学习践行科学发展观，深入贯彻落实十七届三中全会精神、促进城乡结构转型升级的重大举措。

* 标志中绿色背景体现了乡村的主题；江山市市标的运用符合江山市形象的统一性；五座乡舍，表示“五村联创”活动的开展，幸福乡村“富裕·满意·文明·美丽·和谐”的主题得到体现；幸福如河水般，流淌千年不息。

* 本标志以绿色和草蓝色为主色调，体现了江山市“工业新城、旅游胜地、山水家园”的城市定位，突出表现了“中国幸福乡村”的韵味，一目了然，简洁明快，具有很强的识别性、传播性。

附录2：江山市建设“中国幸福乡村”行动纲要

为认真贯彻落实党的十七大、十七届三中全会、省委十二届五次全会精神以及省、衢州市推进农村改革发展的有关决定和实施意见要求，坚持以科学发展观为统领，加快推进我市农村改革发展，全面提升新农村建设的整体水平，在全市农村深入开展富裕乡村、满意乡村、文明乡村、美丽乡村、和谐乡村等“五村联创”活动，共建“中国幸福乡村”，经市委、市政府研究，制定建设“中国幸福乡村”行动纲要如下：

一、重要意义

建设“中国幸福乡村”，是我市认真学习践行科学发展观，深入贯彻落实十七届三中全会精神、促进城乡结构转型升级的重大举措；是深入实施“兴工强市、借力发展、特色推进”三大战略，加快实现“一高两进”三步走战略目标和建设“工业新城、旅游胜地、山水家园”的战略选择；也是按照中央关于社会主义新农村建设的总体部署，结合江山实际和特色，对我市新农村建设进行系统化谋划、一体化推进、品牌化经营，全面提升新农村建设整体水平的具体抓手。我们要通过建设“中国幸福乡村”这一有效载体，扎实推进农村改革发展，努力把我市的新农村建设工作提升到区域领先、全国知名的水平，积极打造新的国家级品牌。

二、总体要求、主要目标、实施原则、程序及规划

1. 总体要求

坚持以科学发展观为统领，以十七大和十七届三中全会精神为指导，按照省委省政府“两创”总战略和转型升级的总部署，认真落实衢州市委市政府深化农村改革发展的有关要求，紧紧围绕我市“一高两进”三步走战略目标和三大战略，

致力于满足全市农民不同层次的幸福需求、提高全市农民的幸福指数这一目标，着力加快农村改革发展，提升农业增效和农民增收能力，提升农村公共服务和社会保障水平，提升农民的现代文明素质，提升村庄环境整治建设档次，提升村级组织建设水平，实现农业增产增效、农民增收致富、农村和谐稳定，整体推进城乡物质文明、精神文明、政治文明、生态文明建设，不断增强全市农民的创业增收成就感、民生保障安全感、精神文化愉悦感、居住环境舒适感、民主管理信任感。

2. 主要目标

从 2009 年开始，通过 12 年左右时间，抓点连线，以点带面，在全市农村大力推进产业增收、公共服务、农民素质、环境整治和基层基础等五大提升工程，全面开展富裕乡村、满意乡村、文明乡村、美丽乡村、和谐乡村“五村联创”活动，力争到 2020 年，把江山绝大多数行政村建设成为“富裕、满意、文明、美丽、和谐”的“中国幸福乡村”，成为全国新农村建设的样板之一，打造新的国家级区域品牌。

“五村联创”共建“中国幸福乡村”的具体目标是：

创建富裕乡村：就是通过实施新一轮的产业增收提升工程，推进农业主导产业的品牌化发展、农民就业创业的多元化拓展，重点突破低收入农户增收问题，努力建设生产发展、增收稳定的“富裕乡村”，显著增强全市农民的创业增收成就感。

创建满意乡村：就是通过实施新一轮的公共服务提升工程，推进农村社会事业的均衡化发展、社会保障的一体化覆盖，努力建设生活宽裕、保障到位的“满意乡村”，显著增强全市农民的民生保障安全感。

创建文明乡村：就是通过实施新一轮的农民素质提升工程，推进农村乡土文化的个性化展示、农民素质的现代化培育，努力建设乡风文明、健康积极的“文明乡村”，显著增强全市农民的精神文化愉悦感。

创建美丽乡村：就是通过实施新一轮的环境整治提升工程，推进农村自然环境的生态化保护、人居环境的功能化改造，努力建设村容整洁、生态环保的“美丽乡村”，显著增强全市农民的居住环境舒适感。

创建和谐乡村：就是通过实施新一轮的基层基础提升工程，推进农村基层组织建设和事务管理的民主化运行、公平正义的法制化保障，确保农村“五大安全”，努力建设管理民主、稳定祥和的“和谐乡村”，显著增强全市农民的民主管理信任感。

3. 基本原则

(1)统筹规划，全面覆盖。制订行动纲要，搞好整体规划，做到统筹考虑、合理布局、有序推进，防止重复建设、分散投入；工作推进上既要突出重点，也要兼顾面上，创建工作最终要求全覆盖，使全市每一个村的生产生活条件和百姓的幸福指数都得到明显改善。

(2)分类指导，分步实施。注重挖掘每个村的自然地理、历史遗迹、风土人情、民俗习惯等因素，体现村庄的个性魅力，积极打造产业型、文化型、生态型、田园型、集贸型、古村落型等各种类型特色村，切忌千村一景、千人一面；创建过程中，要分清轻重缓急和难易主次，排好年度创建计划，分步推进，分批实施。

(3)整合资源，项目带动。以项目为龙头，科学整合中央、省、衢州市以及本市的各类资源，大力加强向上争取、结对帮扶和财政扶持，促进项目、资金、指标等要素向“中国幸福乡村”创建村倾斜，实现项目的累进和叠加效应。

(4)激活主体，各方参与。突出农民的主体地位，尊重群众的主观意愿，激发和保护好农民群众投身“中国幸福乡村”建设的积极性、主动性和创造性；注重加强协调、增强合力，发挥好财政奖励补助资金的引导作用，激发社会各界的积极性，积极运用市场机制，转化自有资源，多渠道筹集建设资金。

(5)严格考评，打响品牌。确立品牌意识和精品标准，既要突出产业增收创建富裕乡村、环境整治创建美丽乡村两大重点，也要按照新农村建设 20 字要求，兼顾抓实满意、文明与和谐等乡村创建工作，全面、综合设置创建内容和评价体系，立体考评，宁缺毋滥；在练好内功的基础上，加强组织策划和宣传推介力度，努力扩大“中国幸福乡村”的品牌影响力。

4. 工作程序

市委、市政府成立江山市建设“中国幸福乡村”行动领导小组，与市新农村建设领导小组合一，市农办具体负责日常工作。领导小组下设“五村联创”各协调小组，分别由市委、市政府分管领导牵头，相关部门负责组织实施五大提升工程。每年年初，领导小组根据建设“中国幸福乡村”行动的整体规划，按照乡镇、村自主性申报、市级指导性计划相结合的方法，确定每一年度的重点创建对象。领导小组统筹确定全年的“中国幸福乡村”建设内容和项目安排表，落实相关部门、乡镇(街道)、村具体实施，并负责督察指导。没有列入“中国幸福乡村”年度建设计划的村，可以分别向“五村联创”各协调小组申报单项或多项创建活动。年终，领导小组组织相关部门进行考核验收和授牌，并通过以奖代补的形式对各村的创建工作予以表彰奖励。

5. 实施规划

建设“中国幸福乡村”是一项长期艰巨的任务，是一个循序渐进的过程，按照抓点连线成片的推进方法，其近、中、远期的实施步骤及分阶段目标为“255 行动计划”，即：开头 2 年抓点示范打出品牌，中间 5 年连线扩面打响品牌，最后 5 年

全面覆盖巩固品牌。

(1)近期:抓点成线阶段(2009 年至 2010 年):在完善“中国幸福乡村”创建内容及评价标准的基础上,全面启动创建行动,重点做好一批基础较好村的改造提升工作,确保 50 个左右村基本达到“中国幸福乡村”创建标准,力争在 2 年时间内初见成效,打出“中国幸福乡村”品牌。

(2)中期:连线扩面阶段(2011 年至 2015 年):充分发挥第一批“中国幸福乡村”的典型示范作用,以“两线”沿线村为重点,每年完成 25 个左右的“中国幸福乡村”创建,确保高速公路、国省道沿线和旅游景区、城镇周边的 125 个左右村基本达到“中国幸福乡村”创建标准,力争在市内外有较大影响,打响“中国幸福乡村”品牌。

(3)远期:全面覆盖阶段(2016 年至 2020 年):按照全覆盖的工作要求,基本完成全市其他村的创建工作,并巩固提升已取得的创建成果,将大部分乡镇(街道)建成“幸福乡镇(街道)”,全市基本建成“幸福江山”,最终实现“中国幸福乡村”建设目标,使“中国幸福乡村”成为江山又一个国家级的区域品牌、城市营销推介的又一张金名片。

三、主要措施

(一)实施新一轮的产业增收提升工程,创建富裕乡村

1. 培育壮大农业特色产业

要完善规划布局。完善优势特色农业区域布局规划,全面优化产品结构、产业结构和区域结构,推动特色产业区域化、集聚化、品牌化发展。要突出发展重点。从全市看,要重点培育“1+5”农业主导产业,在稳定优化粮食产业的基础上,加快发展培育以食用菌、畜牧、果蔬、竹木、茶叶等为重点的五大农业特色主导产业;从乡村看,要根据各自实际和产业基础,鼓励“一村一品”、“一乡一业”,大力培育具有区域特色的、块状发展的休闲农业、生态农业、观光农业。要健全服务体系。深入实施“四大百亿”工程,加快推进农田水利、道路、电力、通信等农村基础设施建设,不断提升农民生产生活基础条件;深化土地流转、农业机械推广等方面的探索改革,扩大农房、林权、宅基地等新型抵押贷款,加快农村金融体系创新;加快完善政策性农业保险,进一步提升农业抗风险能力;加强和完善农技服务体系建设,加快推进农业经营方式转变,加大对农业龙头企业和农民专业合作组织的培育扶持力度,增强龙头带动力,提高农民组织化和农业产业化水平。

2. 做大做特乡村家庭工业

充分发挥本村原有的地域、产业和人力资源等优势,主动对接全市“4+X”

工业主导产业布局，严格落实生态环境保护机制，因村制宜发展乡村特色家庭工业。要大力发展来料来样加工业。采取各种有力措施，加强宣传引导和扶持，组织引导农村剩余劳动力从事来料加工业，促进农民增收致富；着力发展来料加工点、来料加工专业村，加工地要遍布全市85%以上的乡村；积极培育经纪人队伍，提高业务总量，提升产业层次，力争全市来料加工费收入逐年增长10%以上。要大力发展家庭工业。鼓励有基础、有条件的乡村发挥优势，重点发展一些适宜一家一户发展的工业产业，努力培育一批家庭工业经济强村；实施全民创业计划，激发乡村农民的创业激情，为乡村家庭工业提供孵化基地；主动做好现有企业和家庭工业的服务工作，努力形成一批优势明显、特色鲜明、支撑有力、集约发展的乡村家庭工业集群；盘活利用原有的闲置用地和房屋，并依托工业园区、重点企业的辐射带动，科学发展乡村工业，充分发挥工业在吸纳农民就业、带动农民创业方面的重要作用。要大力推行村企结对帮扶。鼓励企业指导带动乡村发展特色经济，支持企业向农村去投资，到农村去创业，在农村求发展，到农村建立农产品生产基地、劳务培训基地、发展流通加工业、开拓农村市场、扶持培育各类特色专业村等，用现代工业理念和现代市场经济理念推进农业和农村经济发展。

3. 规范提升乡村休闲旅游

首先，要按照全市"一中心三景区"的产业发展空间布局，着力提升"江郎山—清漾、廿八都—浮盖山、仙霞关—戴笠秘宅"三大核心景区的品位档次，进一步打响"千年古道 · 锦绣江山"旅游主题品牌，致力打造三省边际休闲旅游胜地。其次，要增强大景区的辐射，借助大景区的影响，做足浓郁的乡土文化文章，重点开发一批特色乡村旅游产品，带动江山乡村休闲旅游业发展。同时，要发挥生态优势和资源优势，大力提升发展"农家乐"产业，突出重点区域，建成一批集"吃、住、游、购、娱"为一体的，以山水体验、民俗风情、自然景观为特色的观光型、度假型、休闲型"农家乐"产业基地，使"农家乐"成为乡村新的经济增长点。

4. 积极促进农民创业就业

抓紧制定出台扶持我市农民创业的一系列政策措施，充分发挥各项扶持政策和惠民工程对农民创业就业的推动作用。一是扎实推进"低收入农户奔小康"工程。继续实行"一户一策一干部"的结对帮扶机制，激发和调动低收入农户增收脱贫的信心和决心，积极开展送项目、送资金、送技术等"输血式"帮扶活动，帮助低收入农户增收致富。二是扎实推进"下山搬迁脱贫"工程。依托园区、集镇和城市，加快下山搬迁安置小区建设，按照"搬得下、稳得住、富得起"的要求，促进高远山区农民下山异地安置，改善创业就业条件，实现脱贫致富。三是扎实推进"万名农民素质培训"工程。充分发挥培训基地的作用，积极对接工业和服务

业的用工需求，深入开展劳务技能和创业技能培训，大力推动培训后农民在本地转移就业，引导、组织和服务好农民外出务工，提高农民创业就业的竞争力。

(二)实施新一轮的公共服务提升工程，创建满意乡村

1. 加快推进农村社区建设

优化城乡布局。真正按照“城乡规划一张图”、“城乡建设一盘棋”的要求，着力培育中心村，建设农村社区，为城乡一体化建设在农村的推行提供有力的辐射平台。推进社区建设。积极探索农村社区建设新路径，率先建成一批“群众自治、管理有序、设施配套、服务完善、生态和谐、文明祥和”的农村社区。强化社区管理。切实抓好农村社区服务中心建设，采取“村民出一点、乡村补一点、财政拨一点”的办法，整合卫生保洁、医疗卫生、放心超市、事务代办、文体公用设施维护经营等功能，对村内公共服务事业进行统一管理。完善运行机制。加大统筹城乡发展的力度，加强资源整合，逐步实现城乡教育、医疗、文化设施、环卫、供水以及公交一体化，努力使居住在农村社区的居民也能享受到城镇化的现代文明生活。

2. 促进社会事业均衡化发展

研究制订农村社会事业发展规划，促进科教文卫体等民生事业均衡化发展。加快发展农村教育事业。深入实施中小学现代远程教育、名师资源共享、校舍维修改造、乡镇中心幼儿园建设以及农村特殊教育学校建设等“五项工程”，全面完成新一轮农村学校布局调整，做好农村中小学校标准化建设和小规模学校改造，加强校园绿化、美化、净化等“三化”建设，加快推进教育现代化工程建设，加强平安校园建设。扎实推进农村医疗卫生事业。全面完成农村卫生布局调整，加快农村卫生服务体系建设。深入实施“农民健康工程”，以农村卫生院(社区卫生服务中心)为主体，为农民提供三大类12项公共卫生服务，为参加新型农村合作医疗的农民免费提供两年一次的健康体检，并建立健康档案。加快农村文化体育事业发展。深入实施“文化阵地工程”，巩固提高农村“文体俱乐部”建设，在建好宣传栏或黑板报、乒乓球室、阅览室或电教室等“一栏二室”的基础上，进一步建设好宽带网、球场、戏场、文化特色队、体育运动队等“一网、二场、二队”，切实改善农村文化体育运动条件；广泛开展全民健身活动和各类丰富多彩的文娱活动。

3. 推进社保救助覆盖面扩大

逐步增加公共财政对农村社会保障的投入，构筑多层次、全覆盖的社会保障体系。按照个人养老储蓄为主、集体补助为辅、政府适当补贴的原则，积极探索尝试，加快建立农村社会养老保险制度；完善新型农村合作医疗保障制度，不断提高农民参保率，并根据各级财政支持力度的加大，逐步提高参保农民住院医疗费用报销比例和门诊医疗费用报销比例；进一步完善参保办法，调整保障标准，

实现被征地农民基本生活保障“即征即保”；不断健全社会公共救助体系，全面建立以农村低保、无业重度残疾人生活救助和农村“五保”老人集中供养制度为基础，以医疗救助、灾害救助、住房救助、教育救助、法律援助等专项救助为辅助，以临时救济、社会帮扶、互助互济、公益扶助、慈善救助为补充的农村社会公共救助体系。

（三）实施新一轮的农民素质提升工程，创建文明乡村

1. 注重特色人文的挖掘开发

从倡导先进文化、培植民间艺术、适应大众需求、形成自身特色出发，完善文化设施，丰富文化活动，净化文化环境，打造文化品牌，不断强化经济社会发展的文化支撑。加强农村优秀民间文化的挖掘和保护，深入挖掘并不断外延名人、古道、古窑、古码头、古村落及传统工艺等人文资源，弘扬优秀传统文化和乡土特色文化；加强文化遗产的保护与开发工作，加快清漾、和睦等特色文化村后续项目、廿八都古镇保护和旅游开发、保安特工城等项目建设，积极开发利用“百年无赌”、“麻糍文化”、“集贸赶墟”、“哲学文化”等特色文化资源，打造一批特色文化村。努力把一批有价值的民俗民间传统文化资源，发展成为特色文化产品，进行扶持打造，形成品牌，形成产业。

2. 深化各类精神文明的创建

深入开展以社会主义核心价值体系为主要内容的思想道德教育，广泛开展群众性精神文明建设活动，认真实施“春泥计划”，扎实开展文明村镇、文明行业、文明社区、文明家庭等基础性创建评比活动。要以“孝”为先，实施家庭美德建设。开展“好儿女”、“好婆媳”、“好夫妻”等评选活动，提倡尊老敬老、夫妻互敬互爱、科学教育子女的社会风气。要以“诚”为要，实施职业道德建设。广泛开展“信得过产品”、“信得过摊点”等评比活动，引导人们诚实守信、公平竞争。要以“善”为本，实施社会公德建设。大力提倡互助互济，动员和组织为鳏寡老人、军烈属及其他贫困户提供帮助，形成邻里互助、团结友爱的风尚。要与时俱进，提升农村整体文明水平。鼓励勤劳节俭、遵纪守法，积极倡导健康文明的消费和生活方式，推进移风易俗；深入实施婚育新风进万家计划，倡导生育文明新风；加强农村殡葬管理，推进“绿色殡葬”工作。

3. 着力提升全市农民的素质

深入开展“五五”普法教育，加强公民道德规范、科学知识、生产技术等各方面的宣传教育，努力培养有文化、懂技术、会经营、讲文明、守法纪的现代农民群体。采取多种形式深入开展“三基”（党的基本理论、基本路线、基本纲领）、“三义”（爱国主义、集体主义、社会主义）、“三德”（社会公德、职业道德、家庭美德）、“三观”（世界观、人生观、价值观）、“三法”（学法、守法、用法）、“四科”（科学知识、

科学精神、科学思想、科学方法)、“双思”(致富思源、富而思进)等教育,努力提高农民的思想政治素质、法治素质和科学文化素质。深入开展好以讲文明、讲科学、讲卫生、树新风为主要内容的“三讲一树”活动,广泛进行文明常识和科学生活方式教育,增强文明生活意识。积极开展农村科普宣传教育活动,引导农民学科学、爱科学、用科学,不断提高科学文化水平。

(四)实施新一轮的环境整治提升工程,创建美丽乡村

1. 加强生态环境保护

全面实施“811”环境保护新三年行动,狠抓重点区域、重点行业、重点企业的污染减排工作,建设“山水家园”,打造“锦绣江山”。要大力整治工业污染。严格按照污染物总量控制目标要求,治旧与控新双管齐下,提高工业企业污染物处理率和达标排放率,实现清洁化生产,从严把握环境关口,杜绝新的污染项目落地。要重视治理面源污染。科学制订实施畜牧业发展规划,严格控制养殖规模;进一步加强畜禽养殖污染治理,大力推广“零排放”生猪饲养技术,全面建设农村沼气应用工程,着力抓好村庄污水处理;普遍开展农作物病虫害统防统治、测土配方施肥,大幅度减少农药化肥对环境的污染,实施“沃土工程”,努力提高农田地力。要切实加强水源地保护。积极实施水源地保护工程,制订并实施江山港(含主要支流)和饮用水源地保护规划;加大森林资源保护,加快水土流失治理;保护村庄现有水面,全面整治河沟渠塘“脏乱差”,努力恢复河沟渠塘自然功能,提高水体自净能力;建立和完善饮用水水源地有偿保护、生态公益林补偿等长效机制,切实加强水源地保护执法管理力度。

2. 开展人居环境改造

要以深入实施“十村示范、百村整治”等工程为总抓手,加快村庄整治建设步伐,使全市的村容村貌和农民的生产生活条件得到全面改善。工作重点上,以整治村庄建筑乱搭乱建、杂物乱堆乱放、垃圾乱丢乱倒、污水乱泼乱排等“八乱”为重点,因地制宜、整线连片,突出抓好高速公路、国省道沿线和风景旅游区、城镇周边的村庄整治和环境建设,再由沿线向纵深推进,努力实现布局优化、道路硬化、村庄绿化、路灯亮化、卫生洁化、河道净化、环境美化、服务强化等“八化”标准,其中道路硬化可有水泥硬化和生态化硬化等多种方式。工作载体上,深入开展“农村洁化运动”,不断完善农村环境卫生设施,全面建立“户集、村收、乡镇运、市处理”的垃圾集中收集处理运行机制,完善巩固“市查乡(镇)、乡(镇)查村、村查组、组查户”的环境卫生四级联查机制,农村垃圾集中收集处理实现全覆盖;深化提升“312”绿化运动,大力开展村庄道路、水体沿岸绿化,实现村庄内部及周边、住宅庭院及四旁的绿化、美化。工作延伸上,进一步完善村庄布局科学规划,大力推进农村住房改造,因地制宜地缩减自然村,合并小型村,拆除“空心村”,建

设中心村；制订完善农村建房技术标准，大力推广农村住宅建设通用图纸，努力营造村庄的统一风格和形象。

3. 探索长效管理机制

确立精细化管理理念，建管并重，建立健全村庄基础设施建设、环境保洁、绿化管护、村容美化、村务管理等民主决策和监督机制，进一步制订完善和规范《村规民约》，发挥其自我监督和相互监督的作用。建立健全责任追究制度，加大社会监督力度，对不重视环境保护和生态建设，造成生态环境破坏事故的要认真地予以追究。要真正体现"党委领导、政府引导、农民主体、部门协作、社会参与"的机制，把建设"中国幸福乡村"的主动权交到农民手中，尊重农民的主体地位，确保农民群众真正享有知情权、参与权、表达权、监督权，充分调动广大农民群众的积极性和创造性。

(五)实施新一轮的基层基础提升工程，创建和谐乡村

1. 落实"五项制度"，实现重心下移常态化

在乡镇、街道机关中不断深化干部分片包村(社区)"五五责任制"、"民情沟通日"、乡(镇)村干部联合办公、定期蹲点调研、干部重心下移考核管理等五项制度，扎实推进乡镇、街道工作重心下移，有效改善基层干部工作作风，进一步夯实基层基础。突出重点，确保分片包村职责到位。进一步明确分片包村工作职责，突出重大矛盾纠纷的排查化解、加强对发展村级集体经济的个性化指导、促进村级规范化运行和管理、梳理和解决民生热点问题等四个方面重点。创新载体，确保民情沟通常抓常新。坚持和完善"民情沟通日"制度，改进"民情沟通日"活动形式，提高"民情沟通日"活动实效。突破难点，确保蹲点调研取得实效。各乡镇、街道党政班子成员带头联系一个村(社区)或一家企业，经常深入村、户开展蹲点调研活动。建立疑难问题"领导包案、干部挂联"工作机制。优化服务，确保联合办公满意群众。坚持乡镇干部每周学习和工作例会制度，全面推行"民生服务日"制度，积极推行全程代理便民服务制度。强化考核，确保重心下移落到实处。不断健全分片包村岗位责任考核机制，推行分片包村群众满意度测评制度。

2. 深化"五新争先"，实现村级管理规范化

按照"构建城乡统筹的基层党建新格局"要求，纵深推进"五新争先"活动，着力打造"五新"村级组织，力争到 2012 年使全市 60% 以上的村党组织达到"五好"标准。围绕打造实干队伍，选优配强新班子。深化完善村级民主选举制度，大力加强党支部书记队伍建设，鼓励探索党组织书记跨村任职；充分发挥市级机关、企事业单位党组织资源优势，务实开展城乡基层党组织结对共建活动；深入开展和谐创业型班子创建活动，推行两委联席会议、集体领导分工负责、重大财务联章联签等制度，严格执行基层党风廉政建设有关规定；加强村干部教育培

训，提升村级干部的能力水平；不断深化村民代表、村民小组长、村级各员等三支队伍建设，规范设置和管理；充分发挥大学生村官、农村工作指导员以及“老党员、老干部、老职工”等农村“三老”队伍作用，提升整体能力。围绕软硬环境提升，全力打造新风貌。按照“六统一四化”和全面导入CIS城市品牌形象标志系统要求，全面推进村级组织活动场所规划和改造建设。切实加强活动场所和远教站点日常管理维护和产权监管工作，不断拓展服务功能，提高开放使用效益，坚持一室多用、一所多用，真正成为农村开展办公议事、党员活动、教育培训、便民服务、文体娱乐和信息收集传播等工作的有效阵地。围绕促进增收致富，积极谋划新思路。不断完善村级五项规划，坚持以项目化理念推进规划贯彻实施。积极实施“一村一平台”计划，不断发展壮大村级集体经济。全面推行村干部绩效工资制度，将村干部报酬与村集体经济增量相挂钩。切实深化和规范村账乡镇(街道)代理和组账村代理制度，加大对村级财务审计监督力度。以发展特色种植、养殖业和实现规模经营为突破口，多产业、多途径促进农民增收致富。围绕保障高效运作，完善运行新机制。加强村级民主决策、民主管理机制建设，坚持村务财务公开、村民代表会议、重大村务公决等制度，进一步完善村规民约，探索建立村务民主提议、村民约谈等村级民主治理机制。加强村级便民利民服务机制建设，坚持“民情沟通日”和“民生服务日”制度，建立完善全程代理服务制度，不断完善“一日一值班、一周一集中、一月一沟通”的村级工作新机制。加强党内民主制度建设，积极推行党员议事会、农村党员村务责任制、无职党员设岗定责等制度，坚持完善发展党员全程票决、两票制评议党员、不作为党员告诫等制度，全面推行党务公开制度。围绕深化工作落实，激励再创新业绩。加强考评激励，坚持完善农村基层干部发展目标承诺考核、群众满意度民主测评等制度，建立不胜任村干部诫勉教育、不合格村干部处置制度；注重关爱激励，坚持完善落实集体经济薄弱村运行经费补助、退职村干部养老保障补助、党员关爱专项资金等各项补助制度，全面解决村主职干部的基本报酬，并建立正常增长机制；探索选拔激励，坚持完善从村主职干部中择优选拔公务员、事业单位工作人员和乡镇班子成员的制度，为优秀村级干部打开上升通道，激励村级干部不断完善提升，推进工作。

3. 围绕“五大安全”，实现社会管理长效化

不断加强社会治安综合治理，完善“一中心、二员、三室”的基层维稳网络建设，积极开展以综治网格化管理为主要内容的“平安连万家”活动，建立健全社会预警体系和应急处置机制，提高保障社会公共安全和处置突发事件的能力，实现政治、治安、信访、生产和公共等“五大安全”常态化。一是着力整治治安突出问题，严厉打击凶杀、抢劫、强奸、盗窃等严重刑事犯罪，扫除“黄、赌、毒”等社会丑

恶现象，提升农村流动人口规范化管理水平，深入推进“平安村”、“法治村”建设，开展“无传销乡村”创建活动，确保治安安全。二是不断巩固社会矛盾纠纷调处机制，形成整体联动、全社会共同参与的“大调解”格局，提高矛盾纠纷调解率和成功率。市、乡、村三级联动，不断完善信访工作责任制，强化乡村初信初访工作实效，探索建立陪访、导访、代理访机制，引导群众有序上访，确保信访安全。三是有效推进对道路交通、食品药品、危险化学品、消防等重点行业、重点部位、重点环节的安全生产监管，保护人民群众生命财产，确保生产安全。四是有效应对自然灾害、事故灾难、公共卫生、社会安全、食品药品安全事故等各种风险，认真抓好防火、防汛、防疫、防灾工作，确保公共安全。五是有效防范和打击“法轮功”等邪教组织及敌对势力破坏活动，加强宗教活动场所的安全管理，确保政治安全。要逐步推进维护和谐稳定工作的系统化、规范化、机制化和长效化，不断提高人民对社会安全稳定的满意度。

四、工作机制

1. 建立明晰化的责任机制

创建“中国幸福乡村”，人人有责。要根据“分类指导、分步实施、分级负责、分头落实”的原则，将建设“中国幸福乡村”的工作任务和工作责任层层分解落实到位。要建立网格式的工作负责体系。领导小组及其办公室负责全市面上的创建工作，各协调小组负责各“五村联创”的相关工作，各创建指标的责任部门负责具体的指导、督察和考核。其他各部门、社会各界都要主动融入，积极配合支持创建工作。各乡镇(街道)负责本乡镇(街道)的“中国幸福乡村”创建工作，主要领导负总责，分管领导具体负责，并明确一名干部专门做好有关创建的组织协调工作。各创建村是创建“中国幸福乡村”的主体，要切实担负起各项具体工作职责，动员组织村民积极参与，确保各项创建工作都“有人做、有人管”。

2. 建立多元化的投入机制

要充分体现政府前期引导、群众自主参与、社会多方支持的共建共享原则，建立多元化的投入机制。市财政要设立“中国幸福乡村”以奖代补资金，制订出台有关规定实行专项使用管理，并建立有计划的融资机制，加强投入，促进“中国幸福乡村”的创建工作；乡镇财政也要逐年增加对“中国幸福乡村”创建的投入力度，并通过村级集体经济的壮大、农民收入的提高，增强农民参与的积极性和实效性；村级可以通过宅基地整理和有偿选位、集体山林认养、田地认种等形式，以市场化的手段拓宽资金渠道，可以通过适当的激励方式，激发村内致富能人的参建热情，也可通过村企结对、部门联村等形式，吸引社会资金参与“中国幸福乡村”建设；要通过各种渠道，大力争取上级项目、资金补助支持，最终建立多方筹

资、共建共享的投入机制。

3. 建立科学化的建设机制

要根据“既有个性亮点、又有区域特色”的规划原则，依据全市的地域特点和产业分布，以“产业发展”规划、“交通发展”规划、“环境保护”规划为重点，高起点、高标准地编制具有江山特色的建设“中国幸福乡村”整体规划。要把产业发展作为江山建设“中国幸福乡村”的着力重点，根据宜工则工、宜农则农、宜旅则旅的原则，对全市的农村产业发展进行规划，突出龙头企业、专业合作社和发展大户的带动作用，发展区域特色产业，打造精品产业，全面提升产业层次。要整合现有的各类资源，按照近期、中期、远期的工作目标，首先向重点村、重点乡镇、示范带集中投入，逐步扩大建设面，提高精品率，有序推进，亮点连线成片，通过若干年的努力，使江山建设“中国幸福乡村”活动成为一个整体性的可持续发展的品牌。

4. 建立长效化的管理机制

建后管理是巩固“中国幸福乡村”建设成果的关键，要逐步形成“市、乡镇、村三级分级负责，村日常管理为主，农民群众人人参与”的长效化管理机制。市和乡镇负责对各村进行适当的财政补助，村集体通过建立农村社区管理服务中心，成立保洁队、志愿者服务队、老年人监督队等组织，负责村内的环境保洁、村庄道路、文体设施、放心超市、卫生服务中心等村内公共设施的管理维护，农民群众通过村民代表会议、参与自愿组织等形式实现村内事务的民主管理、自主管理。

5. 建立目标化的考核机制

加强对建设“中国幸福乡村”的督察考核，把建设“中国幸福乡村”工作的成效作为考核各级领导班子、领导干部工作实绩的重要依据。建立健全督察制度，实行定期督察与不定期抽查相结合；制订出台考核办法，明确年度及建设期内的目标任务，使各项建设工作目标具体化和责任化；全面引入农民幸福感、满意度调查，并将此作为评定“中国幸福乡村”的重要标准；尽快出台详细的考核细则和办法，将指标具体化、操作化。建立专项工作经费和考核奖励资金，对“中国幸福乡村”建设成绩显著的单位和个人进行奖励。

附录3：江山市建设“中国幸福乡村”参考标语

1. 共建幸福乡村，共享幸福生活！
2. 全民动员，人人参与，共建中国幸福乡村！
3. 实施五大工程，推进五村联创！

4. 共建富裕满意文明美丽和谐的中国幸福乡村！
5. 推进农村改革发展，建设中国幸福乡村！
6. 努力建设中国幸福乡村，加快实现一高两进三步走战略目标！
7. 创建中国幸福乡村，构建温馨美满家园！
8. 全面建设惠及全市农民的中国幸福乡村！
9. 弘扬江山精神，共建幸福乡村！
10. 提高幸福指数，满足幸福需求，建设幸福乡村！
11. 提升增收产业，创建富裕乡村！
12. 提升公共服务，创建满意乡村！
13. 提升农民素质，创建文明乡村！
14. 提升农村环境，创建美丽乡村！
15. 提升基层基础，创建和谐乡村！
16. 点线面推进，打响幸福乡村品牌！

附录 4：江山市首批命名的 18 个中国幸福乡村简介

白沙村

位于江山市南部凤林镇，距城区 30 公里，205 国道沿村而过。该村是一个移民新村，2002 年因白水坑水库建设需要从原定村乡的深山中整体搬迁至凤林镇松树岗，2007 年邻近的原水碓淤村并入白沙村。

如今的白沙村，是远近闻名的美丽乡村，有“浙西第一村”的美誉。漫步村中，四通八达的水泥路面宽敞整洁，道路两旁林木郁郁葱葱，绿草如茵，绿树掩映下的 200 多幢别墅式楼房，无声地诉说着新白沙人幸福美好的生活。白沙村村民的人均居住面积有 100 多平方米，农户房前屋后、道路四旁公共场所全部进行绿化，人均绿化面积 41 平方米。在鲜花盛开的季节，蜜蜂和蝴蝶在村中的林木花草间采蜜嬉戏，不时地，还可以看到白鹭在林木间翩翩起舞，展现出人与自然和谐相处的动人美景。小桥流水，粉墙黛瓦，曲桥阁亭点缀的花园式村庄，仿佛一幅灵动的水墨画。

白沙村村民的生活忙碌而充实。白天，或在工厂上班，或在田间地头辛勤耕耘，到了黄昏，融古今风貌于一体的休闲场所开始热闹起来。年轻人在篮球场、乒乓球室打球，或在阅览室阅读，老人在聚贤亭谈天说地，孩子们在草地上嬉闹奔跑。每年村里组织的运动会、琴棋书画比赛，大家踊跃参加，一展身手。

和美的生活来自于不断发展壮大的经济。离开了大山怀抱的白沙人白手创

业，目前村里基本形成三大块状经济：一是村级工业园地，以木材加工为主，目前已有30余家企业入驻；二是白菇业，年种植白菇30余万袋，从事种菇的菇农有50多人；三是生态农业，发展了150多亩茶叶基地，20多亩生态葡萄园。村民人年均纯收入从2002年的3000多元增加到2008年的8000多元。走进任何一户农家，只见院落花木扶疏，室内家电齐全，窗明几净，厅堂墙上那张巨幅全村福，让人好生羡慕，千余张灿烂的笑脸，幸福和谐，感染着每个前来参观的人。

生活不断富裕的白沙村民，有了更高的精神追求。在这个小小的村庄，建起了一座省三级幼儿园。原村支部书记毛兆丰老人，经过多年奋笔疾书，出版发行了第一本村志——《白沙村志》，书写了白沙600多年变迁。在此基础上，村里正着手续写第二部村志。

在党和政府关怀下，白沙村村民们易地创业，凭着勤劳坚韧、奋发向上的精神，将小小的白沙村建设成了魅力新农村，谱写一个又一个移民致富新篇章。

日月村

用“人在绿中，屋在林中，村在画中”来描述日月村是最恰当不过了。这是一个令人神往的幸福乡村，一个生态优美的乡村大观园。

日月村名，来源于令人难以忘怀的传奇。它本属于妙里圳乡十二村。1957年全国农村大兴水利时代，干部群众积极响应党中央、国务院的号召，没日没夜地修水库，在短短三四年的时间里，修建成了13个水库。这一切都被一位本地老师看在眼里，在他的提议下，为继承这种精神，大伙把村名改成了日月村。

2004年年初，日月村被确定为江山市生态建设试点村，由此开始了一场生态文明创建热潮。生态文明怎么搞？日月村人的法宝是发扬“自力更生、奋战不息”的“日月精神”。昔日的日月村，自然资源、物质资源、文化资源，都没什么优势。自然村规模小，村民居住分散。最大的特点是水塘多，房前屋后树木多。怎样利用原有的优势，并把劣势变优势？村领导经过认真分析研究，理清了发展思路，那就是以整治村庄环境、建设乡村大观园为契机，进行招商引资，发展经济。村两委一班人率先垂范，带领全村群众大干起来。首先治理村中心塘，并将其命名为日月塘。接着，村道及通往各自然村的道路硬化、绿化等也跟着启动。违章建筑、露天厕所等拆除工作全面开花，并建立健全清洁家园长效管理机制。短短几个月，日月村的村容村貌就焕然一新。2010年，日月村借创建“中国幸福乡村”的东风，提出把生态示范村做精做美做特。在村庄范围内道路及各家住户的房前屋后的空地上植上树木、种上花草。绿化苗木以观赏树木、花卉、果树和速生用材林为主，乔灌结合，常绿与落叶结合，使得今日的日月村一路一树、一街一景、四季常青、瓜果飘香。村在林中，林在村中。

如今，一个环境优美的生态示范村展现在人们眼前：日月楼屹立在村口公路边引人注目；日月塘里碧波荡漾，水面上白鹅戏水，水底鱼儿游来游去，塘边垂柳依依，时而可见老人在悠然漫步；日月公园亭阁流彩，花团锦簇；8米多宽，绿荫夹道的日月大道，令人心旷神怡；花园别墅式的日月农舍庭院绿树掩映。村内建有名优果基地100多亩，果实成熟的季节，累累硕果挂满枝头，引得游客慕名而来。

生态环境的改善成了招商引资的金字招牌。占地1平方公里的消防器材工业基地，已吸引15家企业入驻，极大地推动了村级经济的发展和村民收入的提高，2009年村民年人均纯收入达到8583元。

日月村人用自己的双手建设了一个美好的生态家园，作为省级全面小康建设示范村、江山市首批“中国幸福乡村”，日月村的下一个目标是：建设全国生态村。让美丽的日月村与江山共荣，与日月同辉！

花园岗村

沿着宽畅的村主干道走进花园岗村，栋栋簇新的楼房排列有序，家家别墅小楼前铁树迎宾；条条道路旁乔木错落有致，绿茵如伞的香樟树亭亭玉立。中心塘碧水盈盈，新开溪清流淙淙。颇具现代气派的社区活动中心综合办公楼别具一格，电教室、会议室、图书室、档案室等各种现代化设施一应俱全；休闲文化广场桂花满苑，绿荫成林，芳草萋萋；景观池中柳影摇曳，喷泉奔涌，金鲫游戏；健身场地各种健身器材应有尽有。信步花园岗，整齐、洁净、美丽充盈，崭新、朝气、生机扑面，富裕、文明、祥和洋溢。

2001年3月，因水库建设需要，原定村乡日西村和白马淤村的180来户村民，从钱塘江源头的廿七都大山深处迁移到清湖镇花园岗村定居。花园岗村家底薄，村级经济负债1.7万元，人均耕地面积仅0.29亩，村民人均收入不足1800元。穷则思变。怀着“为村民能过上幸福生活，就是倾家荡产也要豁出去”的勇气和胆识，村两委班子集中精力带领全村甩开膀子大干起来。

下山脱贫后实施宅基地整理项目，为村集体挖到第一桶金。此后，花园岗村连连出新招：移民点零星宅基地向库区移民农户转让；山场公益林集中管理；集体提留土地招商引资，100亩工业用地规划上先后引进欧派门业等10多家企业入驻，年产值达1.5亿元，吸收全村70%劳动力就业；村集体租用村民土地，投入14万元搭建近万平方米的菇棚返租给村民种菇……从盘活资源入手，到走兴办工业之路，再到开展土地流转发展现代规模农业，短短8个春秋就打开了花园岗村的富裕之门。2008年，村级集体经济收入近百万，年人均收入达8000多元。

与经济发展同步，花园岗村按照建设全面小康要求，投入大量资金，实施村道硬化亮化、村庄绿化美化、生态公厕建造、污水治理等生态环境建设，以及饮用水、电力、三网等基础设施建设。投资10万元开掘的小溪，使新村从此有了引排水的便利；耗资5万元改造的泉水坑，现已成为常年碧水盈盈的清水塘；村主干道两旁栽种的2000株柚子树，如今已绿荫如盖，果实累累，全村绿化覆盖率达40%以上；社区活动中心、社区医院等一批现代化社会公益设施日益完备。

2009年以来，花园岗村启动花园岗第二期下山脱贫小区建设，上坞自然村的一片荒山变成了宜居之地，并利用清湖古镇、和睦土窑、移民新村丰富的旅游资源，做起了休闲旅游文章。颇具特色的农家菜肴，农家屋内宾馆式标准客房，移民新村大花园式的环境，让沪、杭等地游客流连忘返，称赞不已。

花园岗村历经9年拼搏，走上了脱贫致富的小康大道，走出了一条生态立村、工业强村、旅游旺村的"中国幸福乡村"建设的特色之路。从贫瘠的黄土岗上崛起的花园岗村，成长为美丽富饶的大花园，宜室宜家的美家园，生态休闲的新乐园，创业致富的好区园。

浔里村

当年因危山险峰护佑躲过了战争烽火，得以存留。与小桥流水的江南古村不同，她具有深山古村的幽深雄浑之美。"不知道江南古镇里，还有哪个地方像廿八都镇浔里村那样成片成群，整条街道整条胡同，保存着如此完好的明清建筑。"难怪著名作家汪浙成先生这样评说。

公元878年的黄巢农民起义军久攻宣州不下，便在浙西仙霞岭开辟350公里山道，由浙入闽，攻取福建诸州。于是，留下了从浙西进福建的唯一古道和历史上著名的仙霞岭险关，同时也在这里留下了一个由古代北方退役军人和各地商人组成的移民小世界——廿八都镇浔里村。

2005年，廿八都古镇保护与旅游开发项目被列入浙江省重点建设项目，2008年4月古镇项目动工建设。项目规划面积37公顷，总投资2亿多元，分三期建设，一期投资7800多万元，重点打造浔里村浔里老街"一口三线、七大节点和十三个陈列馆"的古镇浏览区。2009年10月，这座古老村落开启了尘封千年的面容，笑迎四方宾客。

浔里村深厚的文化底蕴，随着时代的变迁和保护开发而日渐显现，每天来浔里村的游客络绎不绝，他们用自己独特的视角，不停地审视着古村。

浔里村极具代表性的36幢民居、11幢公共建筑，沿着老街铺展开来，形成了近两公里的明清古街，其建筑风格融南北方风格于一炉，集浙式、徽式、赣式、闽式、西洋式于一体，雕梁画栋，飞阁流丹，相得益彰。在这样的老街上行走，仿佛回到千年前。

古街的明清建筑，在柔和光影照射下，轻轻地在微风中翻转，如梦如幻。深长狭窄的回音壁和着游客的身影，显得古老而年轻。游客们经意和不经意中，摆出不同的姿势，与古街融为一体，自然、和谐。

让人惊奇的是，浔里村1500多人口，却交流着10多种方言，繁衍着100多个姓氏，被称为“百姓古村、方言王国”。古村民俗风情更为奇特，南北交融的外来文化在浔里村汇聚、碰撞，经过上千年的融合和扬弃，形成了奇特的“文化飞地”。村民至今传承祖先遗留下来的对山歌、跑旱船、踩高跷、牵木偶、滑石头等民间艺术。

建筑上，最为宏伟精致的是三进三层的文昌宫。文昌宫在人们心中极其神圣。当年，镇上文化人在此集会，外来大学士在此讲学。平时，只有年满16岁读过书的男人才有资格出入。整个建筑梁、枋、檀、藻井都画满了教人读书做人的精细工笔彩绘，有“悬梁苦读”、“卧冰求鲤，孝敬父母”等340幅，小到尺余见方，大致三四米宽的壁画。

是啊，浔里村就是靠着这份文化自尊，一代一代地演绎着自己的故事。

漫步古街，沿袭至今的铁匠铺、豆腐坊、剃头店……吸引着游客的视线，众多的传统工艺，在这里演绎得如火如荼。据老人说，古街清同治年间处于鼎盛期，仅酒店饭馆就有50多家，南北杂货批发商40多家，想不到这个小小的古镇当年竟如此繁华。

不觉中，已到晌午，“隆兴斋”这个古色古香的客栈，为大家备齐了“廿八都八大碗二名点”。前不久著名导演张纪中率《新西游记》剧组来到这里，他已是第3次来浔里了，对这里情有独钟，并欣然题写“廿八都八大碗”。

置身浔里街，不仅能观赏到保存完整、规模宏大、风格迥异的古建筑群，欣赏“土味十足”的非物质文化遗产，而且还能了解百家姓氏，品尝各种特色菜肴和明清时期药膳。

浔里村如此深邃与厚重，积淀而久远，怎能不让人流连……

永兴坞村

原名林厅坞，因四周古木参天，身处森林中心而得名。后因村里缪氏祖先一世祖淳和公，细看山形胜地，环山茂林，蔚然深秀，眺望江郎诸峰，村子形似“燕窝”，四口井象四个“燕蛋”，且路网似“女”字，感觉此地定能永远兴旺，故更名“永兴坞”。

走进村里，便见道路两旁含笑、杜英等苗木迎风招展，笑迎来客。村内常年绿树环抱，四季鲜花盛开。村中3000米的主干道与环村绿化带，形成一道风景，

莲心塘、秀海湖、文体广场、毛宅古居(戴笠老师毛逢乙故居)、石达开驻军遗址、镇福亭、文化会馆等景点将带您步入如梦如幻般的诗境。点缀其中的农妇塘边洗衣、小孩的嬉闹、老年人在文化会馆的闲谈娱乐、鹅鸭在池塘中悠游,一幅幅宁静安详的村民日常生活图,将让您领略和谐幸福的村庄美图。永兴坞人按照"人在绿中,房在树中,村在画中,民在笑中"的目标,村庄绿化覆盖率达48%,是一块旅游开发的风水宝地。

永兴坞村现有近百人从事消防器材生产经营,是远近闻名的"消防器材村"。同时也是劳务输出村,通过劳务输出,每年为该村带来60%的收入。近年来,通过发展种植业、养殖业、经商办厂等方式,壮大了村级集体收入和村民收入,2009年村民人均纯收入8721元。村内建有40亩工厂化食用菌白菇生产基地,300亩清香梨基地。村里给清香梨注册"永兴坞"商标,实行统一收购,统一外销。村里养鱼不再用猪粪化肥,而是采用沼气综合利用,污水集中处理,规定禁养区等方式发展养猪业和生态鱼庄农家乐。

近年来,永兴坞村通过实施强产业提升实力、强服务提升合力、强素质提升民力、强环境提升魅力、强基础提升活力的"五强提升工程",凝聚了民心,提高了村班子的战斗力和号召力,连续几届村两委成员均以95%以上的得票率当选。永兴坞村民风淳朴,他们从本村实际出发,大力倡导尊老爱老,形成一整套尊老养老的考核评比制度。"我为父母上红榜"体现了村中浓郁的孝文化。农村社区建设成效显著,达到"看病有诊所,学习有学校,娱乐活动有场地,计生就业有指导,矛盾纠纷调解不出村"的要求。村里新型农村合作医疗率达98.8%,五五普法教育率达100%。活跃的腰鼓队、排舞队让妇女们尽情享受跳动的乐趣,好媳妇、好婆婆、文明家庭等评比活动,流淌着农村特有的文明气息;十几年零上访、零刑事案件,注释着和谐的真正含义。村民歌手、民间乐师、排舞妇女,在自娱自乐地演绎着"幸福乡村之夜"。

当您感到身心疲惫时,不妨来永兴坞村走走,在莲心塘静静地垂钓,江南特有的灵秀、风味别致的农家小菜、世外桃源般的农家场景,将消除您满身的疲惫。永兴坞村如诗如画的村庄美景、如梦如幻的桃源仙境、淳朴好客的村风民风,正在柔和地散发出"绿精灵"的光芒。

和睦村

有着悠久制陶历史的古村落。这个以制陶闻名的村庄人文底蕴深厚,除了迄今发现的最大原始制陶基地,还留有明清年间的陆家孝忠祠堂、明代监察御史陆和"绣衣聪马"进士牌坊和"双节流芳"贞节牌坊等多处古迹。如今这个历史悠久的村庄正散发出耀眼的光芒……

这个国内迄今发现的最大原始制陶基地，保存原始馒头窑70座。七八十年代，这里家家造窑，户户烧陶，加工出产水壶、药罐等生活用品，顶峰时期馒头窑达200余座，遍布全村。

美丽，是和睦留给人们的第一印象。夏天来和睦，定会被村口满池荷花陶醉。20多亩的荷塘里，600多种荷花摇曳生姿，田田荷叶上点缀着朵朵小花，微风吹过，送来缕缕清香，引得路人纷纷驻足。沿着整洁的村道一路前行，不远处的瓦窑自然村，溪水潺潺，水车轻转，土窑罗列，青砖黛瓦却是另一番情趣。

2008年，江山市委、市政府审时度势，大胆创新，将和睦原始制陶工艺和新兴时尚的彩陶理念结合，引进彩陶工艺，传承远古文化，激活民间资源，建设新农村。经过彩陶文化村开发、村庄道路硬化、村电气化改造、村庄环境整治、路灯亮化、下山脱贫点扩建、村办公场所建设、社区卫生服务室新建、农民素质提升等多个项目建设，村庄面貌焕然一新。

和睦如乡间的一把陶壶，开始从粗糙向精美蜕变，向人们展示它全新的风貌。

如今的和睦，慢轮陶车仍在，不为谋生，只为游客"过把瘾"。陶器，被赋予了更高的文化价值，仿古彩陶、黑陶雕像，海外订货不断。彩陶坊的彩陶在杭州、上海等地反响强烈，并成功打入国际市场，以其独特的文化内涵吸引众人的目光。

现在，村民以种植白菇、养猪、养蜂为主，年产值达1000多万元。2009年，人均纯收入达8650元，村集体经济年平均收入80万元。

如果说美丽富裕是和睦的外在，那么和谐文明的村风是和睦村永远不变的内涵。文明和谐的村风，不仅得到保留，而且内涵更加丰富。2008年，一批有文化、懂经营、会管理、热心为民办实事的优秀人才被选进新一届两委班子，在构建和谐乡村的过程中，他们抓安全，重法治，确保了村里几年来无重大安全事故，无"黄、赌、毒"事件，无参与"法轮功"等邪教组织，无参与非法宗教活动。

同时，村庄的特色文化建设也越来越受到重视。近几年，和睦村多次开展幸福家庭，卫生先进户，"好婆媳、好夫妻、好儿女、好青年"创建评比活动；组建妇女腰鼓队、排舞队，开展"春泥好孩子"、"村民运动会"、"篮球联谊赛"等一系列文体活动，丰富村民文化生活。每当夜幕降临，村文化广场就热闹起来，腰鼓、排舞，伴随着音乐，快乐洋溢着整个村庄。

为更好地服务村民，和睦村修建了农村社区服务中心，每天安排干部值班，每周二组织镇村干部联合办公，尽量解决村民的困难。同时，村里还均衡发展社会事业，投资360万元，建成面积1800平方米，集教室、多媒体于一体的和睦小学教学综合楼，大大改善了师生教育、学习环境，为进一步提高教育教学质量奠定了基础。

来吧，走进和睦，捧一把泥巴，在陶车上慢慢转动，让它蜕变成一把精美的陶壶，在这陶车慢转中感受和睦村民的幸福。

大陈村

位于江山市西北面，距市区10公里。明永乐年间，源自徽州婺源、定居常山的汪氏一支后裔，迁入这个“土田肥美、山川秀丽”的盆地，繁衍生息。

大陈汪氏，秉承先祖传统美德，弘扬徽州优秀文化。处之以学，诗礼传家；行之以商，富甲衢州；为三衢之巨族，传佳名于数世。

大陈村明清时期的建筑鳞次栉比，层叠有序，具有典型的徽派风格。它们以黛瓦、粉壁、马头墙为表型特征，以砖雕、木雕、石雕为装饰特色，以高宅、深井、大厅为居家特点，融古雅、简洁、富丽为一体。汪氏祠堂更是把徽派建筑的风格表现得淋漓尽致。房屋左右对称，三进两天井，门楼、正厅、厢房等单元布局合理，富有韵律感。用材粗大，结构坚实。门楼重檐飞挑，气势恢宏。黛瓦、马头墙，质朴而清秀。内部构件的彩绘雕刻，栩栩如生，技艺精湛。

祠堂坐落在村庄的最前端，威镇全村，为聚集族众、归宗祭祖与行使族权之场所。文昌阁伴立在祠堂的一侧，汪氏子孙在此诵经习文。街道两旁店铺林立，工匠相挨，光溜溜的青石板叙说着当年街市的繁华与人群的熙攘。一座贞节牌坊的完整构件，静卧在村南的草丛之中，昭示着当时社会的荣辱标准、价值取向。

大陈汪氏“贾而好儒”，视读书为“第一好事”。清同治十一年（公元1872年），村里成立萃文会，创办萃文义塾，后又在衢州设立供族人赴试停息的试馆。1909年，萃文义塾改办成“萃文初级小学”。1942年，创办“大陈初级中学”，后又举办高中班，招生范围扩大到衢州、常山、龙游、开化等地，最兴盛时办有12个班级，教学质量与县立中学相伯仲。新中国成立以后，江山初级师范学校在大陈创办，历时七年，为衢州地区培养了一大批教学骨干。此后，大陈一直都办有中学。一个多世纪来，大陈汪氏世代相继，重教办学，汪氏宗族人才辈出。

每年农历十月初十，是著名的大陈老佛节，又称麻糍节。节日期间，全村捣麻糍声此起彼伏，香味四处飘逸，各种文化活动异彩纷呈。家家户户大宴宾朋，整个村庄熙熙攘攘，热闹非凡。老佛节原是以“迎老佛”为主要内容的庙会，也是一个庆丰收的节日，几经沧桑而演变成现在的形式。该节日已经被列入浙江省非物质文化遗产名录。

此外，送生、做生日、嫁娶、送丧、挂对联等传统习俗依然盛行，弹棉花、编麦秆扇、做米糕、做面条等传统工艺大放异彩。百年名品“大陈面”，以其柔软而富有韧性、长煮而不黏糊闻名遐迩，畅销市场。

大陈村在做好古建筑维修保护的同时，不断挖掘古村落的文化内涵。村歌由村支书参加全国演唱比赛，获“全国十佳村歌”称号，首届全国村歌之星走进浙江江山演唱大赛就在汪氏宗祠举行。目前，江山市已成立大陈古村落保护与建设工作领导小组，准备第一期投资1300余万元，启动大陈古村落的保护与建设工作。

古老的大陈村将焕发出更耀眼的光彩。

桃源村

毗邻峡口镇、江西省广丰县龙溪乡。2001年，因白水坑水库建设需要，由周村乡黄倚、达苎、白水洋、杨梅坪四个村的村民移居于此，2007年又与王家、荷花敦两村合并成为2700多人的新桃源村。现在，村民们在这块热土安居乐业，“黄发垂髫，怡然自乐”，续写了陶渊明笔下景美人和的世外桃源新记。

桃源村取名自《桃花源记》，陶渊明构想的桃花源是虚幻的，而桃源村却在政府部门的领导下一步步构建了一个民风淳朴，令人向往的幸福乡村。步入桃源村口，一块峭拔的山石立在眼前，山石上镌刻着文辞绝美的桃源村碑记，讲述了桃源村的变迁。桃源村绿树成荫，新楼鳞次栉比，水泥路四通八达。村中有两座水塘遥遥相望，取其心心相连，故名“连心塘”，塘上游览桥曲桥通幽，走累了，便可在塘边的“怡然亭”小憩。村委门前有开阔的篮球场，旁边的草坪健身器材齐全，是老少咸宜的休闲广场。华灯初上，村里便飘荡着腰鼓队、洋鼓队的鼓乐声，座唱班的歌声，跳排舞的村姑大嫂们的欢笑声。村里安宁祥和的景象，不仅让人联想起陶渊明描绘的桃源盛景：“土地平旷，屋舍俨然，有良田美池桑竹之属。阡陌交通，鸡犬相闻……”

桃源村得名亦来自桃源路口的桃源骨科医院，桃源骨科医院远近闻名，吸引病人的不仅是这里花园式的环境：茂林修竹，亭台楼阁，小桥流水，更是骨科医院专业的治疗，到位的服务，合理的收费。骨科医院，造福一方百姓，成为桃源村人的骄傲。而随着周村村民一起迁居而来的洪刚古寺，则以另一种方式护佑新水土。

当年从周村搬迁出来的村民们，在当地党委政府的引导帮助下，走上创业致富之路。而今村里已经形成木材加工、白菇种植、生猪养殖等产业。还有很多村民外出务工，开阔眼界，增加收入。桃源村的“三民工程”，为桃源村的政通人和锦上添花。桃源村委建立民情档案，发挥“村议员”作用，定期沟通民情，建立专项事务代办员，全程服务村民。近期，又在市、镇党委组织部指导帮助下，严格规范操作，全面实施“三民工程”提升工作，深入推进“三民工程”建设，受到了各级组织和村民好评，衢州市“三民工程”现场会在桃源村召开，推广他们的做法。

展望未来，桃源村人正在构想另一幅美景：在村里遍植桃树，道路两旁种植

观赏桃花,果园里开发品种多样的蟠桃……不久的将来,游客置身于“芳草鲜美,落英缤纷”的桃源村,真以为走入五柳先生的“世外桃源”了

旱田坂村

位于江山市北面,与常山县接壤。现有人口1818人,其中劳动力892人,村庄区域面积5.37平方公里,2009年村级集体经济收入36万元,人均纯收入7876元。过去由于地理环境特殊,长期缺水,农田只能种旱稻而得名旱田坂。现在,勤劳的村民因地制宜,做大做强石头文章,开采千层石、基建石、水泥石,并走种植、养殖致富道路,观光农业初具规模。每当杨梅、枇杷成熟季节,采摘娱乐,车来人往,川流不息,农家乐生意兴隆。村民们还种菇,做来料加工,搞畜牧业,外出办厂,开店,跑运输,发家致富的道路越走越宽阔。

旱田坂村绿水青山,环境优美,村口矗立着700多年的参天古樟。观光亭阁,灯光球场,健身器材立两旁,文化广场红花绿树,连心湖鱼游虾欢,7个自然村道路全部硬化。晚间,百盏路灯亮堂堂,道路两旁桂花飘香,山上林木茂盛,山下泉水叮咚。

旱田坂村不仅环境优美,楼房林立,而且干净舒适。村道上每隔50米安放着分类处理的垃圾箱。全村无露天厕所,建起了清洁卫生的公共厕所。农户门前实行三包,垃圾集中处理。公共场所和村主干道聘请3位保洁员天天清扫。建造污水处理池,弄头巷尾的污水用管道引进了处理池,彻底改变了村道两旁杂草丛生、污水横溢的脏乱现象。

随着物质生活的提高,群众对文化生活的要求也越来越迫切。村里组建了腰鼓队,培育了一支业余文艺队伍。每年传统的麻糍节都要举行文艺表演,吸引了众多的邻村群众。

旱田坂村把村民自我教育放在重要的位置,年年举行“四好”——好夫妻、好婆媳、好儿女、好青年评选活动,对优秀者进行表彰。鼓励村民亲善友好,和睦相处,发家致富。重视民事纠纷的调解处理,动之以情,晓之以理,多年来无上访事件和刑事案件的发生。

旱田坂村有着尊老爱幼的好风气,在国家政策之外,对70岁以上老人另外加发生活补助。为让老人们有个活动场所,村里建起了老年活动室和图书室。学龄儿童的入学率保持100%,幼儿的入园率在90%以上,农村合作医疗的参保率在95%以上,人人树立保健意识,在幸福生活中健康长寿。

旱田坂村一直把党员教育放在首位,利用“浙江省农村党员干部现代远程教育”平台,把每月15日定为党员集中教育日。村两委一班人严于律己,率先垂范,得到村民群众的肯定和信任。近年来,在外党员纷纷把组织关系往村里迁,

村里党员已达到 85 人，要求入党的青年越来越多。

旱田坂，这个浙西的山区小村，在“中国幸福乡村”大道上迈向更加富裕辉煌的明天。

毛村山头村

前不久，江山市农村文艺会演，有一支以中老年妇女组成的排舞队，特别引人注目。她们演唱的村歌《毛村山头新景象》，声情并茂，生动活泼，不但赢得观众的阵阵掌声，得了奖，而且还让许多城里人怦然心动，慕名想去那里参观一番。

毛村山头村离市区近 30 公里。当年，除了被村民悉心管护的多棵数百年树龄的大樟树外，平淡无奇。然而，就是这样一个普通的村，却在短短的七八年中异军突起，成为江山市首批“中国幸福乡村”。

这一切开始于 2003 年毛村山头村被确定为创建小康示范村。他们利用这一机会，在发展经济和民生服务上下工夫。村里大力发展养猪业，全村已有规模养猪户 40 多户，母猪饲养量达 600 多头。接着又投资 80 多万元，建成沼气池 150 个，既从根本上解决了养猪排污问题，又让村民们用上了沼气。村里投资 100 多万元硬化道路，在全镇率先实现各自然村之间通水泥路，并在路两边栽下林木花草；道路两旁的 40 盏路灯，每到夜晚，华灯绽放，流光溢彩；村里投资 30 万元安装了自来水，并且建造了 7 座生态公厕，配置了垃圾池、垃圾桶、垃圾车，安排了保洁员。2010 年，又新建了污水处理池，使全村污水集中排放，统一处理。在村庄，吸引人们眼球的 3000 平方米的文化广场，逢年过节，这里各种体育比赛、文艺演出红红火火，热闹非凡。村里组织的排舞队在多次全市性文艺赛事中荣获金奖，还破天荒地举办了全市重点整治村干部体育运动会。

在毛村山头，有两个新景观，不得不提。

走到村口，你便会看到一座亭，它的名字可有一番来历。毛村山头的名字由“茅草山豆”雅化而来。古时这里山上长满黄茅草，山垄田里因十年九旱，当地人便大都种些马料豆，村名也就被叫为“茅草山豆”。进入 21 世纪，毛村山头人的日子尽管今非昔比，但仍给人贫穷的印象。2003 年，在养猪致富道路上已经小有建树的村支书，做的第一件事情，就是尽快甩掉旧名声。经过多方努力，毛村山头终于被上级确定为首批创建小康示范村。以此为契机，村庄的环境越来越美，村民的生活越来越好。为了让后人记住曾经茅草遍地的历史，同时要时时、事事争取名列前茅，他们就给新盖的亭取名“前茅亭”。

在村里，还有一个景观塘，被命名为“两江塘”，这塘水的流向可不一般。流入景观塘的溪水在流出后，一分为二，向东流入钱塘江，向西流入鄱阳湖，“两江塘”也由此成为钱塘江水系和流入鄱阳湖的赣江水系的分水塘。

在村干部和全体村民的努力下，毛村山头村一定会把《毛村山头新景象》的歌唱得更响。

定村村

在绵延千里的仙霞山脉腹地，在三峰拔地丹霞秀色可餐的世界自然遗产地江郎山旁，在京台高速峡口出入口处、205 国道边，有一个如诗如画般的幸福乡村——定村。

走进定村，清新、翠绿，春天的温暖在田野中弥漫；

和着凉风习习的峡里风，触摸气宇轩昂的定村牌楼；

伴着激动不已的心，凝望蔚蓝的天空……

让我们踏着欢快轻盈的步伐，走进这座魅力永驻的村庄。

气宇轩昂的牌楼，耸立村口，像一位饱经沧桑的老人，用宽阔的胸怀书写漫长的历史画卷，用无尽的言语讲述传递定村千年不变的风云故事：汉朝的朱买臣衔着御旨踏在 1.6 米宽的石径路上，经定村匆匆出征福建；风华正茂的粟裕将军带领他的红军队伍把党的理想信念和革命种子播撒在这片沃土上；30 多种姓氏汇聚成的定村人抚摸着层峦环抱的山水脉搏，不尽地跳动。

亭亭玉立的六角怡心亭，是村中一道亮丽的风景，排列整齐的苍柏把体育广场和农家乐园紧紧相连。孩子们在广场上打篮球、乒乓球，在踏步机和跷跷板上玩耍嬉戏。在他们无忧无虑的童年里，留下美好而甘醇的记忆；老人们三五成群闲坐在亭子四周石凳上，望着碧蓝的天空，拉着家常。

徜徉在纵横交错的村巷，幢幢装修精美的别墅式楼房错落有致。好客的定村人会把你请进屋里，沏一杯浓浓的绿茶，邀你在八仙桌前细细品味；家家户户门前花坛里，鲜花四季不凋，共同展示着定村的蓬勃生机和活力……

宽敞整洁的大街两侧商铺前，一拨拨妇女围着小方桌，一边唠家常，一边穿针引线，将小圆珠串成精致的工艺品。

神奇的峡里风踏着月色从青山峡谷中徐徐吹来，吹走炎热，吹散劳作的疲惫，温柔而清新。排舞队员们合着时代的乐章，在广场上翩翩起舞；那些刚收完稻谷、采好茶叶和从工厂下班的姑娘小伙，聚集在文化活动室内，或徜徉在书海里，或挥毫泼墨，陶醉在艺术花丛之中；上了年纪的，则在自己的“豪宅”里享受电视、网络给他们带来的乐趣。

前行有声，岁月有语。定村人以自己独有的生产和生活方式，耕耘在这块肥沃的土地上，奏响充满青春活力和富有朝气的时代强音！

花园村

江山的中心点在花园村，花园村是江山的幸福中心。

花园村内，京台高速穿村而过，江郎山互通口就在村域中心，花峡线、水张线在此交会，48 省道延伸到村旁。9 个自然村，如同 9 颗明珠散落在田野、山丘、溪畔。全村阡陌纵横，流水潺潺，楼舍俨然，绿树葱茏，鸟语花香，正如清朝南塘诗人徐秉播旅游该村作"芳田开笺"一诗曰："祠门平接万顷田，漠漠遥开一幅笺。四序风光清入画，满园水色碧于烟。戴经锄罢堪挥笔，挂角归来乐捧篇。比户何妨耕且读，文明自足绍前贤。"

走进花园村，如同走进历史。尽管村名新鲜雅致，但历史却悠久深厚。早在唐代，檀亭、昭明桥等自然村，便是仙霞古道的必经之地，当地村民用檀树、青石、黑瓦建成路亭，凉风习习，檀香缕缕，令来江山巡视的皇上和京都大臣在檀亭休息时，心旷神怡。昭明桥旁建有香火旺盛的昭明寺，并设昭明铺，是江山 14 个铺递之一。沙村自然村，毛晃、毛居正父子均是宋朝进士，其编著的《禹贡指南》、《增修互注礼部韵略》、《六经正误》等作品均收入明朝《永乐大典》和清朝《四库全书》。村中的古宅、古亭、古桥、古碓、古梁、古树都传承着一段段厚重的历史，诉说着一个个生动的故事。

走进花园村，如同走进乐园。山冈周围柑橘、胡柚、杨树、月桂、水杉、毛竹等果木郁郁葱葱，欣欣向荣，飞鸟在白云中逗趣，蜂蝶在花丛间飞舞。嵩溪两岸，杨柳依依，绿草茸茸，水牛在堤岸上奔逐，白鹅在溪水里嬉游。花园村没有大街小巷的嘈杂，没有店铺林立的喧闹，但老年活动中心、健身广场、图书室、乒乓球室、远程教育文化室等，却错落有致，生机勃勃。

走进花园村，如同走进希望。檀亭畈，粮田平整，渠路纵横，在 1000 多亩浙江省现代农业示范园区里，耕耖机、插秧机、收割机等农业机械，穿梭其间。竹木加工、家具生产、水泥制品、玩具生产等工业企业如火如荼，食用菌、生猪、白鹅、茶叶、果蔬等特色经济蒸蒸日上。尤其是传统的蜂业生产是全市一面鲜艳的旗帜，全村 100 多户蜂农走南闯北，风餐露宿，辛勤劳作，先后创办了健康蜂业公司、有蜂缘蜂业公司、江山种蜂场，其中江山牌蜂产品获全国著名商标。

岁月悠悠，沧海桑田，千亩粮畈，十里笙歌。改革的春风使江山的中心——花园村，发生了翻天覆地的变化。全村 2400 多村民欣逢盛世，从贫穷到温饱，从温饱到小康。花园村愈来愈受到世人的关注，将愈来愈繁荣，愈来愈美丽。

耕读村

它不仅有个儒雅的名字，而且有着绝色的风光。

村庄坐拥名山（大石山）、峻岭（湖塘岭）、大湖（湖塘水库）、深塘（湖塘）、涌泉

（龙洞泉），又占尽古刹（康皇庙）、奇石（棋盘石）、妙山（五碗饭山）、西周古遗址、清代古民居，以及参天古树、古今名人等的神气、仙气、灵气。

大石山是座界山，即贺村镇与大桥镇的分界山、钱塘江水系与鄱阳湖水系的分水山。山阳之水流向江山港，汇入钱塘江；山阴之水则流入江西赣江，汇入鄱阳湖。三里多长的大石山，山坡弛缓，山梁宽平。登上山巅，山两面几十里的景色尽收眼底。耕读村的村庄农舍天女散花般地撒落在大石山脚，掩映在参天古树和成排成行的绿荫之中。湖塘水库，湖面宽广，波光粼粼。有里外两湖，冠名日湖和月湖，取与日月共存，和日月同辉之意。与众不同的是，大凡水库大都建造在峡谷僻远之处，离村落较远较偏。日月湖则不然，它紧邻村庄，且在村落低处，好像温存地依偎在耕读身边。

"耕读"古名"岗头"，清道光年间出了个秀才，为弘扬耕读传家的风气，遂倡议将村名雅化为耕读。村前的山丘上，有西周文化遗址，足见耕读历史之悠久。湖塘岭上的康皇庙香火很旺，在江山、常山、玉山（江西）都素负盛名。庙左右的几棵古樟，已有三四百年高龄，印证了康皇庙历史的古老。康皇除瘟疫救百姓的传说、湖塘女儿思盼在外夫君的故事、在棋盘石上下棋的神仙用棋子击退孽龙保得耕读平安的神话，家喻户晓，脍炙人口。村中文化休闲广场上有郑十八太公墓，成了今人顶礼膜拜、思贤思圣的好去处。

今日的耕读人运用五村联创的神来之笔，把耕读村装扮得如珠似玉，玲珑剔透，美不胜收。村在外创业人士，投入巨资在120多亩的湖塘水库四周进行了绿化、美化，种下了200多亩名贵水果树。在浙江贝林集团的大力支持下，村庄整治、道路硬化、村绿化等项目全面启动，不仅使村里30名闲置劳动力解决了就业，还为村集体和村民增加了几十万元的收入。同时，耕读村还引进6家企业，村里劳动力中有近八成在这些企业务工。

耕读村根据村貌特点和文化资源分布，将全村分成幸福乡村形象展示区、山体景观区、水库休闲活动区和民俗文化活动区，结合环境改造、旅游开发，全力推进全村经济社会提速发展。

"江山最美的乡村——耕读"。这不是奢望，耕读人正瞄准这一目标阔步奔去。

合新村

一个名副其实的新村。说它新，因为它组建才短短两年时间。2008年，峡口镇调整行政村布局，审时度势，果断地把平天堂上的新周、明珠、天堂三个白水坑水库移民村与大同、模三两个行政村合并，取名"合新村"。贫瘠的平天堂，一片荒芜的黄土地。然而，这个连名字都还让人陌生的合新村，却在"锦绣江山，风光峡口”里不负众望，跻身于新农村建设的最前列，成为江山市首批“中国幸福乡村”。

与同是移民村的花园岗村、白沙村的玲珑精致不同，合新村以其独有的粗犷大气，让人耳目一新。从事非农产业人员占劳动力80%左右，农业特色产业占全村总产值的95%，令人刮目相看。

白菇种植基地：村集体投资50多万元，建起了总面积65亩的白菇种植基地，年产值100多万元。

水果茶叶基地：全村种植板栗、猕猴桃、柑橘等水果1000多亩，育有茶园1000多亩。

人工池塘：池塘名合心塘，水面面积3000多平方米，池水与峡口水库渠道水相连通，池塘四边垂柳成荫，既是村民洗涤之处，又是村民的休闲场所。

村民大街：大街名合心街，跨越原明珠、周村两村，长500多米，是未来合新村的商业街。

留守儿童之家：江山市唯一一个被浙江省关心下一代工作委员会授牌的先进留守儿童之家。

文艺队伍：村里组织起8支文艺队伍，总人数100多人。其中有：腰鼓队1支，20多人；排舞队2支，30多人；座唱班3支，25人；铜鼓乐队1支，10人；儿童腰鼓队1支，30多人。村文化广场经常有文艺队伍排练和表演，全村文化、体育生活丰富多彩。

合新村有首歌，“五个指头握成拳，有劲又有力；五个兄弟抱成团，顶天又立地。合新新农村的明珠熠熠，合心又合力，平天堂上舞红旗”。这就是合新的理念——“合心合力，创造奇迹”。我们完全有理由相信，握成拳、抱成团的合新人，合心合力，一定能在“中国幸福乡村”创建中更高地举起领先争先的红旗，夺取新的更大的胜利！

上仓村

走进上仓村，放眼望去，群山环抱中，一幢幢别墅随地势起伏而建，错落有致，给人以和谐淳朴之美。走近别墅，外墙涂着红的、黄的、灰的等各种颜色，与周围的红花绿树相映成趣。庭院内，一棵棵黄梨，一排排冬枣，随风起舞，花香满庭飘四方，硕果累累挂枝头。庭院外，古老的大桥溪，清澈的溪水穿村而过，小溪里，飘荡着小孩嬉水和农妇洗菜时的笑声。抬眼眺望，波浪起伏的山峦，满眼苍翠。看着青山相伴碧水环绕的小山村，你不得不赞叹，这是个宜居宜游的风水宝地。

沿着弯曲整洁的村道前行，道路两旁的花木，将把你引向一幅宁静的画面：

花园天工自然，池塘清水，微风吹过，泛起阵阵涟漪，脉脉含情，偶尔的车辆来访，丝毫不会干扰这份宁静和安详。塘边石阶巧设悬念，本以为爬上去定是一个池塘，近前却是另一番景色：在花团锦簇、冬青作篱的园地内，围着一块文化体育广场。在这里，晨昏之时，活跃着年轻村民投篮的身影，日落之后，妇女们跳舞唱歌，老人们谈天说地，小孩们嬉笑打闹，让这里变得生机勃勃。

2010年以来，上仓村按照“生态立村，工业强村，商贸兴村”的理念，提升生态环境，构筑工业平台，发展特色经济。村里聘请了专家，制订了村庄规划，完成了道路硬化、农民安全饮水、清洁工程、公厕改造等多项基础设施建设。先后引进为民木业、圆正化工有限公司等年产值3000多万元的企业，实现部分村民在本地就业。生态农业建设正成为村里经济的新增长点，100亩冬枣基地正在建设之中。特色农业也正受到更大的重视，大桥泥鳅的美味，远近闻名。但上仓人更愿意说，“美味泥鳅出大桥，大桥泥鳅看上仓”。2010年12月，村里举办了大桥泥鳅美食文化节，引得四面八方的食客纷至沓来，宁静的小山村一时显得热闹异常，村民们也从中体会到了经济与文化相融合所带来的好处。

上仓村干部群众上下同心，村风民风淳朴。从2010年开始的村级管理“五新争先”，“和谐型班子”创建已取得了明显成效。村班子集体和两委干部群众满意率均达100%，村干部的培训得到了切实加强，“一日一值班，一周一集中，一月一沟通”的村级工作新机制在不断完善中。村里已连续五年被评为平安村，实现了信访“零目标”。

在上仓，日渐富裕的人们，开始珍视祖先留下的财富，他们重新找回失落的鱼灯特色文化。村庄老艺人被人请出山，他们不再待在遗忘的角落，而是扎着鱼灯，脸带微笑。在过年过节之际，率领舞鱼灯的队伍穿街入巷，将文明的灯火再度点燃，照着村民进入甜甜的梦乡。

上仓，一个既有现代气息又充满自然生态的美丽村庄，终有让人悠然心醉的地方。你若不信，那就不妨来看看。

塔东村

顾名思义，位于双塔之东，东依大岭山，南面与江山市区相接，西傍须江，北与上余镇毗邻。46省道和京台高速公路穿境而过。可谓是依山傍水，山清水秀，交通便捷，人杰地灵，环境优美。

百廿秤是塔东村的中心自然村。传说很久很久以前，这里有个叫“田埔”的村庄，有一户财主，家中有一丘田，面积达一百二十秤(合30亩)，因子孙不争气，败完家中财产后，最后把这一百二十秤田也分割卖掉，沦为乞丐，并因露宿路边而冻死，从此这里渐渐改名为“百廿秤”。

2009年，一座漂亮壮观、设施超前的村办公大楼在百廿秤拔地而起。它凝聚着塔东村干群共同奋斗的汗水与果实。办公楼前是一个宽敞且设施齐全的健身公园，里面绿草茵茵，树木成荫，百花吐艳，宣传标牌、石刻矗立其中。每当清晨和傍晚，都有老年人和儿童在此玩耍和锻炼身体；每逢双休日或节假期，又有许多青少年学生在球场上你争我抢，好不热闹。亭亭玉立的村亭，是村里的另一道风景。孩子们在广场上快乐地玩耍嬉戏、老人们坐在树荫下悠闲地聊天。古老的大樟树屹立村口，笑迎劳作归来的人们……

穿过健身公园，沿46省道一路前行，只见公路两边工厂林立，四宝藤椅、爱多塑业、石材厂、蜂胶厂、木门厂、防盗门厂、汽车交易城、不锈钢加工厂，还有农家乐、便民超市、汽拖修理部等，目不暇接。处处呈现出生机盎然、富裕幸福的新农村气息。

塔东村村民靠自己的勤劳和智慧过上了好日子，随着物质生活的富裕，他们对精神文化的追求也更加急迫了。村里成立了威风锣鼓队、排舞健身队、文艺宣传队，每逢佳节都要聚在一起乐一乐。新农村的文化气息也因此随着乡村经济社会的发展而日渐浓厚。

塔东村的人民，沐浴着现代生活的甘露，仍传承着古老的习俗。每年的农历十月十五是村里的传统佳节——老佛节（又名麻糍节），这是一年中最热闹的节日，亲朋好友，满堂共宴，交流信息，沟通感情。家里供上麻糍、鱼肉，庆贺丰收，保佑来年风调雨顺，百业兴旺。

山变水变环境变，村变人变思想变。村民们经商办厂，年轻人出国务工，腰包鼓了，生活富了。现在楼房整齐，道路宽敞，清洁的自来水进家入户，邻里和睦，尊老爱幼，蔚然成风。

每当夜幕降临，整个塔东村沉浸在宁静、安详而富有生机的夜景下。远处古塔璀璨的灯光与村办公大楼屋顶的“塔东村”三个耀眼的霓虹灯遥相辉映、熠熠生辉。

彭里村

位于江山市区西山脚下，交通便利，浙赣铁路、48省道、江青线、江溪线穿村而过，美丽的西山屹立于村的东面。

彭里村，据传因荆棘丛生而得名，彭里即“蓬里”，与江山方言谐音，古时这里曾经荆棘丛生，荒凉无比。那时村民白天不敢出远门，夜晚更不敢串门，与外界联系的只有一条通向玉山的石砌官道。几度沧桑，年华暗换。如今的彭里村，道路的皱纹被水泥抹平了；古时的荆棘“彭”，变作林花扬撒，甚至草地，都有人为它梳理；肥沃的土地如平滑的前额，顺着西山延伸；沿西山脚下用夹竹桃做成的花

篱笆，披着晨露，撑起水晶般的幔罩。

在彭里信步由缰，绿树成荫，花香满地。穿着绿衣的土地上，文化长廊点缀园圃；富丽堂皇的庭院，洁净多情，凉风习习；一派繁忙的工业园区，唱着产品分娩的赞歌。生活区、工业区、商业区、耕作区，各领风骚，又相互携扶。农家美食的炊烟，刺激着你的味蕾，金山路美食街，令多少游客来寻觅过鱼鲜鹅肥，流连忘返。生态园蔬，观光采摘，引领美食时尚、休闲时尚。

多年来，彭里村以“生态立村、工业兴村、三产富民”为发展理念，积极发挥区位和交通优势，构筑工业平台，做好招商引资文章，先后引进了顾家门业、江山虎商品混凝土、绿康食用菌有限公司等 39 家企业。2010 年实现产值 3.5 亿元，全村有 90％的劳动力从事非农产业。2009 年，村民人均纯收入达到了 10356 元。

踏上这块土地，你就可以感到这儿的生机勃勃，气象万千。每当夜幕降临，街巷灯如星亮，村委会门前就会响起美妙音乐，村民们翩翩起舞，扭动着腰肢，幸福写在脸上。昔日围着灶头转的农妇，竟也展现着曼妙的舞姿。夜鸟鸣啭，夏蝉鼓噪，蛙声一片，伴着一场无羁的狂欢，穿过黑暗的草地，为夜晚洗礼。与彭里村紧邻的居民，闻声而来，他们慕名来到这儿。此情此景，让他们舍不得离开，竟与农民兄弟一起轻歌曼舞，享受欢乐。

在彭里村，一切真的、美的、善的，像一颗颗珍珠，串起了江山市首批中国幸福乡村的荣誉。每年，村里都积极开展农民技能培训，提升农民素质；开展“好婆媳、好夫妻、好儿女、好青年”评比活动，树立典型示范。这些活动的开展，进一步促进了村民文明风气的完善。

参考文献

[1]Diener ED,Diener R. B . New Direction in Subjective Wellbeing Research: the Cutting Edge. Indian Journal of Clinical Psychology,2000 :27(1):21—33.

[2]ED Diener Subjective Well-Being . The Science of Happiness and Proposal for National Index. American Psychologist,2000 :55(1):34—43.

[3]江山市建设中国幸福乡村行动领导小组:《关于印发江山市建设"中国幸福乡村"行动考核细则的通知》,2009 年 10 月。

[4]江山市农业和农村工作办公室:《江山市中国幸福乡村建设"十二五"规划》。

[5]江山市人民代表大会常务委员会:《关于扎实推进"中国幸福乡村"建设的决议》。(2010 年 9 月 28 日,江山市第十四届人大常委会第三十八次会议通过)。

[6]江山市人民政府:《江山市国民经济和社会发展第十二个五年规划纲要》。

[7]江山市人民政府:《江山市建设"中国幸福乡村"行动纲要》。

[8]江山市人民政府:《市长寄语》,载 http://www. czjs. gov. cnzjjsldzc/index. htm。

[9]江山市人民政府:《关于 2009 年建设"中国幸福乡村"的实施意见》。

[10]江山市人民政府:《江山市中国幸福乡村建设》,载 http://www. czjs. gov. cnztlmxncjs/。

[11]姜奇平:《国民幸福指数的测度》,《互联网周刊》,2004 年。
[12]乐正:《幸福指数的构成和影响因素》,《南方日报》,2006 年 6 月 22 日。
[13]马士龙、单之卉:《北京先行试算国民幸福指数》,《数据》2006 年第 8 期。
[14]苗元江、陈浩彬、白苏好:《幸福感研究新视角——社会幸福感概述》,《社会心理科学》2008 年第 2 期。
[15]苗元江、朱晓红、陈浩彬:《从理论到测量——幸福感心理结构研究发展》,《徐州师范大学学报(哲学社会科学版)》2009 年第 2 期。
[16]苗元江:《从幸福感到幸福指数——发展中的幸福感研究》,《南京社会科学》2009 年第 11 期。
[17]诺丁斯:《始于家庭:关怀与社会政策》,侯晶晶译,教育科学出版社 2006 年版。
[18]任俊:《积极心理学》,上海教育出版社 2006 年版。
[19]沈杰:《从 GDP 崇拜到幸福指数关怀——发展理论视野中发展观的几次深刻转折》,《江苏行政学院学报》2006 年第 3 期。
[20]孙英:《幸福论》,人民出版社 2004 年版。
[21]王露璐:《幸福是什么——从亚里士多德与密尔的幸福观谈起》,《光明日报》,2007 年 12 月 2 日。
[22]威廉·佩沃特:《主观幸福感研究综述》,李莹译,《广西社会科学》2009 年第 6 期。
[23]吴明霞:《30 年来西方关于主观幸福感的理论发展》,《心理学动态》2000 年第 4 期。
[24]奚恺元等:《从经济学到幸福学》,《上海管理科学》2003 年第 3 期。
[25]邢占军:《主观幸福感测量研究综述》,《心理科学》2002 年第 3 期。
[26]张晓明:《中西心理学传统中"乐"的比较研究》,《吉林师范大学学报(人文社会科学版)》2009 年第 1 期。
[27]赵汀阳:《知识,命运和幸福》,《哲学研究》2001 年第 8 期。

后 记

江山地处浙、闽、赣三省交界，是浙江省西南门户和钱江源头之一，是华东沿海地区与中部地区的交通节点，是"长三角"和"珠三角"辐射内陆的"桥头堡"，浙江省的西南大门、老工业基地、历史人文名城，国家级生态示范区。这座60万人口的旅游名城，山川秀美，文风昌盛。从2008年开始，江山市在全市吹响了建设"中国幸福乡村"的号角。

在不到四年的时间里，江山"中国幸福乡村"新农村建设模式已经初见成效，农村面貌焕然一新，一大批"富裕、满意、文明、美丽、和谐"的社会主义特色新农村正在闪亮登场！"中国幸福乡村"品牌已显著打响，在省内外有了较高的知名度。江山市编制了"中国幸福乡村"画册、"中国幸福乡村"邮册等宣传品，制作了《走进"中国幸福乡村"——浙江江山》专题片并在中央7台《聚焦三农》栏目中播出，《人民日报》、《农民日报》、《浙江日报》、《衢州日报》等中央及省级媒体均对江山"中国幸福乡村"建设进行了深入的、大篇幅的专版报道。中农办、农业部、省农办及温铁军等国内知名"三农"专家到会，30多家央级主流媒体来江山采访报道。在2010年、2011年的全省农村工作会议以及全省千万工程暨农房改造现场会、全省美丽乡村建设座谈会上，江山市都作了典型经验介绍。2011年2月，由省农办和《浙江日报》社联合举办的寻找"美丽乡村、幸福家园"浙江样本评选活动中，江山市的"中国幸福乡村"被评为样本之一在全省推广。仅2010年，来江山考察学习"中国幸福乡村"建设的省内外县(市、区)单位已近70批2600多人次。江山"中国幸福乡村"建设呈现给我们的是一个决策正确、群众满意，领导

认可、专家称赞的新农村，展现给我们的是一个眼光长远、策略到位、卓有成效的幸福乡村。

本书在写作与研究过程中得到了浙江大学农业现代化与农村发展研究中心（浙大“卡特”）、浙江省农业和农村工作办公室和浙江省农科院农村发展研究所等单位或部门的大力支持，在此表示感谢！在资料收集过程中，得到了江山市农村工作办公室等相关部门领导的热情帮助，在此表示衷心感谢！同时也要真诚感谢浙江省农业和农村办公室原副主任顾益康研究员、浙江大学中国农村发展研究院（浙大 CARD）黄祖辉院长、浙江省农业和农村办公室新农村建设处李建新处长、浙江省农科院农村发展研究所徐红玳所长、卫新研究员以及江山市农业和农村工作办公室周章恩书记、严黎霞同志等在调研、写作过程中提供的指导与帮助！

由于品牌新农村建设涉及政治、经济、社会、教育、文化等诸多方面，是一项非常复杂的系统工程。尽管作者做了大量的规范分析与实证调研工作，并付出了许多艰苦的努力，但由于这方面的基础资料不多，加之时间仓促及研究者水平有限，研究中肯定存在着许多遗漏与不当之处，恳请各位专家、学者批评指正。

胡　豹

2012 年 3 月

图书在版编目(CIP)数据

幸福乡村江山 / 胡豹著. —杭州：浙江大学出版社，2012.4
ISBN 978-7-308-09833-5

Ⅰ.①幸… Ⅱ.①胡… Ⅲ.①农村—社会主义建设—研究—江山市 Ⅳ.①F327.554.

中国版本图书馆 CIP 数据核字(2012)第 063757 号

幸福乡村江山

胡　豹　著

责任编辑　陈丽霞
封面设计　春天・书装工作室
出版发行　浙江大学出版社
(杭州市天目山路 148 号　邮政编码 310007)
(网址：http://www.zjupress.com)
排　　版　浙江时代出版服务有限公司
印　　刷　浙江良渚印刷厂
开　　本　710mm×1000mm　1/16
印　　张　13.25
字　　数　245 千
版 印 次　2012 年 4 月第 1 版　2012 年 4 月第 1 次印刷
书　　号　ISBN 978-7-308-09833-5
定　　价　36.00 元